文化商丘

非物质文化遗产

主　编　刘玉杰

本卷主编

王纲　李月英

中华书局

图书在版编目(CIP)数据

文化商丘·非物质文化遗产/刘玉杰主编;王纲,李月英本卷
主编. —北京:中华书局,2020.11
　ISBN 978-7-101-14695-0

　Ⅰ.文… Ⅱ.①刘…②王…③李… Ⅲ.①地方文化–商丘②
非物质文化遗产–介绍–商丘 Ⅳ.G127.613

中国版本图书馆 CIP 数据核字(2020)第 146869 号

书　　名　文化商丘·非物质文化遗产
主　　编　刘玉杰
本卷主编　王　纲　李月英
丛 书 名　文化商丘
责任编辑　徐麟翔
出版发行　中华书局
　　　　　(北京市丰台区太平桥西里 38 号　100073)
　　　　　http://www.zhbc.com.cn
　　　　　E-mail:zhbc@zhbc.com.cn
印　　刷　北京瑞古冠中印刷厂
版　　次　2020 年 11 月北京第 1 版
　　　　　2020 年 11 月北京第 1 次印刷
规　　格　开本/710×1000 毫米　1/16
　　　　　印张 16½　插页 2　字数 256 千字
印　　数　1-3050 册
国际书号　ISBN 978-7-101-14695-0
定　　价　89.00 元

文化商丘编委会

序　一

商丘历史文化悠久厚重，是华夏文明和中华民族的发祥地之一。华夏文明上下五千年在商丘没有中断过。作为一名历史文化工作者，我一直对商文化抱着深厚兴趣。过去从众多的历史文献典籍中，零星碎片地了解一些。今商丘市以高度的文化自信和文化自觉，以商文化为主脉，集合火文化、古城文化、圣人文化、汉梁文化等文化形态，以历史教科书形式，编纂这么一套文化丛书，读之如渴在临泉清，饿在闻肉味，实则欣喜，大呼过瘾，故为之序。

《诗经》《史记》等史籍都记载说："天命玄鸟，降而生商。""商"作为地名，在五帝时期就有了。黄帝和少皞时代，东夷氏族群中的玄鸟族西迁至商丘，战胜了土著人，建了第一座都城，名为"商"，后来又以地名为族名，产生了商部族。商文化在我国历史文化中地位十分重要。搞清楚它的历史渊源、发展脉络、基本走向，它的独特创造、价值理念、鲜明特色，对增强文化自信和价值观自信有着重要意义。习近平总书记说："不忘本来才能开辟未来，善于继承才能更好创新。"

我从事文物、古城保护工作多年，经常关注有关古城建设方面的知识。试想，当时的玄鸟族为什么选择商这个地方定居并建城呢？我国众多的古代文献显示，古代先民选择定居地点是很讲究的。出于对生存环境和防御需要的考虑，先民们往往对周边的生态环境格外关注。西汉时期的晁错就曾向皇帝建议在"移民实边"时，必须考虑生态环境。

他说："臣闻古之徙远方以实广虚也，相其阴阳之和，尝其水泉之味，审其土地之宜，观其草木之饶，然后营邑立城，制里割宅，通田作之道，正阡陌之界，先为筑室，家有一堂二内，门户之闭，置器物焉，民至有所居，作有所用，此民所以轻去故乡而劝之新邑也。"（《汉书·晁错传》）可见古人在考虑新的居住环境时，要选择那些水质甘美、土地肥沃、草林茂盛的地方，继而加以规划，开辟道路，建造房屋，合理安排居室结构，如此才能在发展农业的同时，使人们对新的居住环境感到满意，体现出农业社会人居环境建设的基本要求和特点。古代城市选址对自然环境要求更高，不但涉及地形、地质、气象、水文、资源、交通等多种因素，还要考虑政治、经济、军事、文化等诸多方面的影响。《管子》曰："凡立国都，非于大山之下，必于广川之上，高毋近旱而水用足，下毋近水而沟防省。因天材，就地利，故城郭不必中规矩，道路不必中准绳。"管子的话既反映了城市选址对自然环境和山水格局的严格要求，又强调城市选址应充分结合地利条件，视地形的实际情况而定，不必强求形式上的规整。先人的城市建设理念重地利，讲实效，对于摒弃单一的城市格局，突出城市个性特色以形成独有风格的文化景观十分重视。同时，我国古代"以农立国"，强调根植于富足农业基础之上，对土壤、水源的要求格外重视。玄鸟族之所以选择在商地定居并建城，说明当时商丘诸方面的条件是相当优越的。

据《晋书》《帝王世纪》等史籍记载，黄帝之孙、五帝之一的颛顼"始自穷桑，而徙邑商丘"。"帝喾高辛氏年十五而佐颛顼，三十登位，都亳"。颛顼把都城迁到商丘，帝喾把都城也定在这里，说明颛顼和帝喾时代商丘诸方面的条件依然比其他地方优越。

帝喾的儿子契在尧、舜时都被封于商丘，建商国，都亳。夏朝时，帝相为后羿所逐，居于商丘，商丘一时成了夏都。契传十四世到成汤，推翻了腐败的夏桀建立商朝，亳是商朝的第一座都城，直到二百多年后的第十三代商王河亶甲才迁都于相。后又经几次迁徙，到第二十位商王"帝盘庚之时，殷（上古时殷、商并称）已都河北，盘庚渡河南，复居成汤之故居……治亳，行汤之政"（《史记·殷本纪》）。此后，第二十八位商王武乙才自亳迁于河北（安阳地区）。自成汤至帝辛，商朝凡十七世三十一王。周朝整个时期，商丘古城称睢阳，一直是"作宾于王家"的宋国都城。秦朝末年，睢阳城是楚汉相争的战略要地。两汉时期，睢阳一直是梁国的都城。隋唐时期，她又是"中州锁钥，江淮屏障，河洛咽喉"，是战略位置极其重要的兵家必争之城；宋朝时她是"四京"之一的南京；明、清两朝，她因是"南控江淮，北临河济"的咽喉重镇，朝廷极为重视。

商丘古城饱经沧桑，在历史上因水患和兵灾曾多次损毁，但灾难过去又重建、改建，从五帝、夏、商、周、秦、汉、三国、两晋、南北朝、唐、宋、元、明、清，直到现在，一直延续下来。其五千年不断脉的悠久历史，标记着中华民族的历史和文明进程。中国的历史文化名城虽然不少，但像商丘古城这样从远古五帝到现在一直脉络不断的实为罕见。这是商丘古都城突出的价值所在。

由于历史的原因，明朝初年之前的商丘古城的面貌被历代黄河泛滥、河水携带的泥沙蒙于地下。20世纪90年代，中国社会科学院考古研究所和美国哈佛大学皮保德博物馆组成的中美联合考古队对其进行考古调查，才发掘出商丘古城距今三千余年前的宋国古都城遗存。现在展现在世人面前的重建于明朝正德年间的商丘古城之下，沉睡着五帝时期的商城、亳城，春秋时期的宋国都城，秦汉和隋唐时期的睢阳城，宋代南京城，明初归德城。这也是商丘古城历史发展独有的形态，体现了她博大精深的文化内涵。文化景观是人类活动相继叠加的结果。因此，我一直认为，商丘古都城是"中国城建史博物馆""中国天然城池博物馆"。

儒、道、佛、墨四家是中华文化形成的支柱。史书记载，商丘是道家创始人之一庄子的故乡、儒家创始人孔子的祖籍，也是墨家创始人墨子的故乡，文化底蕴丰厚。

西汉刘向《列女传·契母简狄》记载："契之性聪明而仁，能育其教，卒致其名。尧使为司徒，封之于亳。"《史记·殷本纪》载："契长而佐禹治水有功。帝舜乃命契曰：'百姓不亲，五品不训，汝为司徒而敬敷五教，五教在宽。'封于商，赐姓子氏。"《汉书·艺文志》曰："儒家者流，盖出于司徒之官。"说明儒家文化的源头是商的始祖、尧舜时的司徒契。南宋时期，儒家的代表人物朱熹重建白鹿洞书院，亲手制订《白鹿洞书院学规》说："父子有亲。君臣有义。夫妇有别。长幼有序。朋友有信。右五教之目。尧、舜使契为司徒，敬敷五教，即此是也。"从史书对夏商周文化的有关记载来看，儒家思想和司徒契一脉相承。墨子也讲三代、先王，与儒家有一个共同的文化源头。商丘的文化底蕴之丰厚不言而喻。

文化复兴是实现中华民族伟大复兴中国梦的重要组成部分。历史悠久的商丘，应该让自己丰厚的文化资源展示魅力，很好地宣传出去，让全国乃至世界都了解商丘，让商丘的文化资源尽可能多地转化为人们的知识财富，让文化遗产资源"活起来"，融入广大民众的现实生活。

商丘市委、市政府组织专家、学者编写这套文化丛书，弘扬中华优秀传统文化，希望只是开端，以后要不断深入研究，不断取得新的更大的成果，为弘扬中华民族优秀文化作出独特贡献。

以此为序。

原故宫博物院院长　单霁翔

序 二

　　文化典籍是人类文明社会发展成果的重要载体与文明程度的标志。国有史，方有志，家有谱，这是中华民族数千年的优良传统，譬如《春秋》《左传》《史记》等都是中国人精神文化成长的重要历史记录。文化典籍的编纂传承能够有效地增强民族精神文化认同和国家凝聚力。地方文化史志是国家历史文化典籍的细化和补充，是国家、民族历史文化的血肉神经与单元标本。《文化商丘》丛书编纂出版的目的就是从文化视角系统整理商丘地区五千多年的文明史，挖掘保护传承商丘地区优秀历史文化资源。

　　商丘历史悠久，文化灿烂，处于华夏文明起源的核心区域，是中华民族文明发源地之一。商丘历史文化是华夏历史文明的重要组成部分，并发挥着重要作用。华夏五千年文明史在商丘从无间断，这是商丘的特点和优势。

商丘是中华民族和中华文明的发源地之一

　　毛泽东同志曾在红军长征到达陕北后说过非常著名的两句话："自从盘古开天地，三皇五帝到如今。"中华文明的源头是三皇五帝，据《尚书大传》《风俗通义》等古籍记载：三皇即燧人氏，称燧皇，伏羲氏，称羲皇，神农氏，称农皇；五帝即黄帝、颛顼、帝喾、尧、舜。据史料记载,三皇五帝都曾在商丘及周边留下过足迹,其中"三皇"中的燧人氏、神农氏和"五帝"之一的帝喾高辛氏长期生活在商丘。燧人氏钻木取火,"以化腥臊",开启了中华先民的熟食时代和人类文明的新纪元,被奉为"人文始祖"。火的发明和应用,极大地推动了人类社会的进步。一方面,开启了人类的熟食生活,引起人类习性以至生理上的变革,从而使人类从动物中分离出来;另一方面,有了火,极大地推动了氏族社会生产力的发展。燧人氏被后人奉为火神,成为三皇之首。如今,位于商丘古城西南 1.5 公里处的燧皇陵就是历史的见证。

神农氏就是传说中的炎帝,也叫朱襄氏。《吕氏春秋·古乐》记载,朱襄氏受伏羲氏禅位而有天下。炎帝本为朱襄氏,因其开创了上古农业文明,被尊称为神农氏、农皇。在当时陈州的柘城(今商丘市柘城县),在县城东十里朱崮寺(今柘城县大仵乡朱堌寺村)有朱襄陵。所以可以得出结论"炎帝神农氏都于商丘"。

帝喾是五帝之一,也是"五帝"之首黄帝的曾孙,受封于高辛(今商丘市睢阳区高辛镇),故又称高辛氏,《史记·五帝本纪》记载,高辛"聪以知远,明以察微。顺天之义,知民之急"。《史记·殷本纪》也记载:"殷契,母曰简狄,有娀氏之女,为帝喾次妃。三人行浴,见玄鸟堕其卵,简狄取吞之,因孕生契。"帝喾次妃简狄吞玄鸟之卵而生契,契就是商人的始祖,这也是《诗经·商颂》中所说的"天命玄鸟,降而生商"。《左传·昭公元年》记载:"昔高辛氏有二子,伯曰阏伯,季曰实沈,居于旷林,不相能也。日寻干戈,以相征讨。后帝不臧,迁阏伯于商丘,主辰。商人是因,故辰为商星。迁实沈于大夏,主参。"这段记载说明,帝喾的两个儿子不和睦,日寻干戈,互相征讨,无奈,帝喾只好将他们分别分封到商丘和大夏(今山西太原),实际上阏伯与契为同一人(历史学家郭沫若考证),即是商族的始祖。到阏伯六世孙亥的时候,商部落已经比较壮大,生产出的产品自己用不完。亥聪明勇敢,服牛驯马以利天下,带着族人赶着牛车到别的部落进行产品交换,以物易物,开创了华夏商业贸易的先河。《管子·轻重戊》记载："殷人之王，立帛牢，服牛马，以为民利。"因此，商丘被称为"华商之源"。

商丘不仅是中华古文明的发祥地之一，也是中国姓氏文化的重要发源地。据专家考证，商、子、汤、宋、戴、武、钟、殷、葛、穆等许多姓氏都发源于商丘。至今，商丘大地上仍然留存有燧皇陵、阏伯台、帝喾陵等文化遗迹，有力地证明商丘是远古人类活动的主要区域之一，商丘在华夏文明发展初期就具有重要的地位。商丘的历史文化伴随着华夏历史文化的产生而产生、发展而发展，见证了华夏文明的历史沧桑，也是华夏文明辉煌灿烂的地方代表之一。

商丘是春秋战国和两宋时期著名的"圣人之都"

华夏文化的发展在其核心地带展现了强大的生命力。进入春秋战国时期，形成了儒、道、墨等所谓的"诸子百家"，中华文化出现了"百花齐放，百家争鸣"的鼎盛局面。春秋战国时期，商丘为宋国区域，宋国是"中华圣人文化"的源头，处于中国传统文化核心地位的儒家、道家、墨家、名家四大学派皆出自宋国。诸子百家中，老子、庄子、墨子、惠子的故里，以及孔子的祖居之地，均在商丘及附近。这个时期的商丘被称为"圣人之都"，以商丘为轴心，辐射周边，在豫、鲁、苏、皖地域交汇处形成了"中华圣人文化圈"。

诸子百家中的这些圣人、圣贤都与商丘有着重要的联系。《汉书·艺文志》曰："儒家者流，盖出于司徒之官。"说明儒家文化的源头是商的始祖、尧舜时的司徒契。儒家始祖孔子的祖籍就在商丘，孔子"少居鲁，长居宋"，曾多次回到宋国，娶亲、祭祖、讲学，自觉继承了商汤"以德理政"的传统，形成儒家以"仁"为代表的思想。道家代表人物老子是鹿邑人，长期在商丘一带活动。道家的另一位代表庄子，其故里就在民权县境内，遗存有庄子井、庄子墓等。墨家的代表人物墨子是宋国人，长期奔波在鲁楚等地，曾做过宋国的大夫。名家的惠施以及融合道、墨两家的宋钘，均为宋国人。被西方学者称为"轴心时代"的春秋战国时期，为华夏文明的发展注入了强大的生命力。诸子百家的儒、道、墨、名等或起源于今天的商丘，或与商丘有着重要的联系，在夏、商、周三代文明的引领下，以宋国为中心，在春秋战国时期形成的"中华圣人文化圈"，成为华夏历史文化的重要内容，影响了数千年中华文化的发展进程。

两宋时期的商丘古城，开创了中国华夏文化继春秋"百家争鸣"圣人文化后的又一座文化高峰。坐落在商丘的应天书院为北宋"四大书院"之首，在中国古代教育史上的地位难以超越，北宋名臣范仲淹在此由求学到讲学，他继承戚同文"天下同文"之志，以"天下为己任"，为北宋培养了大批国之重臣。

商丘是中国重要的古都城之一

商丘是1986年国务院公布的我国第二批历史文化名城，时任国家文物局局长单霁翔称其为"中国城建史博物馆""中国天然城池博物馆"，建城历史可以上溯到夏商时期。文明的漩涡在不断地汇聚力量，发展壮大。著名历史学家、北京大学教授李零先生提出了一个重要观点，华夏文化的古都城主要分布在北纬35°（更准确地说，是在北纬34°至35°之间，大体相当于渭水和黄河中下游流经的地方）左右，即今曲阜、商丘、郑州、洛阳、西安、宝鸡、天水一线，形成了夏、商、周三大文明板块。根据《史记》等传世文献记载，商族的早期活动地区就在"商板块"南部，其第一都城"亳"就在今天的商丘东南部。《史记·殷本纪》裴骃《集解》引皇甫谧语："梁国谷熟为南亳，即汤都也。"张守节《正义》引《括地志》云："宋州谷熟县西南三十五里南亳故城，即南亳，汤都也。"这里的梁国、宋州都是指今商丘，谷熟是今虞城县谷熟镇。从传说中的帝喾都亳，到有文献记载的商汤都南亳，直到清朝末年，商丘的城市地位一直非常重要。商丘具备了作为"大古都"的历史、政治等构成因素，成为中国历史上重要的古都城之一。因此，中国古都学会在《2015 年中国古都学会年会关于推进商丘市古都文化研究与发展的意见》中指出，商丘是中国古代重要的都城之一。

商丘是历史上影响中国命运的战争事件的多发之地

商丘地处豫东平原，"广衍沃壤，则天下之膏腴"，襟带河洛，背依黄河，屏蔽江淮，历史悠久，素为中原门户，自古为兵家必争之地。楚宋鏖兵于泓水而定兴衰，汉高祖斩蛇于芒砀以兴义师，张巡拒逆于睢阳乃佑江南一隅。明清以降，反帝反封建的太平天国、捻军均长期于商丘活动，为共和国举行奠基礼的睢杞战役、淮海战役都以商丘为主战场。在商丘的土地上演出过一幕又一幕足以改变历史进程的战事，在中国军事史上有着重要地位。

平定汉初"七王之乱"，商丘成为稳固汉室的首功之地。汉景帝二年（前 155），御史大夫晁错上《削藩策》，提议削弱诸王势力，加强中央集权。汉景帝采用晁错的建议，于次年冬下诏削夺吴、楚等诸侯王的封地。以吴王刘濞为首的七个刘姓宗室诸侯王，由于不满朝廷削减他们的权力，以"清君侧"之名举兵向西。《史记·梁孝王世家》记载，七国反叛，行至梁国（今商丘），吴楚先攻击梁国的棘壁（今商丘市柘城县境内），杀死数万人。梁孝王据守睢阳城，命韩安国、张羽为大将军，抵抗吴楚之兵。吴楚之兵无法西进，转而进攻周亚夫的军队。周亚夫固守壁垒，不肯交战，且暗中派兵南下，夺取泗水入淮之口（今江苏淮安境内），断绝了叛军的粮道，吴兵大败，士兵多半饿死或逃跑，周兵率队追击，大破吴楚联军。吴楚先头军被破，七国叛军阵脚大乱，兵败如山倒。由此足见梁国睢阳城在汉代军事地位之重要。

　　张巡血战睢阳城，使商丘成为佑护大唐复国的"江淮屏障"。天宝十四年（755）冬，影响中国历史进程的安史之乱爆发。河东三镇节度使安禄山发动所部镇兵十五万众，反于范阳，"烟尘千里，鼓噪震地"。当时海内承平数十年，猝闻范阳兵起，远近震骇，所到之处，守将或不战而逃，或望风而降，京师震惊，唐玄宗被迫南遁。至德二年（757）安禄山死后，其子安庆绪继任并派出大将尹子奇率领叛军围攻地处睢阳渠要冲的睢阳城。太守许远自度实力不足以抗敌，就邀请当时据守宁陵的唐朝名将张巡来协助自己一起保卫睢阳城。张巡随即率兵三千入驻睢阳，与许远合兵一处，共保睢阳。睢阳为大城，城高墙厚，城内居民有数万之众，经过张巡、许远的战略部署，更为坚固，叛军多次进攻未果。《新唐书·张巡传》记载，当时睢阳城内粮尽，将士曾提议夺城东奔，得粮食后，与敌军决一死战；但张巡、许远以为睢阳是豫东门户、中州锁钥、江淮屏障、河洛襟喉，叛军据而有之，必将战火引向江南，大唐便失去粮饷供应。张巡、许远等人宁可死守也不愿弃城，可见睢阳城战略地位之重要。睢阳之战，从至德二年一月开始，至十月陷落，张巡及其部将保护江淮半壁江山免于战乱十个月之久。当时，唐王朝也仅靠长江、淮河流域的赋税支撑，睢阳位于大运河汴河河段中部，是漕运重镇，如果失守，河运中断，后果不堪设想。睢阳城坚持十个月之久，在此期间朝廷不断获得江淮财赋的接济，完成了恢复、准备到反攻的过程。在睢阳城破前一个月已收复西京长安，在睢阳陷落十天后又收复了东京洛阳，叛军无力南下，唐王朝得以保全。唐代文学家韩愈曾在《张中丞传后叙》一文中评价此次战役之功："守一城捍天下，以千百就尽之卒，战百万日滋之师，蔽遮江淮，沮遏其势，天下之不亡，其谁之功也！"

　　淮海战役是决定当代中国命运的关键一战，商丘是淮海战役的肇始地和结束地。商丘作为决定中国命运的淮海、渡江两大战役的总前委所在地，在全国是独一无二、绝无仅有的，为淮海战役、渡江战役、全中国的解放以至新中国的建立作出了巨大的历史性贡献，有着不可替代的作用。1948 年 11 月 6 日，虞城县张公店战斗打响了淮海战役第一枪，拉开了淮海战役的序幕；1949 年 1 月 10 日，淮海战役在永城县陈官庄地区画上了圆满的句号。商丘是淮海战役总前委司令部、政治部、后勤部、总兵站所在地，是解放战争时期我党我军中原地区的政治、军事、指挥中心，是我党我军的大后方基地，是淮海战役的大本营。淮海战役总前委司令部就设在今睢阳区张菜园村，刘伯承、邓小平、陈毅等人在张菜园村指挥了淮海战役第三阶段的战斗。商丘是对淮海战役支持最大、贡献最多、牺牲最重的地方，仅永城、夏邑两县就出动支前民工一百六十万人次，贡献粮食 1.5 亿斤，为战争的胜利作出了重大贡献。

总之，商丘历史悠久，文化厚重，内涵丰富。商文化、火文化、圣贤与名人文化等作为其鲜明代表，是中华民族诚信精神、契约精神、创新精神、拼搏精神、奉献精神的集中体现。商丘儒、墨、道文化的内涵着重体现了忠诚孝道、社会和谐、道德修养、礼义廉耻、理想人格、和而不同的思想品格。在商丘发生的历次重大战役中孕育了敢于担当、恪尽职守、坚守正义、英勇奉献的爱国主义精神气概。这些都与中华优秀传统文化的精神内涵相一致，成为中国历史文化重要的组成部分，为华夏历史文明作出了重要贡献。

地方文化典籍史料的搜集整理应该真实而全面

文字是人类文明发展到相当程度之后的产物，中华民族有详细文献记载的历史始于西周共和元年，即公元前 841 年。夏商周断代工程考据发布的《夏商周年表》，确定夏代始年大约为公元前 2070 年，距今约已四千多年。《史记》首篇从《五帝本纪》开始，黄帝距今约五千年。三皇在五帝之前，燧皇位居三皇之首，学界一般认为燧人氏时代在一万年之前甚至在十万年前。商丘有全国唯一一座燧皇陵，是"中国火文化之乡"。所以商丘的文化史不应受五千年文明史的时间局限，必须广泛、全面收集整理文化史料，以传后人。

王国维提出"二重证据法"，即以地下的材料与纸上的材料相比较以考证古史的真相。黄现璠将历史文献、考古史料、口述历史三者结合起来的治史法，称为"黄氏三重证据法"。近年有叶舒宪等学者提出应用"四重证据法"研究文化史，包括传世文献、出土文献和文字、人类学的口传与非物质文化遗产（民俗学和民族学材料）、图像和文物。由于黄河改道泛滥等原因，商丘地区大量古代人类文化遗迹湮没于地下，不能因为暂时考古发现不够而否定文献记载、民俗活态文化的真实性；由于文明悠久而传播远阔的原因，不能因为某些文化资源在全国不具有唯一性而舍弃不做记载传承。

华夏历史文明传承创新区建设是党中央、国务院赋予中原经济区的重大文化使命。以坚定的文化自信，承担起传承华夏历史文明的责任，商丘人敢于担当。相信《文化商丘》系列丛书的编纂出版将裨益于传承创新历史文明，裨益于商丘精神文明高地建设，裨益于商丘又好又快跨越发展。

是为序。

中共商丘市委书记 王战营

目　录

第四章　传统音乐

第五章　传统戏剧

前　言

　　非物质文化遗产（以下简称"非遗"）是我国各民族长期以来创造和积累的文化财富，是劳动人民智慧的结晶，这些珍贵的非物质文化遗产，蕴含着中华民族特有的精神价值。保护和利用好非物质文化遗产，对于传承民族文化、增强民族凝聚力、促进社会可持续发展都有着重大意义。

　　商丘历史悠久，文化底蕴深厚，是国务院批准公布的国家历史文化名城。近年来，在市委、市政府的正确主导和社会各界的共同努力下，商丘市的非物质文化遗产保护工作取得了丰硕成果，初步建立了国家、省、市、县（区）四级名录体系。截至2019年12月31日，共建立县级名录434项，市级名录164项，34个项目列入省级名录，3个项目列入国家级名录。一批批珍贵、濒危的非遗项目得到了有效的抢救和保护。那些古老的美丽传说、精湛传统的表演艺术、精妙绝伦的手工技艺、多姿多彩的民俗活动，无不凝聚着商丘人的聪明才智，留存着人民大众的共同记忆。它们充分展示了我市非物质文化遗产的丰富多样和异彩纷呈。

　　为进一步贯彻国务院办公厅《关于加强我国非物质文化遗产保护工作的意见》，让更多的人了解非遗、认识非遗、珍爱非遗，让千百年来流传下来的非物质文化遗产融入当代人们的生活，我们编纂了《文化商丘·非物质文化遗产》。本书分列十章对应十个非遗类别，并在每章下分级介绍各级非遗项目，分别为民间文学、传统美术、传统舞蹈、传统音乐、传统戏剧、曲艺、传统技艺、传统体育、游艺与竞技、传统医药、民俗，共131个项目。

第一章　民间文学

　　民间文学是一种以口头方式传承的文学，是群众集体创作的语言艺术；在代代传承的过程中，不断进行加工琢磨，增添若干新鲜和有益的内容，淘汰和扬弃若干陈旧、过时的内容，广受民众喜爱。民间传说与历史有千丝万缕的联系，传说所涉及的对象，绝大多数都是历史上实有的人物，传说是"民众口传的历史"。民间故事的内容取材于现实生活而加以虚构，通过对人物和事件的描写，充分展示创作者抑恶扬善的取向和向往美好生活的愿望。

　　商丘民间故事是商丘民间文学的一个重要组成部分，也是商丘市非物质文化遗产项目之一。

　　民间故事是历代劳动人民集体创造、集体传承下来的非物质文化遗产，具有厚重、深邃、多元、典型等基本特征。它们携带着久长而又厚重的历史信息，从文化习俗到哲学信仰，从史事传说到人物传记，从民风民俗到地名河流，从民间英雄到宫廷官宦……无不凸显出古代劳动人民的生存方式、生存想象和审美追求；一代一代地传递着民族心理的密码，传承着当地民众的文化共识。它不但为普通百姓提供了可供消遣娱乐的文化样式，也为中华民间文化宝库的丰富光大提供了取之不竭的源泉。

　　商丘民间故事的起源、发展与商丘厚重的历史文化底蕴、浓郁的文化气息密切相关，也是商丘历代民间作家的民族情怀、家国情怀的具体体现，是乡土农耕文化与传统高雅文化结合的产物。它以史为基，以事为据，生动地体现了当时的文化习俗和哲学信仰。商丘民间故事除口口相传外，还收录在一些不规整的小集子、小册子及 20 世纪 80 年代政府倡办的"十大集成"油印本《商丘民间故事》中。

中华五千年历史中许多名人志士，都在商丘这块土地上留下深深的印迹，如汉字始祖仓颉、至圣先师孔子、文哲大师庄子、巾帼英雄花木兰等。商丘民间故事的发掘、保护与传承，对于繁荣商丘文化艺术事业、启迪后学心智、推动社会和谐进步也有着积极的促进作用。

商丘民间故事的主要传承者是商丘市艺术研究所（群体）。商丘市艺术研究所自 1963 年 9 月成立以来，坚持"二为"方向和"双百"方针，积极研究、探索文化艺术发展规律，继承和发展中华民族的优秀文化艺术，收集、整理、保护、研究在商丘流传已久的民间故事，是一所综合性艺术科研、创作单位。曾先后利用民间文化艺术资源，出版发行了《商丘文艺》《豫东戏剧》《豫东艺术》《文化商丘》《商丘廉政故事》等内部刊物，登载商丘流传的民间故事传说和根据这些传说故事改编的戏剧、影视、曲艺等文艺作品，共计一千多篇（部）。

2014 年 11 月，商丘民间故事列入商丘市第四批市级非物质文化遗产名录。

（记录、整理人：宋超、李振亚）

一　木兰传说

木兰是中国古代四大巾帼英雄（木兰、穆桂英、樊梨花、梁红玉）之一，关于她的传说，一直在民间广为流传，经久不衰。

人们盛赞木兰的英勇事迹，用通俗易懂的民歌形式吟唱传颂。《木兰诗》最早被南朝陈时的释智匠录入《古今乐录》中，宋时郭茂倩又把它收录于《乐府诗集》，后世将《木兰诗》与《孔雀东南飞》并称"乐府双璧""叙事诗双璧"。从《木兰诗》开始,木兰的故事一直是中国文学、绘画、戏曲和民间传说的重要题材,且影响远播海外。1998年迪士尼公司出品了动画片《花木兰》,2000年国家邮政局在商丘市虞城县举办了木兰邮票首发式。

《商丘县志》载:"木兰姓魏氏,本处子也。世传可汗募兵,木兰之父耄羸,弟妹皆稚呆。慨然代行,服甲胄箭囊。操戈跃马而往,历年一纪,阅十有八战,人莫识之。"(《商丘县志》卷十一)

商丘的民间故事中,传说木兰姓魏,生于北周,卒于隋初。祖籍在今河南省商丘市虞城县营廓镇小魏庄。

木兰祠位于虞城县城南三十五公里处的营廓镇大周庄村,始建于唐代初期,金泰和年间(1201-1208)重修。清嘉庆十一年(1806),由木兰祠僧人坚让、坚科等募资修缮、扩建,祠宇建筑面积达一万多平方米,占地面积四百余亩。自南向北为大门、大殿、献殿、后楼及东西配房百余间;大门过道内塑有木兰的高大战马,大殿内塑有木兰戎装坐像,坐像两侧塑有侍卫;木兰祠殿内外,有文人墨客赞美木兰的撰文、题词等碑十余座。20世纪40年代初,木兰祠还有殿房二百余间。1943年,木兰祠被烧得只剩下几通石碑。

木兰习武的传说 木兰全家五口人,父亲魏应汉,母亲魏周氏,木兰排行第二,姐姐魏木惠,小弟魏木棣。木兰的父亲魏应汉是当时的兵户,受父亲的影响,木兰自幼随父习武,练就了一身好武艺。骑马、射箭、舞刀、舞棒,十八般兵器样样拿得起,放得下,尤其精通拳术和剑法,已达到出神入化的境界。直到如今,"木兰拳"和"木兰剑"在商丘一带还广为流传。

代父从军 在木兰十六岁那年,边关发生战事,几道应征军帖接连不断地送到魏家。木兰的父亲魏应汉虽说是位老英雄,但年事已高,况且又是久病初愈。木兰的弟弟年幼,姐姐对武术一窍不通,一家人望着军帖心急如焚。这时,木兰说要女扮男装替父从军,一家人都吃惊地望着木兰，魏应汉说："你有这份孝心我就知足了，替我上战场绝对不行。"木兰说："为什么不行？"魏应汉说："虽说你从小跟我练过武，那只是你的即兴爱好，只不过是学了几招防身术。上战场可不是儿戏，你一个小姑娘，岂不是白白送死吗？"全家人都不同意木兰上战场。木兰又亮出几手真功夫，如轻功硬功、枪法剑术等，全家人还是不同意，说这几招是花拳绣腿。最后木兰对父亲说："我知道爹爹当年是驰骋疆场的英雄，今天我要与您比试一下，器械拳术我都让您三招，以胜负定论。"于是父女二人开始比武较量，只见木兰身轻如燕，落地生根，刀枪剑棍，拳术散打，出神入化。不一会父亲就败下阵来，他做梦也没想到，自己的女儿有这般超群的武艺，就同意了木兰女扮男装，以其弟魏木棣的名义代父从军。

初露锋芒　木兰和父亲比武后的第二天，就穿上战袍，跨上战马，和本地的十多名军士一起越黄河、过山川，晓行夜宿，奔赴边关。在进发途中，正遇魏军与敌兵交战，魏军的将士被敌军围困。眼看就要全军覆没，木兰一马当先，和同行的将士们杀进重围。木兰和番王突力子交战，杀得突力子丢盔弃甲，狼狈逃窜。获救的魏军将领正是贺元帅，贺元帅问木兰叫什么名字，木兰就报上了魏木棣的名号，贺元帅牢记在了心里。木兰因此得到贺元帅的赏识。

智擒突力子　木兰在军中十二年，身经百战，屡立战功，已晋升为将军。一天夜晚，木兰巡营，忽听群鸟飞叫，料想定是敌兵前来偷袭，禀明贺元帅并献计四面埋伏，智擒突力子。果然，敌军中计，首领突力子被擒。从此，边疆宁息，战事告休。贺元帅十分喜爱智勇双全、为国建立奇功的木兰，他一面奏明朝廷，为木兰升官晋爵，一面将爱女许配木兰。木兰不爱官爵，更不敢与元帅女儿成婚，请求元帅借给千里马，回乡探亲。

木兰自缢的传说　皇帝得知木兰智勇双全、功劳卓著，欲封尚书郎职位。木兰执意不受，婉言谢绝，一意回乡侍奉双亲，以尽孝道。后来，皇帝得知木兰是女儿身，爱慕其才貌，欲纳入宫为妃。木兰誓死不从，自缢而亡，酿成悲剧。木兰大节、大孝、大智、大勇的美德，受到人们的敬仰。因木兰还没有出阁，魏家人就把她葬于魏家墓地。

木兰是位武艺超群、智勇双全的将军，她始创的拳法为"木兰拳"，始创的剑法为"木兰剑"。明清时又兴起了"木兰扇""木兰盘鼓"等民间舞蹈和以木兰形象为主体的刻瓷、剪纸，这些都是对木兰代父从军义举的崇敬和纪念，也是当地人传承木兰文化的重要表现。

2007年2月，木兰传说列入河南省第一批省级非物质文化遗产名录。

2008年6月，木兰传说列入第二批国家级非物质文化遗产名录。

2011年2月，木兰传说列入商丘市第二批市级非物质文化遗产名录。

参考文献：元代《孝烈将军祠像辨正记》碑，清代《孝烈将军祠辨误正名记》碑，宋、元、明、清的《河南通志》《归德府志》《商丘县志》《虞城县志》等。

二　伊尹传说

伊尹名挚，又名阿衡，"保衡"为官职，夏末商初人，生卒年月不详。伊尹是当时著名的思想家、政治家、军事家。他比伟大的思想家孔子还早一千多年，因此也被称为"元圣"。据说他还是烹饪祖师和中草药汤液的创始人。

伊尹是我国第一位奴隶出身的宰相，商王朝的开国元勋，他辅佐成汤推翻夏桀的暴政，建立了商朝。成汤死后，又历佐外丙、中壬、太甲、沃丁，理政安民五十多年，为商王朝的统治奠定了坚实的基础。

伊尹祠位于河南省商丘市虞城县店集乡魏堌堆村，占地面积四千平方米。现存三座大殿，分别是伊尹殿、圣母洗姑殿和伊尹夫人殿。伊尹祠始建于汉代，现存的部分是元代所建，明万历年间重修。墓园周围有唐植古柏200余株，苍劲挺拔，郁郁葱葱，最大株需三人方能合抱。这些距今千余年的古柏，因其形各异，为世人留下了不少美丽动人的传说。与伊尹祠隔街相望的是一栋背南面北的花戏楼。该楼建于唐代，清代重修，并于1984年由当地群众集资政府辅助重修。花戏楼分两层，高十一米，东西长十九米，建筑面积二百平方米。舞台进深十一米，宽八米。后台两侧各跨耳楼，接通各室。向北设有四个圆窗，对称美观。几千年来，成群结队的善男信女到伊尹祠烧香许愿，祈求伊尹为他们赐福消灾；愿望实现之后，就来感谢伊尹显灵，俗称还愿。还愿的方式很多，小户人家带上各种各样的供品到伊尹殿烧香上供，大户人家请戏班在花戏楼唱大戏。当地有句俗语：伊尹祠，去拜祭，出门就能看大戏。久而久之，这里就形成了伊尹庙会。伊尹庙会的会期为每年的农历二月二、四月初八、九月初九、腊月初一，其中九月初九的庙会规模最大，方圆数十里的男女香客，身着新装，或乘马，或坐轿，或推车，或步行，从四面八方蜂拥而至。各地商贾小贩也借此商机，赴会经商。庙会上文艺节目丰富多彩，规模盛大的社火表演、民间工艺、民间戏曲、民间舞蹈等，汇聚为独具特色的庙会文化。伊尹庙会逐渐成为豫鲁苏皖文化交流和物资集散的中心。

伊尹出生的传说　关于伊尹的出生，还流传着一个神奇的故事。相传在夏朝末期，伊尹的母亲洗姑怀有身孕，居住在伊水之滨。一天晚上，睡梦之中有一位须发皆白的老人告诉她：如果发现家中的石臼里有水冒出，就立即向东逃走，千万不要告诉别人，并且不要回头。第二天洗姑就发现家中石臼出水，善良的她立刻告诉村里的人，让他们向东逃走。逃了十里，洗姑担心村里的人还没逃完，回头一望，发现一片汪洋，她随即化成一株桑树。一天，有莘氏的婢女采桑路过此地，听到婴儿的哭声，循声而来，发现一男婴躺在树洞中；她觉得奇怪，抱起婴儿献给了有莘氏。有莘氏感到事出灵异，遂派人打听，知道事情原委后将伊尹收留在王宫中，交于后厨抚养。伊尹自幼聪明颖慧，勤学上进，虽耕于有莘国之野，但却乐于尧舜之道；既掌握了烹调技术，又深谙治国之策；既做贵族的厨师，又做贵族子弟的师仆。他因研究三皇五帝和大禹王等英明君王的施政之道而声名远播，求贤若渴的成汤三番五次以玉、帛、马、皮为礼聘请他。有莘氏不答应，成汤只好娶有莘氏的女儿为妃，伊尹以陪嫁奴隶的身份来到商王身边，得到了成汤的重用。相传伊尹还是中草药汤液的创始人，草根生子的传说在虞城县及周边地区广为流传。

草根生子的传说　相传为了掌握每一味草药的药性和功能，伊尹会像神农一样尝遍百草，把功能相似的草药归类，根据不同的病症选用不同的草药施治。他还发明了一套用陶罐熬制汤液让患者服用的方法，治愈了很多病人，受到世人的称颂。令人惊奇的是，伊尹死后，墓上竟长出毛茸茸的草，传说这种草可以治疗男女不育，草身熬制后服用可以生男孩，草根熬制后服用可以生女孩，如果整棵草熬制服用可生龙凤胎。所以在古时的庙会上，求墓草的人川流不息。由于人们经常在墓冢上刨草根，伊尹墓冢就越来越小，到清同治年间，墓冢几乎成为平地。

药碑的传说　很久以前，在魏堌堆有一位大孝子，其母得了不治之症，危在旦夕。这位孝子为了尽孝道，就到集镇上买了一个烧饼，路过伊尹祠时顺便拜祭了一下伊尹，以求母亲平安。当他拜祭完欲离去时，发现伊尹的墓碑有些歪了，便想扶正它。哪知手中的烧饼碰到墓碑上，蹭出一道火花，回家后母亲吃过烧饼竟奇迹般痊愈了。自此以后，凡家中有人得了疑难杂症，人们就用烧饼或馒头在石碑上磨一下，然后让家人食用。数千年以后，石碑上的字就被慢慢磨掉了，伊尹的墓碑也被称为药碑。

程咬金栽柏的传说　唐初，程咬金引军路过魏堌堆，安营扎寨后已至深夜。在睡梦中，他听得耳边传来一个熟悉的声音："好你个程咬金，大哥在此，怎不来看我？"程咬金仔细分辨，是大哥魏征的声音。一打听，原来魏征死后就葬在魏堌堆。他派人准备祭品，前往附近的一处高大墓地上香，发现墓地光秃秃一片，便下令士卒栽树。士卒问他需要栽多少，他不耐烦地说：没个数。因他在瓦岗寨当了几天草头王，说话不落空，所以至今也没有人能把柏树数清。当地现在还流传一句歇后语，魏堌堆的柏树——数不清。到了天明，程咬金发现他栽树的墓，竟是伊尹墓，魏征的墓还在距此东边一里地之处。程咬金恼羞成怒，亲手去拔一棵树苗，却怎么也拔不出来。将破的树皮处，日后长出像罗汉肚子似的大疙瘩，名曰罗汉柏。

闯王刀砍柏的传说 明末农民起义军将领闯王李自成，一日行军来到伊尹墓园，埋锅造饭，不巧缺少烧柴，遂命兵士砍伐柏树，以供燃薪。因对伊尹不恭，最后战败。为了赎过，他亲自督工建造两座大殿，虽沧桑几度，至今犹存。

母子柏的传说 前代某朝，奸臣当道，皇后因当时怀有身孕遭人谋害。皇后得知消息外出逃难，路经元圣林，便拜谒圣墓，恰巧在此树旁分娩，生下一个男孩。其后，这棵柏树东北面树皮上生出一棵较小的幼枝，年复一年，逐渐增长，故名母子柏。此说流传至今。

伊尹获后世称颂颇多。苏轼所著的《伊尹论》从治理国家的角度称他是"办天下之大事者，有天下之大节者也"，夸赞其"夫以天下之大而不足以动其心，则天下之大节有不足立，而大事有不足办者矣"。伊尹的传说故事，一方面表达了平民百姓祈求神灵护佑的朴素愿望，一方面显示出后世对伊尹的推崇和敬仰。这些传说在历史文化、民俗等方面极具参考价值。

2011年2月，伊尹传说列入商丘市第二批市级非物质文化遗产名录。

2011年12月，伊尹传说列入河南省第三批省级非物质文化遗产名录。

参考文献：《吕氏春秋》《虞城县志》。

三　帝喾的传说

商丘古城南二十二公里处有一座千年历史的文明古镇——高辛集。

传说这里是帝喾的出生地、封地和归葬地，后世为了纪念他，自商汤时就开始祭祀，于汉代立庙。几千年来，民众在每年的三月初九、腊月十六举行祭祀活动，数百里内的商贾、香客纷纷云集，此处成为远近闻名的古庙会。

《史记·五帝本纪》载："帝喾高辛者，黄帝之曾孙也。高辛父曰蟜极，蟜极父曰玄嚣，玄嚣父曰黄帝。自玄嚣与蟜极皆不得在位，至高辛即帝位。高辛于颛顼为族子。高辛生而神灵，自言其名。普施利物，不于其身。聪以知远，明以察微。顺天之义，知民之急。仁而威，惠而信，修身而天下服。取地之财而节用之，抚教万民而利诲之，历日月而迎送之，明鬼神而敬事之。其色郁郁，其德嶷嶷。其动也时，其服也士。帝喾溉执中而遍天下，日月所照，风雨所至，莫不从服。"

帝喾，姓姬，为上古五帝之一。据传，帝喾少小聪明好学，十二三岁便有盛名，十五受封为辛侯，三十而得帝位。在位七十年，葬于故都高辛。三国曹植赞云："祖自轩辕，玄嚣之裔。生言其名，木德帝世。抚宁天地，神圣灵察。教讯四海，明并日月。"帝喾一生多子：帝挚、帝尧相继为帝，后稷是八百年周朝始祖；阏伯管火，后人敬为火神；实沉治水，后人敬为龙王。帝喾一脉，枝繁叶茂。

帝喾的传说故事在古籍中多有记载，几千年来在九州传颂。《诗经》有云："天命玄鸟，降而生商"。传说帝喾妃简狄一次外出，天降玄鸟卵于前，简狄吞玄鸟卵而孕，乃生契，为商朝始祖。自此，后世有商丘、商人、商文化源于高辛帝喾，高辛是商的发源地之说。

降龙堌堆的传说　高辛集北四公里，有一降龙堌堆，1985 年定为县级重点文物保护单位，传说是帝喾降生的地方。昔时，春光明媚，将要临产的帝喾的母亲，由侍女陪伴，乘车辇外出游玩散心。正午时分，一条金龙自天而降，扑入她的怀中，顿时雷鸣电闪，大雨倾盆，她突然腹痛，随后生下帝喾。帝喾受水怪之害，土地急奏玉帝，玉帝派众神下界拯救，众神齐力，将地凸出三丈六尺，帝喾母子及侍女随从处于高台之上，这一高台据传就是现在的降龙堌堆。

帝喾访贤的传说 帝喾初受封辛侯时，结交好友，遍访名贤求学，请教治世方略。后听说在赤松山上隐居着黄帝时的雨师赤松子，帝喾不顾千里之遥，徒步前往赤松山，拜赤松子为师，学习治国安民之策。故有古籍云赤松子乃帝喾之师。

高辛的传说 帝喾为了解除人民的水患之忧，曾登天辩理。上古时期，九州经常闹水灾，特别是豫东地带，年年遭受洪水侵袭，老百姓东奔西逃，过不上安稳日子。帝喾就带领大家把居住地用土加高，然而头年加高，第二年还是被水淹，帝喾为此寝食难安。朦胧中，帝喾飞到天庭云霄殿上，找着玉帝说："天既然生了人，就该让他们好好生活，为啥在高辛这个地方发大水？害得老百姓流离失所，无家可归。"玉帝无话可说，只好派天神把辛地抬高，百姓不再受水灾之害。从那时起，辛这个地方被称为高辛。

帝喾大义灭亲的传说 帝喾为帝，九韶中和，万民悦服，罚不避亲，任人唯贤。据《史记·楚世家》记载：颛顼帝的曾孙重黎，是帝喾的同宗堂孙，帝喾封重黎为火正。因管火有大功，能光融天下，帝喾命名为祝融。后来，共工氏作乱，帝喾命重黎讨伐共工氏，因重黎讨伐不力，帝喾在庚寅日将重黎正法，又命重黎的弟弟吴回为火正。帝喾正法堂孙，百官肃然，各尽其职。

帝喾嫁女的传说 帝喾在位末期，犬戎兴兵侵犯中原，帝喾屡战屡败，于是下诏求贤，诏曰：有能斩犬戎之首者，愿以三公主下嫁。当时有一名叫龙犬的年轻人，身材魁梧，貌丑如狗，他夜间潜入犬戎大营，乘其不备，将喝醉酒的犬戎杀死并取下人头献给帝喾。帝喾赐名龙期，号称盘瓠，将三公主下嫁。三公主与盘瓠结婚后，入居深山，以狩猎为生，并生下六子六女。至今苗、瑶、畲等族仍有盘瓠崇拜。

帝喾爱民的传说 帝喾在世爱民，归天之后仍爱护百姓，为高辛人排忧解难。传说有一次黄河泛滥，黄水自西北铺天盖地而来，高辛一带的老百姓哀号连天，惊动了帝喾的神灵。正当人们惊恐万状的时刻，突然从帝喾陵中飞出一条金龙，冲天而上，在天空中盘旋。约有半个时辰，人们看见天空中金龙在前，汹涌澎湃的黄水随着金龙直入江淮，使人们躲过了这次黄水之灾。

帝喾借物的传说　相传很早以前，人们遇上婚丧嫁娶，前一天都要到帝喾祠上香祈祷，借用桌、椅、板凳、盘碗等物，屡屡有求必应，样样俱全。起初，人们用后如数送还祠中，后来有人起了私心，从多借少还到借而不还。经过年余，人们再去帝喾祠上香祷告借物，只见帝喾神像有发怒的迹象，好像在说：你们如此贪心，不守诚信，这里不再出借物品了。从那时起，人们在帝喾祠再也借不到使用之物了。

由此可见，帝喾的传说故事丰富多样，不仅有较高的惩恶扬善取向，还是一部展示上古帝王丰功伟绩的史诗，具有宝贵的历史价值和文学价值。

2008 年 9 月，帝喾的传说列入商丘市第一批市级非物质文化遗产名录。

（口述人：武新华　记录、整理人：武新华、郭翼龙、江涛）

四　汤斌的传说

汤斌（1627—1687），字孔伯，号潜庵，河南睢州人（今睢县），顺治九年进士。历任翰林院侍读、内阁学士、江宁巡抚、礼部尚书、工部尚书等职，曾任《明史》总裁官。为政期间，清正廉洁，刚正不阿，勤政务实，体恤民情，很受百姓拥戴，被誉为"汤青天"，他的一生有许多奇闻轶事。

潼关治军　顺治年间，汤斌出任潼关道副使。潼关乃军事要塞，因过往军队征车拉夫，催粮要款，百姓深受其害，叫苦不迭，纷纷逃离家乡。汤斌赴任之后免征三年赋税，招徕流民返乡屯田务农，实行保甲联防，加强地方治安。他还创办社学，教化民众，很快使关中得到休养生息，盗贼敛迹，百姓安居乐业。

岭南剿匪 汤斌转任江西岭北道后，稳定社会秩序成为首要任务。一支抗清武装在此长期与清军对峙，割据一方。此地盗贼蜂起，趁火打劫，弄得当地百姓朝夕不宁。汤斌首先整饬胥吏（旧时官府中办理文书的小官吏），加强纲纪，保护民生。对抗清武装和土匪盗贼采取围剿与安抚的策略，对顽抗者毫不留情，如有悔改，重者从轻，轻者既往不咎。汤斌悉心筹谋，动之以情，晓之以理，土匪盗贼纷纷归顺，改恶从善。汤斌上任三个月后，江西岭北一带百姓各安其居而乐其业，甘其食而美其服。

惩治贪官 汤斌任江宁巡抚期间，当时辖下有七府一州五十二县，商业繁荣，经济发达，为天下之最。但地方官员贪污腐败，以敲诈盘剥百姓为能事。前任巡抚余国柱更是不择手段搜刮民脂民膏，百姓怨声载道，苦不堪言。汤斌一上任，就到各州县明察暗访，很快查清了余国柱的犯罪证据，将余国柱绳之以法；并整顿政风，对那些不作为、蠹害百姓的贪官污吏严惩不贷，毫不手软，对清正廉洁的官员着力提拔。江宁出现了官清民安的良好风气。

铲除邪神 苏州民风奢华，迷信鬼神。上方山（位于苏州）有个五通神祠，香火鼎盛，香客云集，流氓恶棍趁机诈取民财，调戏民女，危害百姓，成为一大毒瘤。汤斌亲自带领下属前往，将装神弄鬼、为非作歹者绳之以法。他推倒神像，捣毁神庙，将神庙砖瓦木料用于修建学堂，宣扬儒学，端正了社会风气。

江南赈灾 江苏地势低洼，水患频发，百姓苦不堪言。汤斌冒着风险多次向皇帝奏陈，免除了当地原欠的税收，免去地方多种摊派和苛捐杂税。为治理黄河、淮河河道，他还亲自去各地勘查，摸清旱情，查验水路。开展赈灾救灾活动的同时，鼓励百姓开展生产自救。他的所作所为百姓都感念在心。当他卸任赴京之时，尽管悄声敛息而行，但当地百姓还是知道了，他们自发地跪于道路两旁，捧香叩头为之送行，绵延数里不绝。

关于汤斌的传说还有很多，如《麒麟送子》《小马鞭》《大小油饼》《仁义胡同》《汤斌训子》《刘二嫂卖子》《咬马虫》《审镰刀》《五奇下葬》等。

汤斌去世后，雍正年间入贤良祠。乾隆元年（1736）谥文正。道光三年从祀孔子庙。

2008 年 9 月，汤斌的传说列入商丘市第一批市级非物质文化遗产名录。

参考文献：马洪申《睢州史话》、范志亭等辑校《汤斌集》、高阳《清官册》。

五　葛天氏传说

在古葛地宁陵县一带，流传着许多关于华夏人文始祖葛天氏的传说。

上古时期，宁陵盛产葛，在此地生活的部族以"葛"为地名，把葛作为图腾崇拜。部落有一位首领，名葛天氏，他带领族人在这块土地上以葛为食，繁衍生息。当时，葛部落独成一体，有自己的武装和明显的地界，已经可以称为国。葛国当时与商国相邻，同为夏王朝的诸侯国。葛天氏是"三皇"时的一方君主。葛天氏发现、总结了葛的养生保健作用，传授、推广用葛纺织生活生产用品的技能，如搓经绳、编篮筐、制葛履、织葛布等。又教会人们用葛布缝制葛衣、葛衫、葛巾等，以遮羞蔽体，使族人告别蛮荒，步入文明。至今宁陵仍遍地是葛，存有葛天氏陵、葛城遗址等文化遗迹。据市、县文物部门勘查，葛天氏陵遗址下十米处，有宋代葛天氏祠堂牌坊、残碑和大钟。

葛天氏为华夏音乐、舞蹈和戏剧的始祖，他创制的"葛天氏之乐"，诸多典籍均有记载。《吕氏春秋·古乐篇》云："昔葛天氏之乐，三人操牛尾投足以歌八阕，一曰载民，二曰玄鸟，三曰遂草木，四曰奋五谷，五曰敬天常，六曰建帝功，七曰依地德，八曰总禽兽之极。"《史记·司马相如列传》载"听葛天氏之歌，千人唱，万人和，山陵为之震动，川谷为之荡波"。据中国琴会荣誉会长吴钊、河南大学历史文化学院教授李玉洁等专家学者研究考证，"葛天氏之乐"是我国有文献记载的最早的乐舞，是我国音乐、舞蹈、戏剧的重要源头。

葛天氏德治抚民，首创了道德规范——"礼"。《中国人名大辞典》称其部落"其治不言而信，不化而行"，是古人称道的"理想中的自然、淳朴之世"，建立了崇尚自然、生活安乐的远古和谐社会。

葛天氏为葛姓始祖。《风俗通》记载："葛，古葛天氏之裔。"《姓氏考略》记载："葛，古葛天氏之后。"《百家姓姓氏溯源》说："葛姓源于葛天氏。"2007年4月，在中国宁陵葛天文化学术研讨会上，来自中国社会科学院、中华书局、中国艺术研究院、中国社会科学出版社、中国书法家协会、复旦大学、香港中文大学、香港科技大学、河南大学、郑州大学、河南省社会科学院、河南省文物考古研究所、河南省地方史志办公室、洛阳社会科学联合社、山东理工大学、商丘师范学院等科研单位、高等院校的权威专家学者，通过研讨后认为：葛天氏是华夏音乐、舞蹈的始祖，宁陵是音乐歌舞之乡，葛天氏时期是中国最早有文字记载的和谐社会形式。与会专家学者认定：宁陵县上古时为葛地，葛天部落在此地生息；宁陵为葛、权、葛伯、诸葛四姓祖籍发源地。在实地考察了葛天氏陵、葛城遗址等史迹遗存后，专家们呼吁加强保护。这对探源中华文明的起始，追溯华夏文化的源头，丰富中原文化的内涵，以及寻根问祖、构建新时期和谐社会具有重要意义。

2008年9月，葛天氏传说列入商丘市第一批市级非物质文化遗产名录。

参考文献：《史记》《吕氏春秋》《路史》。

六　朱襄氏传说

朱襄氏是一位杰出的原始部落首领。据传，他发明了我国历史上最古老的乐器——五弦瑟，谱写了最古老的乐曲——《来阴》，并用于治理国家，为天下百姓提供了一个安居乐业的生存环境。他的事迹数千年来口口相传，演化为一个个生动的民间传说。

朱襄王造字的传说　传说朱襄氏原为太昊伏羲氏的大臣，伏羲氏封朱襄氏为飞龙氏，主要负责造书契，从而结束了结绳记事的时代。这个传说与淮阳县的伏羲文化遗存一脉相承。淮阳伏羲大殿中，在伏羲氏塑像前有两尊童子，西侧的是昊英氏，东侧的就是朱襄氏，他右手持刻刀，左手拿龟板，象征造书契的职责。

朱襄氏鼓瑟治天下的传说　据传，朱襄氏在柘城时，天逢大旱，五谷枯死。时值盛夏时节，瘟疫流行，百姓人心惶惶。朱襄氏召集飞龙、士达等大臣商议对策，大家认为造成大旱的原因是阳气过多，阴气不足，必须想办法使阴阳二气平衡，才能缓解旱情。朱襄氏认为琴统阳，瑟统阴，要使阴阳二气平衡，需用委婉而阴柔的瑟声引来阴气，使阴气上升而阳气下降。于是，朱襄氏精心设计了一种五根弦的乐器——五弦瑟，命臣子士达找能工巧匠制作。五弦瑟制成之后，朱襄氏又谱了一首曲子《来阴》。选定良辰吉日，他登上高台，面南弹奏，那悠扬婉转而又阴柔的瑟声引来了阵阵冷风，把炎夏带来的酷热一扫而净。不大一会儿，阳气被压下去，阴气上升，天上火辣辣的太阳慢慢失去了威力，阴云布满天空，紧接着就下起一场瓢泼大雨。旱情就此解除了，瘟疫也销声匿迹。人们又过上风调雨顺、丰衣足食的生活。后来，朱襄氏就在此地建起一座都城，传说就是现在的柘城。

朱襄氏利用五弦瑟施雨抗灾，驱逐恶疾，为天下百姓做了许多好事。人们为了纪念他，在他的墓前修庙、立碑，世代祭奠。几千年来，他为民除害的事迹一直在民间流传。

柘城县大仵乡朱崮寺村有朱襄氏陵墓一处，至今保存完好。该遗存在上世纪六七十年代曾暴露出较多汉代空心砖墓、小薄砖墓，出土有陶罐、陶瓮、陶豆等文物。发掘出元、明、清时期的建筑构件，如筒瓦、板瓦、脊兽、滴水等。后经过文物勘查得知，朱襄氏陵是坐落在汉至明代文化遗址上的一个陵墓。遗址文化层深度1—3米，发现有明代建筑房基多座。遗址一侧存有大殿三间，现存明代所建朱崮寺碑刻一通，石碑记载了朱崮寺的筹建经过和筹资人员名单。此碑现被文物部门收藏。

2001年，地方政府为保护历史文化遗产，重新修建了炎帝朱襄氏陵园。该陵园占地120亩，陵高10.9米，周长158米，立石碑三通，恢复了昔日的雄姿。2002年，该陵园成为市级文物保护单位。2008年，朱崮寺村李松林在当地募集资金120万元，对朱襄氏陵进行了扩建，总建筑面积达500平方米，建大殿三间、左右厢房四间、山门八间，内塑朱襄氏及臣子飞龙、士达神像，威武而庄严。所建房屋均为仿古建筑，现已向游人开放。2009年农历三月初八，在新落成的炎帝朱襄氏陵前举行了声势较大的祭祖大典，并将每年的农历三月初八至十八定为炎帝朱襄王庙会。

2011年2月，朱襄氏传说列入商丘市第二批市级非物质文化遗产名录。

参考文献：《吕氏春秋》《通志》《路史》，明、清《柘城县志》《大清一统志》等。

（讲述人：李树峰）

七　王亥的传说

王亥，传说是阏伯的六世孙。他因经商造福人类，而深受后人崇拜，被奉为"华商始祖"，商丘亦被誉为"华商之都"。几千年来，商丘一带流传着很多关于王亥的传说。

王亥经商　传说王亥的部族农业和畜牧业发达，出产有剩余，他便带领族人用帛和牛与各个部落进行交换，换取自己所需的产品。由于这种交换频繁发生，又由于交易需要与人协商，人们便称他们为"商人"。

他们的部族，也被称为"商族"。王亥便成了中国商人的始祖，而他的后人汤则建立了商朝。传说王亥活动的区域就在今天的商丘，因此商丘就成了中国商业的发源地，"商丘"的名称也因此而来。

王亥驯马 马，原是一种野生动物。几千年前，人们过着迁徙不定的游牧生活。传说有一次，黄帝的部下捕获了一匹野马，每当人们接近它时，它就前蹄腾空，昂头嘶鸣。但它并不伤害人和其他动物，只以草为食。当时人们都还不认识这种动物，便把黄帝请来辨认。黄帝也未能认出是什么动物，只让大家不要杀掉，派驯养动物的能手王亥用木栏先把它圈起来。

过了一段时间，王亥发现栏杆外边又来了几匹这种红色的野马，它们对着栏杆内的那匹马叫个不停，不肯离开。过了一天，王亥把木栏门打开，外边的几匹野马一下子都冲进木栏，和圈在栏内的野马混在一起，互相嘶叫了一阵，然后又都卧了下来。王亥把栏杆门关住，用割来的草喂它们。过了不长时间，其中一匹马生下了一只小马驹。消息传开，人们纷纷前来观看。这些野马和人接触的时间一长，发现人类并不想伤害它们，所以在人面前也不惊慌，变得温顺了。特别是小马驹，很喜欢和人在一起玩耍。有一天，王亥喂过马后，牵出一匹性格温顺的马，纵身跳上马背。马一受惊，猛地四蹄腾空飞奔起来，把毫无准备的王亥一下子抛下来跌了个仰面朝天。等王亥从地上爬起来，马已跑得很远了。王亥望着越跑越远的马，心里十分着急，以为它再也不会回来了。正要往回走，不料这跑得很远的马，又扭头跑回来了。王亥高兴极了，忙把马引进栏杆内圈好。后来他想出了一个办法，用桑树皮拧成一条绳子，把马头绑好，慢慢牵出来，然后又跳上马背。马仍像头一次一样四蹄腾空，飞奔起来。这回王亥吸取了上次的教训，一只手紧紧抓住绑在马头上的绳子，另一只手紧紧地抓住马鬃，任凭马怎么飞跑，他也不松手。跑了一阵后，马的速度减慢下来，直到马不再跑时，王亥这才勒过马头，缓缓地骑回去。

最早的骑兵　王亥驯马成功后，风后、应龙、常先、大鸿等都前来观看，很快黄帝也知道了。应龙是黄帝身边的一员大将，对骑马感兴趣；他协助王亥驯马，练习骑马。一天清早，王亥、应龙起来练马，忘记把栏杆门关上，一只老虎乘机闯进圈里，把可爱的小马驹咬死，正张口要吃的时候，被人们发现了。老虎来不及吃掉小马驹，跳出栏杆逃走了。王亥和应龙一见小马驹被老虎咬死，立刻带上弓箭，骑上马向老虎逃去的方向追去。他们一口气奔跑了几十座山，终于找到了这只老虎。两人看准目标，连发几箭，把老虎射死在山谷中。在返回的路上，王亥、应龙又骑着马射死了几只鹿。他们的行动引起了风后的注意。风后一向智多谋广，他对黄帝说："既然骑马能追老虎，能射杀野兽，那么，打仗时能不能也骑马追杀敌人？"风后建议黄帝下一道命令：各部落所有打猎的人，今后出外打猎，一律不许射杀野马。凡能捉回野马者，给予奖励。黄帝不仅同意这个建议，自己也开始练习骑马。他命应龙、王亥精心饲养捉回来的二百多匹野马并进行训练。应龙挑选了二百多名精干的小伙子，每天从早到晚既驯马，又练骑马。经过两年多的训练，最早的一支骑兵诞生了。据说这支骑兵在后来的涿鹿大战中起了重大作用。

王亥的传说距今已有几千年。由于王亥经商主要在商丘，几千年来王亥的故事在这里世世代代流传，经久不衰。如今，海内外商人纷纷来到商丘祭祀商祖王亥，祈求商祖保佑他们事业有成，发财致富。

2014年11月，王亥的传说列入商丘市第四批市级非物质文化遗产名录。

参考文献：《中国民间故事全书》，知识产权出版社2010年版。

八　庄子传说

庄子（约前369-前286），名周，战国时期宋国蒙（今河南省商丘市民权县顺河乡青莲寺）人。著名思想家、哲学家、文学家，是道家学派的代表人物，老子哲学思想的继承者和发展者，后世将他与老子并称为"老庄"。保存完整的"庄周墓""庄周故里"现为省政府公布的重点文物保护单位。2000 年 11 月 11 日，庄子邮票首发式暨中国民权首届国际庄子文化节在民权县体育场隆重举行，文化节期间，来自泰国、马来西亚、新加坡、菲律宾等国家的庄子宗亲代表在庄周陵园举行隆重的祭祖庆典活动。2016 年 10 月 28 日，由亚洲文化交流协会、中国庄子文化研究中心主办、民权县政府承办的庄子文化高峰论坛在民权县庄子文化馆举行。联合国教科文组织北京办事处文化遗产保护专员杜晓帆，著名庄子学研究专家何宗思，亚洲文化交流学会副会长姚赣南，人民日报中国城市报主编常量，中央人民广播电台主任编辑冯赣勇等十二名专家学者应邀出席会议；中国道学研究中心主任郑开为民权县授"中国文哲大师庄子故里"牌，县委副书记、县长张团结接牌。

两千多年来，庄子以其渊博的知识、丰富的阅历、独特的个性，在商丘留下许多传说故事。

曳尾涂中　楚威王听说庄子博学多才，就派两名使者带着重礼去求贤。庄子正在河边钓鱼，使者恭恭敬敬地行过礼后，说："先生，我们奉楚王之命，来请您出任楚国的相国。"庄子听后无动于衷，继续钓鱼，头也不抬地说："我听说你们楚国有一神龟，已经死了几千年了，楚王用竹箱装着它，用华丽的巾饰覆盖着它，珍藏在宗庙里，可有此事？"使者答："当然有，用它占卜，次次都灵，那只神龟可是我们的国宝啊。"庄子说："你们认为这只神龟是想留下尊贵的骨骸死去呢，还是宁愿活着拖着尾巴在泥水里艰难地爬行呢？"使者说："那当然是想拖着尾巴活在泥水里了。"庄子说："这就对了，你们走吧，我不愿做那只神龟，我宁愿就这样拖着尾巴生活在泥水里。"两位使者只好带着重礼回国交差。

庄周借粮　庄子不重外物，终身不仕，虽然学问高深，日子却过得非常艰苦，经常是吃了上顿没下顿。一天，他去找好友商利借粮，见商利正坐在椅子上闭目养神，庄周说："监河侯大人，在盘算什么呢？"商利一见是庄周，高兴地跳了起来："是庄兄啊，你怎么叫起我官衔来了？要不是你帮我作了篇文章，就凭我这本事，能当上这么大的官？"庄周感到借粮有望，毫不隐瞒地说："我今天找你想借点粮食。""借粮？"商利哈哈大笑，说道："庄兄啊庄兄，要说你穷，打死我也不相信，谁不知你是远近闻名的大学问家，王侯们都把你当成宝贝。楚王聘你为相你都不干，给你千两黄金你分文不取，要我看哪，普天下谁穷你庄周也不会穷。"庄周说："你说这话是啥意思？难道说我是不穷装穷？你要借就借，不借我转身就走。"商利说："这么说你家里真是揭不开锅了？既然如此，那我就借给你三百两金子，不过眼下不行。"庄周问："那要等到什么时候？"商利说："等到秋后我到封地收了赋税，正好能收三百金，全都借给你。"庄子见商利这副虚伪的嘴脸，说："刚才我在路上正走着，忽然听到路旁有呼救的声音，我扭头一看，见辙沟里有一条快要干死的鲫鱼，少气无力地对我说：'先生，您能不能给我一升半斗的水，救救我的命。'我说：'可以，可以，当然可以，我现在正要去南方晋见吴、越两国的国王，我可以让他们把西江的水引过来，让你在滔滔江水中自由自在地生活游玩。'那鲫鱼听了之后生气地说：'等你说通吴王和越王把水引过来，我早就变成鱼干下油锅了！'然后，我看到这几条濒死的鱼，抱成一团，用湿气互相呼吸，用口沫互相湿润，相濡以沫而求生。"

商利听了很稀奇，说："这鱼真是神了，死到临头还知道互相照顾。"庄周说："对呀，鱼儿在困境中尚且懂得相互救助，而人却办不到。"庄子说罢，扬长而去。商利这才回过神来，自言自语地说："说了半天，庄周是在挖苦我呀。"

庄子胡同的传说　庄子胡同传说在民权县顺河乡清莲寺村东头，既是庄子的出生地，也是庄子生活居住的宅区。庄子胡同已有两千多年历史了，没有一户敢在这片空旷的宅区里盖房子，为什么呢？这里面有个传说故事。据传，庄子的父亲庄公特别精通风水学，他仰观天文，俯察地理，对日月星辰的运行规律和地势水土的方位了如指掌，所以他在建造住宅时，选址、朝向、位置等方面都作了周密的安排。庄宅成为一块举世无双的风水宝地，一般人认为凡人不能居住。清代乾隆年间，村里有一个叫赵有富的小财主不信这个邪，他说："这么好的一块风水宝地闲着，真是太可惜了，我就要在这里盖房，看我会不会变成穷光蛋。"于是，他就在庄子胡同盖了一所四合院。房子盖好不到一个月，赵有富的夫人就得了不治之症；两个儿子一个变成了赌鬼，一个变成了大烟鬼。一年不到，赵有富变成了穷光蛋。这下赵有富服了，他扒掉房屋，搬到了原来的居处。不多久，赵有富又慢慢地恢复了元气。从此当地流传开这样一句俏皮话："庄子胡同上盖房——自找倒霉。"

庄周一秤查贪官　一次，庄子去大梁（今河南开封）找朋友惠施谈经论道，正赶上惠施垂头丧气地下朝回府。庄子问为何沮丧，惠施说："魏王打算任用我为相国，可是又给我出了个难题，这个难题我要是答不上来，相国可能就做不成了。"庄子问道："什么难题？"惠施说："这个难题我想了一夜也没想出答案，也可能是根本办不到的事。"庄子说："你越说我越感兴趣了，能否告诉我，说不定我还能帮你出出主意。"惠施说："那好，我就告诉你吧。最近，魏王派出十名使臣到各地征收黄金，每人征收千两，装在十个箱子里，每箱一百两，一两一块。昨天中午十名大臣按时回朝交差，正当魏王大喜之际，突然收到一封密信，说有一位使臣在每块黄金上偷偷割去一钱，用肉眼看不出来。大王决心查出贪污黄金的使臣，要我一秤称出是哪个使臣的黄金不足，你说这不是故意难为人吗？"庄子听后微微一笑，说："这个太好办了，你把那十个使臣按一到十排上号，然后，在第一名使臣的黄金箱里拿一块黄金，第二名拿两块、第三名拿三块、第四名拿四块，以此类推。共计五十五块，一块一两，重量本应该是五十五两，缺几钱就是第几名使臣贪污了黄金。"一席话说得惠施豁然开朗，他按照庄子的方法一秤就查出了那个贪污黄金的贪官。魏惠王对惠施大加赞赏，不久，便提拔他做了魏国的相国。从此以后，惠施对庄子更加敬重，二人成了关系亲密的挚友。

触蛮之争　惠施引荐庄子为魏王讲养生之道。魏王听了后，感到很有道理，可是也有困惑，便对庄子说："先生所讲的离弃了事物，形体就不会受到伤害，忘却了生命，精神就不会受到亏损，这句话是有道理的，可是有件事我始终耿耿于怀。我派庞涓将军围攻赵国，齐国派田忌领兵救赵，趁我国兵力空虚而引兵攻打我国，庞涓率军回救，齐军以逸待劳，在桂陵伏击庞将军，我军几乎全军覆没。庞涓建议出兵与齐军决一死战，而你的好友惠施却劝我爱民罢兵。"庄子听罢，对魏王说："刚才我在你的花园中看到一只蜗牛，它的左角上有个国家叫触氏，右角上有个国家叫蛮氏，两国经常为争疆土而打仗，在最后的决战中，触氏大获全胜，他们杀死了数以万计的蛮氏兵将。魏王听了哈哈大笑，说："先生的寓言编得太玄乎了！一个小小的蜗牛角，哪能建立两个国家呀？还伏尸数万，再说，那么丁点儿的小地盘还值得争夺吗？"

庄子说："大王，您认为天地四方上下之中有穷尽吗？"魏王说："当然没有。"庄子说："如果你把心神遨游在无穷无尽的境域之中，再返回到星罗棋布的各国之间，你就会觉得自己所据有的地盘是何等渺小，和无穷无尽的天地相比，你这个君王和蜗牛角上的蛮氏有什么区别吗？"魏王说："没有区别。"庄子接着说："既然没有区别，你们魏国和齐国的对抗就是伏尸数万的'触蛮之争'。"魏王茅塞顿开，不但打消了讨伐齐国的念头，还和齐国建立了友好关系。魏王为感谢庄子，要重重地封赏他，可是庄子不为所动。

庄子淡泊名利，睿智通达。他能用通俗易懂的文字讲述寓言故事，讲述人生道理。庄子的传说在民权一带流传很多，如《庄周比武》《张良珂题诗誉庄周》《庄周大宗师茶馆》《梦断漆园》《庄周招亲》《喻牛辞相的传说》，等等。

2014年11月，庄子传说列入商丘市第四批市级非物质文化遗产名录。

参考文献:《史记》《庄子文化研究》《民权县志》。

(记录、整理人:王贵生、赵凯)

九　孔子祖籍和孔姓传说

孔子生于山东曲阜,祖籍在河南夏邑。孔子是殷商后裔,周武王灭商后,封殷纣王之庶兄微子启于商人的故地(今河南商丘一带),微子启死后,按照殷人的"兄终弟及"制,传位于其弟微仲衍,即孔子的先祖。微仲死,按"父死子继"制,传位于宋公稽,此后三传至宋闵公共。共死后,传位于弟炀公熙,共之次子鲋祀不满,弑其叔父欲立长兄弗父何,弗父何坚辞不受,鲋祀自立为宋厉公。弗父何一支降为卿大夫之家,封采邑(中国古代诸侯封赐给卿、大夫作为世禄的田地,包括种地的奴隶)于栗(今河南夏邑县),弗父何就是孔子的十世祖先。后来,宋国发生内乱,孔子曾祖孔防叔为避乱而逃亡鲁国,孔子遂成为鲁人。

《夏邑县志》记载:"夏邑古宋地,孔子之先世实居于斯。其迁入鲁之阙里,自孔防叔始,越三世而生孔子。"(《夏邑县志(1985—2006)》,中州古籍出版社 2011 年版)孔子一生恪守周礼,信道甚笃,"守死善道",重视祭祀祖先。据说孔子曾在青年时代多次到祖籍栗考察殷礼,到其祖先采邑祖茔祀先省墓,"少居鲁,长居宋",为其学说的形成奠定了坚实深厚的思想文化基础。

自汉以后,尊孔重儒之风盛行于世,凡孔子足迹所至或影响所及之处多立祠奉祀。孔子曾到夏邑祖茔墓地祭祀祖先,后人为纪念孔子,就在其地建祠奉祀,名为"还乡祠"。还乡祠在今夏邑县城北六公里刘店乡王公楼村西,原为一组具有东方建筑特色的古建筑群,仿文庙之制,坐北朝南,两进庭院,沿中轴线依次排列,左右两侧对称。整个建筑包括影壁、棂星门、戟门(大成门)和两侧金声、玉振二门、东西两庑、杏坛、大成殿、崇圣殿和官厅。四周环绕高墙，黄瓦红垣，碑碣林立，松柏掩映，古木参天，庙貌巍然。整个祠堂建筑完全按照中国文庙建筑的基本格局和形制。2008年6月16日，孔子还乡祠被河南省人民政府公布为第五批河南省重点文物保护单位。

孔子回祖籍寻"根"，一直影响着孔氏后人，直到北宋时期仍有孔氏后裔还归居祖籍，傍祖茔而居。宋真宗时，孔子四十五代孙孔良辅、孔彦辅由曲阜到此定居，修复扩建孔子还乡祠。每逢春秋两季，府县官员和儒家弟子皆到此祭祀。平时瞻仰"圣迹"的游人络绎不绝，是当地著名的名胜古迹之一。1993年，夏邑县人民政府决定重修扩建还乡祠。孔子七十七代嫡孙女、全国政协委员孔德懋激动地说："我先祖孔子的祖籍是宋国，我的始祖弗父何被封到栗，就是现在的河南夏邑。"并当场留下了"炎黄子孙，圣裔世胄，诗礼传家，翰墨生香"的墨宝。还乡祠虽然历经磨难，几经兴衰，但"孔子祖籍和孔姓传说"却在民间流传下来。传说内容不断丰富，流传范围不断扩大，不但流传于商丘一带，而且辐射至皖北、苏北、鲁西南等地区。

2008年9月，孔子祖籍和孔姓传说列入商丘市第一批市级非物质文化遗产名录。

参考文献:《夏邑县志（1985−2006）》，《夏邑文史资料》第二辑，《夏邑古今》。

十　宋襄公与睢州城的传说

宋襄公（?− 前637），宋桓公之次子，名兹甫，春秋时宋国第二十位国君。宋襄公是"春秋五霸"之一，传说睢县是他生前活动最频繁的地方，他在这里修筑望母台、建造行宫、开辟花园、大会诸侯，与楚国战于泓水，直到死后葬于此地。

宋襄公与睢州城的传说，自古以来在民间就有流传，现整理出以下七节:

太子让贤　宋桓公病危，想让次子兹甫即位，兹甫向父亲提出让德才兼备的兄长目夷继承大业，目夷坚决不从。宋桓公见他们兄弟二人互相推让，只得立下遗诏："由太子兹甫继任国君。"原来目夷之母出身微贱，未入正宫，庶子继承君位不合礼制。

戴孝赴会　宋桓公驾崩之时，正值葵丘会盟。兹甫未举行葬父大典，即戴孝赴会。各国诸侯齐赞兹甫忠孝诚信。同时，兹甫也看到齐桓公作为霸主的权威和荣耀，暗暗立下当霸主的誓愿。太子兹甫葬父之后，继任国君，即为宋襄公。他任命兄长目夷为左师，掌管朝中一切事务。兄弟二人同心合力，治国安民，宋国很快强大起来。

筑台望母　宋襄公的母亲是卫国人。公元前660年，北戎人（春秋时期北方的一支较强大的少数民族，活动地区在今河北省北部）入侵卫国，卫国国君被杀，宋桓公搭救了侥幸逃脱的卫国子民，并帮他们立了新君。后来齐国介入，给卫国送去大量财物，卫国对齐国感恩戴德，对宋国的搭救闭口不谈。于是，宋桓公不再介入卫国之事。宋桓公的夫人很不高兴，为此事经常和宋桓公吵闹。宋桓公一纸休书将夫人遣回卫国。宋襄公继位后，非常想念母亲，但如果把母亲接回来，就违背了父亲的遗愿，是为不忠；不接回来就无法报答母亲的养育之恩，是为不孝。想来想去，他最终决定在国境处修建一座望母台，当思念母亲的时候，就登台眺望，以解相思之苦。宋襄公筑望母台的故事在民间流传至今。

仗义伐齐　齐桓公见宋襄公忠孝仁义，言而有信，便将太子昭日后继承大业之事嘱托于宋襄公。齐桓公一死，国内大乱。国丧未发，奸臣先立公子无亏为君。太子昭投宋告急，宋襄公传檄诸侯，亲率宋、卫、曹、邾四国联军伐齐，复立太子昭为君，即为齐孝公。宋襄公因此名声大振。

宋楚争霸　扶助齐孝公继位之后，宋襄公认为称霸诸侯的机会已到，便通知楚、齐二君会于鹿上，意欲借助两个人国的威望，让其他诸侯承认其霸主地位，以成就一代霸业。宋襄公自恃有恩于齐，爵高于楚，不经二君同意，自作主张地约定各国诸侯会盟于盂（今睢县城西北梁庄西），引起了楚成王、齐孝公的极大不满，为盂亭会盟埋下了祸根。

按盂亭会盟约定的"衣裳之会"，各国诸侯不穿铠甲，不带兵车，不动武力。而诡计多端的楚成王，则带千名将士，外穿衣裳，内穿铠甲。登坛之后，楚成王与宋襄公争当盟主，楚国将士一拥而上，将宋襄公俘获。

泓水之战　宋襄公和楚国军队准备在泓水（睢县、柘城交界处）作战。宋襄公恪守商周以来的礼法，让人举起一面上写"仁义"二字的大旗。看到楚国的将士正在渡河，宋国大臣公孙固说："等他们渡河到河中心的时候，我们马上出击，一定能打败楚军。"宋襄公指着旗上的仁义二字说："不行，仁义之军怎么能做乘人之危的事情呢。"楚军顺利地渡过了泓水，在岸上排兵布阵。公孙固又劝宋襄公："敌众我寡，趁楚国军队还没有布好阵，我们的军队冲过去，定能取胜。"宋襄公还是不同意，说："不行，讲仁义的人不能攻击不成阵势的队伍。"不一会儿，楚军摆好了阵势，千军万马冲杀过来了，宋襄公才下命令还击。但是，已经迟了，楚军锐不可当，宋军死伤不计其数。宋襄公的卫队被歼灭，他大腿上挨一毒箭，受了重伤。在公孙固等人的保护下，宋襄公狼狈逃了回去。从此，宋襄公的争霸大业变成了泡影。"宋襄公之仁"成了一个典故，他对敌人讲"仁义"也成了千古笑柄。宋襄公回到望母台行宫养伤时，齐孝公在表兄郑文公的教唆下，背信弃义，恩将仇报，决定举兵伐宋。宋襄公恼恨齐孝公忘恩负义，箭伤复发，猝然而亡。

仁慈大丧　宋襄公临终立下遗诏：仁慈治丧，不殉男女，尸骨葬于望母台。为纪念宋襄公仁慈发丧，睢县乡间广泛流传着一首民间歌谣：广致丧，民安康。薄殉葬，国兴旺。广植桑，发大桑。子孙万代孝思（缫丝）长。宋襄公的陵墓襄陵作为仁孝的象征，受到世人的敬仰和保护，幸存至今。

在漫长的历史长河中，宋襄公与睢州城的传说逐步发展与完善。传说中一些情节与睢州名胜交织在一起，故事更奇，名胜更美。

2008 年 9 月，宋襄公与睢州城的传说列入商丘市第一批市级非物质文化遗产名录。

参考文献：光绪《睢州志》。

十一　桃花扇的传说

侯方域（1618—1654），字朝宗，号雪苑，商丘人。民间流传，青年侯方域去南京应试，经友人介绍，与秦淮八艳之一的李香君相识。侯方域作诗赠予李香君，香君自歌以偿之。后侯方域送宫扇（按照宫中式样制作的扇子）作为定情信物，上面绘有一幅色彩浓艳的桃花图，故称之为"桃花扇"。

后来二人辗转回到侯方域老家商丘，李香君隐瞒了歌伎身份，以吴氏女子、侯方域妾的身份住进侯府西园翡翠楼。在这里，她孝敬公婆，与侯方域的原配夫人常氏和睦相处，与侯方域琴瑟和谐、相敬如宾，度过了她一生中最为幸福美满的时光。然而，她的歌伎身份最终还是被侯家人知晓，为侯氏家族所不容，后被赶出侯府，住在城南几公里处的李姬园村。李香君在这里生下一子，孩子不能随侯方域姓侯，只能随香君姓李。孩子生下几个月，李香君便在郁闷绝望中离开了人世，终年三十岁（一说二十九岁）。香君死后被葬于李姬园村村东头，侯方域为她立墓碑一通，上书"李香君之墓"五个字，下面还刻有两行小字："卿含恨而死，夫惭愧终生。"不久，侯方域也在忧郁中走完了人生之路。

在商丘侯氏族谱中，记载有一座距侯家祖坟不远的无名墓，后世子孙推测是香君墓。

关于李香君最终的归宿，还流传着一种说法：南明弘光朝定都南京时，李香君曾被选入皇宫中当歌姬。在宫中，她无时无刻不想着侯方域，曾给侯方域写了一封信，信中有"未裁素纸，若有千言；及拂红笺，竟无一字；回转柔肠，寸寸欲折""桃花艳褪，血痕岂化胭脂；豆蔻香销，手泽尚含兰麝；妾之志固如玉玦，未卜公子之志；能似金钿否也？"
等语，表达了她身处深宫，依然想念侯方域之情。

孔尚任（1648-1718），字聘之，山东曲阜人。孔子第六十四世孙，
清初诗人、戏曲作家。孔尚任历时十几年三易其稿完成了文学剧本《桃
花扇》的创作，其以侯方域和李香君的爱情故事为主线，结合南明弘
光王朝从建立到衰亡的短暂历史，描绘出明清易代时的广阔社会生活
画卷。

《桃花扇》问世之后，王公显贵争相传抄，清宫内廷与著名昆曲班
社竞相演出，轰动了京城。其影响一直延续到近世。1963 年，西安电
影制片厂曾将该剧拍摄成故事片《桃花扇》搬上银幕。

相传侯府所在的归德府，即今河南商丘古城刘隅首东一街。侯方
域故居为一四合院建筑，主楼"壮悔堂"坐北朝南，明三暗五，分为
上下两层。院内西楼原名翡翠楼，自李香君住进去之后俗称"香君楼"；
二楼为李香君卧室，如今依原样而修，床上摆有被褥，床下一双小巧
玲珑的绣花鞋。

20 世纪 80 年代，当地对侯氏故居进行了重修，现已对游人开放，
每年接待大量国内外游客。

"桃花扇的传说"自清初由孔尚任完成文学剧本《桃花扇》以来，
距今已有三百多年的历史；此后又在民间口口相传，尤其在河南商丘一
带，可以说是家喻户晓，流传甚广；人们在茶余饭后或是街头巷尾，还
能听到这个动人的爱情故事。

2014 年 11 月，桃花扇的传说列入商丘市第四批市级非物质文化遗
产名录。

（口述人：尚起兴　记录、整理人：郭翼龙、江涛）

十二　闹龙街的传说

闹龙街是商丘古城北门里往西的一条街，又叫北马道西街（马道

街是古时候专门供骑马送信者及马车之类交通工具通行的道路），长约四百米，宽约五米，路面由青石板铺成。相传，明朝万历皇帝念念不忘恩师沈鲤（字仲化，归德人，历任礼部尚书、文渊阁大学士，曾做过万历的侍读学士）对自己的教诲之恩，便带领随从来到归德府城（今河南省商丘市睢阳区）。一行人马进入商丘古城北门之后，为了表示对恩师的尊重，便下了车辇步行通过马道街。就在这时，突然从一户黑漆大门里跑出一群孩子在街上玩耍。孩子们见一群人拥着一位少年步行而来，衣着华贵，器宇轩昂，便一拥而上，有的揪万历皇帝的耳朵，有的拽扯他的龙袍，着实将万历小皇帝嬉闹得不知所措。过了一会儿，侍卫们才回过神来，急忙将嬉闹的孩子们赶走，然后战战兢兢地向万历赔罪。

万历小皇帝无端遭此戏弄，非常生气。到了沈府，便问沈鲤这条街叫什么。沈鲤见小皇帝气色不对，急忙询问随从官员，官员如此这般一说，沈鲤方才明白其中缘由，便上前说道："此街名曰'闹龙街'，因主公乃真龙天子，小儿们嬉闹，此乃天意也。"沈鲤这么一说，万历的气儿消了一半，但他仍然想把这条街上的人全部杀掉，沈鲤道："有罪而诛乃为明君，无罪而诛大逆不道啊！主公乃是明君，爱民如子，岂能无罪而诛呢？请三思。"万历一听，觉得老师说得有道理，就说："恩师言之有理，只把那些孩子杀掉算了！"沈鲤明明知道万历不认识那些孩子们，却故意问道："主公，您认识那些孩子吗？"万历为难道："我初来乍到，怎会认识那些顽童？只知道他们是从一户黑门里跑出来的。"沈鲤一听，笑着说道："好好好，既然知道是从黑门里出来的，那就好办了。今天天色已晚，主公也劳累了，待明天一早，老朽陪您前去查寻，抓住那些孩子。"

第二天一早，沈鲤陪着万历到了马道街，万历放眼望去，但见此街家家户户全是黑漆大门，他目瞪口呆，只好作罢。原来，沈鲤为了搭救此街百姓，告知各家连夜将大门全都刷成了黑色，才使这条街上的孩子免受一场灾难。多年过去，万历皇帝想起此事，向沈鲤询问，沈鲤才把真相告诉了他。万历感念之至，遂将这条街命名为"闹龙街"，另有自己顺应天命之意。自那时起，这条街家家户户都是黑漆大门，这个传统一直沿袭至今。闹龙街的传说也就在民间广为流传。人们在讲述这个传说的同时，对沈鲤的伸张正义、爱民如子、机智幽默充满敬佩之情。

2014 年 11 月，闹龙街的传说列入商丘市第四批市级非物质文化遗产名录。

参考文献：《商丘史话》，新华出版社 2001 年版。

十三　白云寺的传说

白云寺位于民权县城西南二十公里处的白云寺村东，是豫东平原现存最大的寺院之一。白云寺占地面积约两万多平方米，坐北朝南，中轴线上由前至后为山门、韦驮殿、罗汉殿、大雄宝殿。白云寺始建于唐贞观年间，原名白云庵，因每到夏、秋季白云缭绕，故更名为白云寺。一千多年来，白云寺高僧辈出，薪火相传，涌现出一个个传奇故事，流传时间最长、流传范围最广的是"白云寺四大传说"。

白云寺的来历　据传，在唐朝初期，这里曾出现过观世音菩萨空中现身的奇观，于是许多佛教信徒便经常在此地烧香拜佛。唐贞观元年，高僧杰安看中了这块风水宝地，便在此处建寺庙一座，取名叫观音堂。到开元中期，观音堂四世方丈一明大师扩建寺院，工程即将完工的时候，正赶上烈日炎炎的酷暑盛夏，炎热难当，泥瓦工匠们不得不停工。一明大师自言自语地向佛祖祈祷：如能有片云彩遮蔽炎炎烈日，工期就不会延迟了。话刚落地，奇迹出现了，一片浓厚的白云从远处飘然而至，停留在工地上空，给人带来丝丝凉意。直到工程完工，这片白云才悄然散去。为感谢和纪念佛祖显灵，一明大师便将观音堂改名为白云寺，此名一直沿用至今。

鲁班下凡修白云　唐朝后期的一年春天，白云寺修建千佛阁的工程已接近尾声，负责工程的带班工匠是当地颇有名气的王师傅，人送外号"神匠王"。按设计要求，千佛阁脊顶上要装饰一排神态各异的飞禽走兽。神匠王雕刻出来的成品看起来栩栩如生，可往脊顶上一搁，左看右看都不顺眼，总是达不到要求。这天上午，神匠王正独自一人在房中苦思冥想，一位衣服破烂的白发老头，背着个破工具箱走进屋内，要神匠王给他找个活干，神匠王不耐烦地说："工程都快结束了，能给你找啥活干？你就在厨房等着吃饭吧！"老翁说："手艺人凭本事吃饭，我可不是来要饭的。"神匠王一听，非常生气，心想：这个人真是不识好歹，咋看他也不像是个有本事的人，既然你不领我的情，那我就给你找个活干干吧。想到这里，神匠王对那个老头说："老先生，你说的没错，手艺人就得凭真本事吃饭，你看那斋厨后面有几个大枣树疙瘩，你就看着去摆弄吧。"白发老头啥话没说，背着工具箱向斋厨后面走去。这天上午，神匠王还是没有设计出满意的图案。闷闷不乐地吃过午饭之后，才想起那个来找活干的老头，赶紧向斋厨后面走去，发现人不见了，只见那枣树疙瘩上面有斧锛砍的痕迹，再仔细一看，上面还有横七竖八的墨线。神匠王觉得奇怪，无意中用脚一踢，哗啦一声树疙瘩裂开了，里面全是精雕细刻的各种各样的飞禽走兽。他急忙喊来工匠们，把这些雕刻往千佛阁脊顶上一放，真是恰到好处而又熠熠生辉，把千佛阁映衬得更加壮丽辉煌。神匠王这时才恍然大悟，知道那位白发老翁是鲁班师傅下凡了，工匠们忙跪在地上叩拜起来。

康熙寻父　相传，顺治皇帝爱上了大他五岁且结过婚的董鄂氏，并加封董鄂氏为贵妃。皇后忌妒至极，暗中将董鄂氏处死。顺治痛心疾首，万念俱灰，一怒之下舍弃江山社稷，离宫出走，杳无音讯。到了康熙年间，有密探来报："先皇顺治在白云寺出家。"康熙闻听大喜，于当年春季奉太后之命，微服到白云寺寻父。康熙到白云寺后，向白云寺方丈佛定说明来意，佛定召集寺内僧众，按名册一一询问，不见其父。

康熙问佛定："还有没有不在册的僧人？"佛定猛然想起，厨房内还有新来的一名伙头僧，就领康熙走进厨房，果然见一和尚正在抡斧劈柴。还没等康熙开口，那老僧问："请问施主从何处而来？"康熙答："从京城而来。"老僧又问："京城里的麦苗可好？"康熙心想：城里哪有麦苗？这老僧是不是缺心眼？于是，康熙避而不答，反问老僧："长老年庚几何，叫什么名字？"老僧说："已过六十一个花甲，名字叫八叉。"康熙见这位老僧答得古怪，便生气地拂袖而去。回到京城，康熙把和老僧的对话原原本本地禀报太后，太后兴奋地说："皇儿，白云寺里那个伙头僧就是你的父皇！那老僧问你，京城里的麦苗可好，那是问候我嘞！我的奶名就叫麦苗。六十一个花甲，是六加一个花甲为六十六岁，你父皇今年正好六十六岁；另外，八字下面加个义，不正是个父亲的父字吗？"

时隔不久，康熙又到白云寺寻父，谁知那位叫"八叉"的老僧已不知去向。康熙第二次寻父不见，心情烦闷，就在白云寺住了七天，和佛定住持结下了不解之缘。二人谈经论佛，佛定针对时弊，讲了一些治国之道和安民之策，令康熙茅塞顿开。回朝之后，按照佛定的建议，康熙在全国推行了"更名田""鞭杆税"，实施了满汉平等的民族政策。不几年，国家就强盛起来，出现了国泰民安、四海升平的康熙盛世。为感谢佛定大和尚的指点，康熙亲笔写下"当堂常赏"四字，制成滚龙御匾送给白云寺。这四个字的上部都是和尚的尚字，下部分别是田、土、巾、贝。田指田地，土指疆域，巾指布衣，贝指货币。意思是：大清国土地肥沃、疆域辽阔、黎民百姓丰衣足食、国家财力雄厚，每一项业绩的取得都有佛定大和尚的功劳。

铁锅槐的传说　白云寺院内有一奇观——铁锅槐，其中流传着一段离奇的故事。

白云寺三十世方丈佛定（1647-1721），每逢灾荒之年，便在寺内支起两口大锅，熬粥救济饥民。后来，一口锅炸裂，佛定便在锅里填上土，种些花草供人欣赏。一日清晨，一只白天鹅飞落锅内，用嘴捣捣土后飞去。数日后，太阳刚刚落山时，佛定发现锅内鼓出一小堆土，扒开一看，是一棵肥嫩的黑槐树苗。于是，他对在场的僧人说："仙鸟清晨衔籽播种，傍晚土鼓苗出，属晨种暮鼓。这是佛祖告诫我们要晨钟暮鼓，早起晚睡，辛勤拜佛诵经，这也是白云寺就要兴旺的好兆头。"因此，白云寺僧众精心培育这棵树苗，爱如珍宝。随着树苗茁壮成长，白云寺果然香火兴旺。康熙三十六年（1697），白云寺进行了大规模的修葺扩建，成为闻名遐迩的佛教圣地。如今，白天鹅衔籽播种的那棵黑槐树苗，已有三百多年的树龄，树高十五米，树围近三米。让人奇怪的是，这口铁锅经过三百多年的风刮雨淋，却没有一点生锈的迹象。这就给铁锅槐增添了一层神秘的色彩。1993 年春，台湾著名佛教学者如虚法师到白云寺朝拜，称赞铁锅槐是天下独一无二的奇观，并为白云寺捐款两万美元。2012 年 4 月，河南文艺出版社出版了十余万字的长篇小说《康熙三下白云寺》（欧阳华著）。白云寺除四大传说外，还有三十多个传说故事在民间广泛流传。

　　2008 年 9 月，白云寺的传说列入商丘市第一批市级非物质文化遗产名录。

（口述人：黄舜才　记录、整理人：王贵生、赵凯）

十四　连理枝的传说

民间故事连理枝的传说，源自战国时代宋国国君宋康王（又称宋王偃、宋献王）时期。

宋康王见宫中舍人韩凭之妻何氏生得美貌，顿生歹念，欲夺何氏为妃。韩凭不从，宋康王令其服"城旦"（古代一种筑城四年的劳役）之刑。韩凭身受苦役，修建青陵台，不久遭遇意外而死。何氏悲痛至极，遂以苦酒腐朽其衣，佯装答应宋康王纳其为妃的旨令，以吊唁韩凭的亡灵为由，与宋康王一同来到青陵台上。何氏把遗书交给宋康王之后，猛地从青陵台上跳了下去。宋康王急忙拉住何氏的衣服，衣服因腐朽而化，残帛化为青蝶，何氏扑台而死。宋康王打开何氏的遗书，只见上面只写着一句话："死后请把我们夫妻二人合葬。"宋康王故意违背其愿，命将韩凭与何氏夫妻分葬，并说："你们夫妻不是很相爱吗，我就是叫你们死不同穴，假如你们的坟墓能连在一起，那我就不会再阻挡你们什么了。"宋康王话刚落地，就有两棵梓树分别从两座坟墓的端头长了出来，两棵树树干弯曲，互相靠近，树根在地下相连，树枝在上面相交。又有一雌一雄两只鸳鸯在树上交颈悲鸣，早晚都不离开，凄惨的叫声令人悲哀。后来唐诗中便有了"在天愿作比翼鸟，在地愿为连理枝"的名句。

连理枝传说的原发地青陵台，据说就在河南省商丘市梁园区王楼乡清凉寺村，台下的清泠池与台上的相思树同为这一民间传说的现存遗迹。

连理枝感人肺腑的爱情故事，成为历代艺术创作的素材，以此为素材的说唱、杂剧、传奇等多种形式的艺术作品层出不穷。如：评剧《青陵化蝶》、元杂剧《烈女青陵台》、川剧《息氏扑台》（韩凭之妻何氏一说为息氏）等等，这些以连理枝故事为题材的戏曲在民间广为流传，久演不衰。

2008 年 9 月，连理枝的传说列入商丘市第一批市级非物质文化遗产名录。

参考文献：《搜神记》《东周列国志》。

十五　月下老人的传说

月下老人的故事，据传发生在唐贞观二年（628）。这一年，书生韦固游至宋城（今河南省商丘市睢阳区），投宿在一家客店里。一天晚上，他闲来无事，独自一人在街上闲逛，看到皎洁的月光下有一位老人席地而坐，翻看着一本又大又厚的书，他身边放着一个装满了红色绳子的布袋。韦固好奇地上前询问："老伯伯在看什么书呀？"那老人回答说："这是记载天下男女婚姻的书。"韦固更加好奇地问："那你袋子里的红绳又是做什么用的呢？"老人微笑着说："这些红绳是用来系夫妻的脚的，不管男女距离远近，只要用这根红绳系在他们脚上，他们就一定会结为夫妻。"天下哪有这么神奇的红绳？韦固以为老人在和他开玩笑，就漫不经心地向这位老人询问自己的婚姻，老人想了想道："明天早上米市上有一位盲妇，抱着一个三岁左右的女孩，这个小女孩便是你十四年后的妻子。"韦固听了非常吃惊，当他想再问些什么的时候，那老人已不见了踪影。

韦固压根就不相信月下老人说的话，但是第二天一大早，他还是怀着好奇，带着家奴，来到了熙熙攘攘的米市上。果然看见一位盲妇抱着一个三岁左右的小女孩儿迎面走来。这时韦固很生气，怪昨晚那老头拿自己的婚姻大事开玩笑。于是指使家奴去将小女孩儿杀掉，看她日后还能否成为自己的妻子。家奴跟着这位盲妇走到僻静处，朝那女孩的头部刺了一刀之后，仓皇逃走了。

日月如梭，光阴似箭，转眼十四年过去了，这时韦固将要成婚，妻子是相州刺史王泰的女儿，人长得很漂亮，只是眉宇间有一道疤痕。韦固觉得很奇怪，婚后他问岳父："为什么她眉间有道疤痕呢？"相州刺史叹口气说："唉！十四年前在宋城，一天保姆陈氏抱着她去米市，竟然无缘无故地被一狂徒刺了一刀，幸好没有生命危险，只留下这道伤疤，真是不幸中的万幸啊。"

韦固顿觉愕然，这才明白过来月下老人所说的话并非是和他开玩笑，他们的姻缘真的是由上天做主的，是冥冥之中已经注定了的。不久，这件事情传到了宋城，当地的人们为了纪念这位老人，将他称为"月下老人"，而韦固投宿的这家客店也被称为"订婚店"。

后来，人们就把牵线搭桥的媒人称作"月下老人"，简称为"月老"。正所谓千里姻缘一线牵。月下老人的故事流传至今已有一千三百多年的历史，海内外均有流传。

2014 年 11 月，月下老人的传说列入商丘市第四批市级非物质文化遗产名录。

参考文献：《根在商丘》，新华出版社 2004 年版。

（口述人：尚起兴　记录、整理人：沈艳霞）

第二章 传统美术

传统美术是体现中华民族文化精神和审美意识的最普遍的表现形态，内容十分丰富，范围十分广泛，它包括绘画、雕塑、工艺、建筑等。

本章共介绍十八个传统美术项目，书画类有：梅花篆字、绘画、金麦草画、板笔画、糖画、古建筑彩画；剪纸类有：民权剪纸、民间剪纸、梁园剪纸等；雕塑类有：泥塑、面塑、木雕、石雕、仿古玉雕等。这些优秀的传统美术项目，内容丰富，形式多样，是千百年来劳动人民智慧的结晶，彰显着深厚的文化底蕴、浓郁的乡土气息。

第一节 书画

一 王公庄绘画艺术

王公庄绘画艺术源于商丘市民权县，其产生和发展，与当地的民俗风情有关。民权县北关镇地处华北平原南部，黄河大冲积扇南侧，王公庄正处于黄河故道腹地。当地人相信老虎能吞噬鬼魅，威慑敌害，给人们赐福示瑞，于是这里的老百姓就把虎文化融入到现实生活之中。画虎成为人们的一大爱好，画幅上山虎、下山虎或五虎图挂在墙上以示威严，春节贴上虎图年画以示平安。

据王公庄农民画家王祥谟（1937-2010，王公庄绘画艺术第四代传人）口述：王公庄绘画艺术产生于清道光元年（1821），当时王公庄村有位秀才叫王震铎（1840–1922，王公庄绘画艺术第一代传人），开始制作木板年画，根据当地崇尚老虎的习俗及人们借物祈福的愿望，以画虎为主，成为远近闻名的民间画家。王洪启（1880–1950，王公庄绘画艺术第二代传人）拜王震铎为师，学习画虎，兼画花、鸟、虫、鱼，作品除送给亲戚朋友欣赏以外，还拿到集市上去卖。20 世纪 50 年代后，王公庄绘画艺术在当地已经颇有名气，形成了自己独特的技法，虎姿逼真、灵活生动、雅俗共赏。

　　王公庄绘画艺术是农民思维与物质观念的产物，乡土气息和地方特色浓厚，具有形式多样、体裁广泛、构图饱满、画工精细、造型夸张、线条简练、色彩鲜明、质感较强等艺术特征。作品大多是活灵活现、神态各异的虎姿图，经过一百多年的发展、完善和提高，逐步形成了一套独具特色的绘画程式。其画虎的过程共分八个步骤：1. 画底稿。用铅笔在纸上画线描稿，然后用重墨像画白描一样工工整整地画好，以便过稿在要画的宣纸上。2. 画正稿。用勾线笔将眼睛、鼻子和牙齿勾出（以淡墨加赭石为宜），然后开始画黑斑纹，用墨要淡，以便深入调整。黑斑纹画完后，用油画笔蘸浅墨干笔擦出虎身上面的明暗关系。3. 用赭石、藤黄加少许墨，用散锋笔法画丝黄色毛，白毛处留出，第一遍宜淡宜浅，按虎毛的结构走向逐步加深，脸部和腿足部分以点丝丝出。4. 用稍深的黄色加深黄毛，用水粉笔攒赭墨挤出白色毛丛，白色毛和黄毛处用浅黄色（画黄毛用色）过渡。黄色毛丛处于浅黄色过渡。5. 用油画笔蘸淡墨加少许赭石将斑纹再画一遍，用淡墨加大红少许分染。6. 加深黄色毛。用原有黄毛用色加少许朱磦深画结构，接斑纹处及暗部用原色加少许大红浅丝后，再调整斑纹。7. 渲染上色。用浅墨统染，白色毛用墨加淡花青渲染，趁湿（八成干）醒白色毛，不要提过，过了易粉气。8. 罩染。用赭石藤黄和少许花青薄罩，眼睛用墨加花青分染，藤黄水罩眼球，趁湿用白粉提亮部，鼻、舌用墨加赭石分染，再用朱砂染出。

改革开放后，王公庄逐渐形成了以画虎为龙头，集绘画、销售、培训为一体的绘画产业链，涌现出一批造诣颇深的农民画家群。第五代传承人王培双（1963 年生）、王培震（1960 年生）、王建民（1966 年生）、肖彦卿（1965 年生），是王公庄绘画艺术的四大门派，被当地村民誉为王公庄画虎的"四大虎王"。他们的作品多次在省和国家级美术展览中获奖，有些作品在国际书画市场上拍卖。

2006 年 11 月 10 日，河南省委书记徐光春、省政协主席王全书到王公庄进行调研。徐光春在王公庄农民文化广场对上千名村民动情地说："你们一手拿锄头，一手拿画笔，通过画画，画出了一个新产业，画出了一个小康村！在这里我看到了文化产业的希望，看到了建设社会主义新农村的希望。"

2007 年 7 月 22 日，王公庄农民画家赵庆业和王建锋创作的画有 2008 只虎的四百米长卷《百年奥运 虎跃中华》，成功申报了上海大世界基尼斯纪录。当年 12 月 29 日，这幅长卷无偿捐献给了 2008 年北京奥运会组委会。2008 年 5 月 9 日，民权县王公庄农民绘画作品展在中国人民革命军事博物馆隆重开幕，此次题为"荷触弄丹青，泼墨画虎雄"的展览中，共展出王公庄农民画家群体创作的书画作品一百三十幅。

王公庄的画家们靠画虎发家致富之后，积极主动地把绘画艺术和致富经验在全村、全镇、全县大力推广，目前已形成了以王公庄为中心，辐射带动周边四十多个行政村、五千余人的绘画群，并创建画虎培训班四十多个，绘画学校十二所，对当地的经济发展起到了推动作用。省委、省政府授予王公庄村为"河南省精神文明创建工作先进村"，同时被定为全国文化产业示范基地。

2008 年 9 月，王公庄绘画艺术列入商丘市第一批市级非物质文化遗产名录。

（记录、整理人：王贵生、赵凯）

二　金麦草画

金麦草画是豫东民间的工艺美术珍品，它有着悠久的历史和较高的艺术感染力。小麦历来被人们珍视，无论是古人祭祀天地，还是国徽的图案设计都选用小麦。它象征丰收和财富，豫东民间遂用麦草作为祈福迎祥之草，制作麦草画。一百多年前，柘城县刘双安村民间艺人张宗昌开始制作金麦草画，此后便在柘城一带及周边菏泽、金乡，安徽砀山、亳州等地广泛流传。

金麦草画的原材料是麦秆。小麦是当地的主要粮食作物，取之不尽、用之不竭的麦秆资源为金麦草画的创作奠定了基础。金麦草画利用麦秆为原料，经过熏、蒸、染、烙、烫、绘、剪、贴等二十多道工序处理加工，既保持了麦秆的自然光泽和纹理，又吸取了国画、版画、剪纸、浮雕等诸多艺术的表现手法；利用传统工艺精心制作出的具有较高欣赏价值的艺术作品，古朴典雅、惟妙惟肖，富有立体感和层次感，其淳朴柔和的色彩、清新高雅的格调，给人以返璞归真的艺术感受。

起初，金麦草画的构图比较简单，不过是一种典型的民间小手工艺品，多为吉祥图案，贴或镶在其他材质上，简单直观、幅小单调，如小花、小草、小图案之类。金麦草画后经张家历代相传，逐步完善，传承至今有了更大的发展，其制作题材更加广泛，山水风景、花鸟鱼虫、人物走兽、房屋建筑等各式各样的图案无不栩栩如生，有着华而不媚、素而不俗的独特艺术效果，具有鲜明的时代特色和较高的观赏收藏价值。

20世纪80年代后，金麦草画在张连才的传承下有了进一步的改进和完善，其子张公民则在继承发展传统民间工艺的基础上，勇于探索，大胆创新，巧妙设计，通过麦秆的明暗、深浅、厚薄、疏密的搭配，以及点、线、面的合理布局来表达创作者对真善美的理解，创作出风格独特、形神兼备的麦草工艺画，终使这一古老的传统民间工艺重放光彩。

2008 年 9 月，金麦草画列入商丘市第一批市级非物质文化遗产名录。

（口述人：张公民　记录、整理人：李树峰）

三　板笔画

流传在虞城县及周边地区的板笔画，表现出浓厚的生活气息和地方特色。写成的字乍一看像花鸟虫鱼，细一看却是字。经常有家长请板笔画画师为孩子们写画名字，因为家长都有望子成龙、望女成凤的愿望。男孩名字通常用龙字形表示，女孩名字用凤字形，中间加上花、鸟、鱼、虫，附有题词，如学习进步、金榜题名、志存高远；宝剑锋从磨砺出，梅花香自苦寒来等。给学龄前儿童的题词一般是天真可爱、快乐成长、聪明伶俐、一生平安等。针对不同年龄段的不同需求，均可附上不同的祝福语。有的作为礼物送人，有的写好名字再画个属相，写上生时年月。这就使板笔画的内容更加丰富，式样更加多彩、生动。

在商丘一带，从事板笔画的书画家不多，他们所用的画笔基本上都是绒布加胶片，而虞城县的张广汉仍然延续着古代用柳树根做笔的传统。这种笔很精细，能画出线条特别精致的画。笔的中间有开缝，可以写出类似唐代尉迟敬德墓志盖上飞白字体。张广汉创作的花鸟字画，基本上把笔画都画成画，大大增强了观赏性。

张广汉是虞城县城郊乡张李楼村人，是板笔画的主要传承人。自幼热爱绘画，特别对当地流行的板笔画情有独钟；十四岁时就能作板笔画，画人物像，写一般的花鸟字。美术教师陈清河发现张广汉有绘画方面的天赋，把他选拔到美术组重点培养，传授基本绘画知识如目测、透视学、色彩学等。

张广汉勤学苦练，很快就熟练掌握了这些基本知识。毕业后拜孙成明（虞城县板笔画第二代传人）为师，学习板笔画。张广汉在吸收国内各板笔画流派优点的同时，又吸取中国画和西洋画的透视明暗色彩，把画中的景物结合汉字的含义进行创作，作品具有较高的思想性和艺术性。代表作有《家和万事兴》《美丽虞城》《蝈蝈》《白菜》和龙、凤、鱼等。其中板笔画《蝈蝈》《白菜》,参加苏、鲁、豫、皖四省书画展,受到业界的好评。

张广汉的师傅孙成明,可用梅花和喜鹊对成字,成为板笔画一绝,在当地颇有名气。张广汉经过长时间的探索和创新,把师傅的绘画艺术融入到自己的板笔画创作中。张广汉能根据汉字的含义,设计出新的内容,相同的字出现在同一幅作品中,都可以绘制出不同的形体。他创作板笔画最大的特点是作画快,没有一定的程式和规律,想画什么就画什么,想怎么画就怎么画,将字与画融为一体,字中有画,画中有字,气韵流畅、潇洒大气。作品的每个部位一般都是一笔画成,所有颜色一次画好,不用二次烘托渲染。作品的线条以刷子的侧峰拖出,生动形象,有着毛笔、油画笔达不到的效果。作品不求细腻而求韵致,稚拙朴实,自成一格。

第四代传人祝媛芳(1982年生),不但能熟练地书写板笔花鸟字,还可以用花鸟字书写外文。她现在能够用花鸟字书写英语、德语、日语等8种语言,其作品已被多个国家的知名书画家收藏。

板笔画用途广泛,不但可以画工笔人物和写意山水、花鸟鱼虫等,还可写立体字、画宣纸大幅画,作品具有较高的艺术价值和收藏价值。

2014年11月,板笔画列入商丘市第四批市级非物质文化遗产名录。

(口述人:张广汉　记录、整理人:赵玉清)

四　糖画

糖画,是以糖为材料进行造型的一种图画。起源尚不明确,据清初小说家褚人获的《坚瓠补集》记载,明朝时每新祀神"熔就糖",印铸成各种动物及人物作为祀品,所铸人物"袍笏轩昂",俨然文臣武将,故时人戏称这种糖画为"糖丞相"。到了清代,糖画更加流行,逐渐演变发展成为糖画艺术这一颇具民间特色的工艺,传承至今已有四百多年的历史。据说糖画艺术兴起于巴蜀一带，后来逐渐流传于全国各地。至于什么时候传到豫东一带，已无文献可考。

豫东糖画大师韩保重，祖上三代都以糖画为生，韩氏糖画已有一百余年的历史。相传在光绪年间，有一位四川的糖画艺人来到宁陵县乔楼乡的韩庄村卖艺，韩玉顺（韩保重的曾祖父，1881 年生）看到他手拿一个小勺将糖稀随意挥洒在光洁的大理石板上，随着糖液缕缕洒下，活灵活现的飞禽走兽、花鸟虫鱼等形象便呈现在众人面前。韩玉顺感到非常神奇，就滋长了学习糖画的念头，拜那位四川来的糖画艺人为师。韩玉顺当时只有十五岁，由于他痴迷这门艺术，很快就掌握了糖画的技艺要领，并能单独制作各种图形的糖画，成为豫东一带颇有名气的糖画师。在他的影响下，儿子韩文举、孙子韩振忠自幼喜欢糖画这门艺术，祖孙三代把糖画当成养家糊口的一门技艺，常年肩挑担子走街串巷，摆摊销售糖画。特别是在集市庙会上，人们争相购买，男女老少把他们围得水泄不通，糖画供不应求，直到把带去的原料用完，人们才肯离去。一百多年来，韩氏糖画代代传承，技艺也越来越精湛。到了韩保重这一代，制作手法更为精奇，技法多样，做出的糖画惟妙惟肖，令人叹为观止。1993 年，深圳锦绣中华发展有限公司民俗文化村曾聘请韩保重作糖画艺术表演，只见他用小汤勺舀起熔化了的糖汁，在石板上飞快地来回浇铸，提、顿、放、收，速度飞快，一气呵成。画出的人物惟妙惟肖，走兽形态各异，飞禽展翅欲翔，娴熟过硬的技艺令在场观众拍手叫绝。后来，韩保重在深港动漫节、深圳国际文化产业博览会、深圳嘉年华年货博览会和深圳第 26 届世界大学生夏季运动会闭幕式等活动中都做过精彩展示，并多次随锦绣中华民间艺术表演团赴马来西亚、新加坡、香港等地做巡回表演，深受欢迎。

糖画制作一般要经过以下步骤：1. 熬制糖块。在做糖画之前，首先要用白糖、水和其他材料，按照三斤白糖半斤水的比例在火上煮三十分钟，然后逐渐冷却制成糖块，以备使用。熬制好的糖块应该清亮透明，呈金黄色，有晶莹剔透的感觉，闻起来有一股清糖的独特香味，吃到嘴里又脆又甜。2．把糖块溶化。溶化糖块要用小火，火大了糖就会焦，发焦了糖就会发苦，而且颜色也不好看。当糖完全溶解后，要趁热作画。制作糖画跟普通绘画不一样。首先，用糖作的画，凉了之后非常容易凝固，因此画糖画的动作越快越好。其次，作画最好是连笔，每笔之间不能间断。作糖画的人是没有底稿的，画稿全在作画人的头脑里。作糖画必须胸有成竹，要趁热一气呵成。在制作糖画时，师傅执勺在手，静气凝神，运腕走勺，流糖如丝，通过手腕的抖、提、顿、放，顷刻间各种花草鱼虫、飞禽走兽、戏剧人物便栩栩如生地呈现在你面前，再趁热粘上一根竹签或套上透明塑料袋，便大功告成。

糖画在长期的传承和发展中，逐渐形成了独特的技艺特征：可观赏又可食用，被称为"甜美的艺术"。在绘制过程中，分正面和侧面形象，若是侧面的形象，便以线造型；若是正面的形象，则用糖料将其头部堆成浮雕状。由于糖料的流动性，即使相同的形象，亦不会出现雷同的造型。

制作糖画一般使用的主要工具有：1．光滑石板或铁皮，最好用大理石板做糖稀的冷却工具。在使用之前，先刷上一层薄薄的食用油，以利于糖画轻松地揭下来。2．小铁勺，用来作为糖画的笔，一般不要太大。3．起子，糖画的主要工具，为铜或铁制的长形薄片，前窄后宽，糖画做好后即用此起下。4．小锅，用来溶化糖片。一般铜锅最好，铁锅也可以，不过铁锅容易发黑。5．加热糖用的炉灶，以携带方便为好，如蜂窝煤、煤油炉、酒精灯、液化气炉。6．竹签，支撑糖画用。7．食用油。

随着时代的发展，糖画技艺水平不断提高，制作内容不断丰富，成为群众喜闻乐见的一门民间艺术。

2013 年 4 月，糖画列入商丘市第三批市级非物质文化遗产名录。

（口述人：韩保重　记录、整理人：邢伟志）

五　古建筑彩画艺术

古建筑彩画艺术指的是匠人画师们在仿古建筑的檀、垫、枋、斗拱、天花等处，用传统绘画技艺描绘出各类彩画图案。最初是为了木结构建筑的防潮、防腐、防蛀，进而达到延长建筑生命的目的。后来，古建彩画的装饰性逐渐彰显，成为宫殿、庙宇、亭榭、楼阁不可缺少的装饰艺术。匠人画师常将檀或枋横向分为三段，中间一段叫"枋心"，左右两段靠近柱头的竖条图案叫"箍头"，箍头与枋心之间的部分叫"找头"。若梁枋较长，在梁枋两端加两条平等分隔的箍头，中间的部位称"盒子"，其中箍头线、盒子线、岔口线、皮条线和枋心线称为五大线。各类彩画，不论是贴金，还是彩绘，均以青、绿、红及少量的赭、紫色为主，合理搭配，互相调换；在同一构件相邻的部分，青绿两色相间，如青箍头，则皮条线的外晕为绿色，里晕为青色，依次为绿岔口、青楞线、绿枋心，箍头必须与楞线的颜色相同。

古建筑彩画的艺术形式可分为和墨彩画、旋子彩画、苏氏彩画三种。

和墨彩画　和墨彩画是等级最高的一种。在构图上，梁、枋各部位分段，然后沥粉贴金，刷色褪晕。枋心、找头、盒子、活箍头（常画"贯套"）内均有图案花纹，沥粉刷金。线由枋心线、岔口线、皮条线和箍头组成，并以青、绿、红衬托金色图案，其图案效果尤显富丽华贵。和墨彩画按具体内容又分为金龙和玺、龙凤和玺和龙草和玺。金龙和玺的特点是二龙戏珠、升降龙、坐龙、引龙、流云均绘制在构件上，各种龙均衬云气火焰，以呈祥瑞和神威气氛。龙凤和玺的特点是枋心、找头、盒子等部位由龙和凤调换构图，图案为青龙、绿凤、龙凤吉祥、双凤昭富等。

旋子彩画　旋子彩画仅次于和墨彩画，可做得很优雅，亦可做得很华丽，应用范围广。旋子即旋涡状的几何图形，一般在找头内使用。旋子的花瓣由外至内分别为一路瓣、二路瓣、三路瓣、旋眼、菱角地、栀花、宝剑头，旋子以"一整""两破"为基础，以找头的长短作为增减旋花瓣的处理依据。在找头部位用金，褪晕层次可分为以下几种：1. 金琢墨石碾玉。这是旋子彩画中等级最高的一种，所有轮廓线条都用沥粉金线，花心与菱地均点金，花瓣都用青、绿色褪晕，枋心多画非常华丽的龙锦。2. 烟琢墨石碾玉。五大线沥粉贴金，褪晕。如果是盒子，盒子线则不褪晕。旋子各路瓣与栀花用墨线退线。旋眼、栀花心、菱角地、宝剑头沥粉贴金，龙锦降幕云。栀花墨线褪晕。由额垫板或画小池子半个瓢或画吉祥草。3. 金线大点金。除旋子与栀花不褪晕，均为墨线。其他同墨石碾玉。4. 墨线大点金，即各大线与旋子、栀花均为墨线，不褪晕，龙锦或画"一"字。另有金线小点金、墨线小点金等。

苏式彩画　苏式彩画由图案和绘画两部分组成，常常使用在园林建筑上，最有代表性的构图是将檀、垫、枋连起来，中间半圆开的"包袱"，由"烟云""托子"构成。其他部位的彩画形态有两种：一是斗彩画的青绿两色相间，以柱头为准，柱头、升、斗一律青色，翘、昂等一律用绿色。彩画等级以大木做法为标准，又分为金琢墨斗拱、金线斗拱、墨线斗拱三种。二是天花板与支条构图。天花板构图从内至外依次为"圆光""方光""岔角""大边"，支条构图由"燕尾"和轱辘组成。

彩画工具有皮尺、直尺、圆规、铅笔、拍粉袋、牛皮纸、针锥、大小沥粉器、画笔（毛笔和排笔）、排刷（大、中、小号）、调色桶等。彩画颜料分为胶、丙烯颜料、矿物质颜料、金箔、金胶油、大白粉、老粉（土粉）等。彩画的工艺流程为设计、颜料调配、拍谱子、沥粉、绘制图案。

古建筑彩画艺术的第五代传人胡永朝从小受祖母胡贾氏（古建筑彩画艺术第四代传人）的影响，与古建筑彩画结下不解之缘。在学生时代就曾为古建筑彩画的精美装饰而着迷，他聪慧好学，逐渐掌握了彩画技艺。从艺二十八年来，分别在郑州市黄河游览区、林州市红旗渠游览区、开封市宋城一条街、郑州市庆丰街等地进行彩绘创作，在全省有着广泛影响。同时他致力于彩画技艺的传承，自 1987 年以来带徒授艺，培养学员一百七十多名。

古建筑彩画艺术的用料多为矿物质颜料，环保无污染，不仅保护古建筑木质免受风雨的侵蚀，而且起着美化环境的作用，在中国建筑史、美术史上占有很重要的地位。

2013 年 4 月，古建筑彩画艺术列入商丘市第三批市级非物质文化遗产名录。

（口述人：胡永朝　记录、整理人：赵玉清）

六　黄氏梅花篆字

梅花篆字是指在篆字的基础上，将梅花镶嵌字内，使篆字和梅花成为一体，远看像篆字飞舞，近看似梅花盛开。篆体本来令人难懂，加上梅花的点缀，更增加了它的朦胧神秘感。

据传，梅花篆字源远流长，早在商朝的陶器上，就发现刻有梅花象形文字。秦始皇统一文字，经丞相李斯整理出的小篆，笔画整齐秀美，为梅花篆字的流行与发展奠定了基础。到了汉代，梅花篆字已成为收藏佳品。

据说黄氏梅花篆字起源于睢县周堂镇郑营村，其渊源和形成时间已无据可考。据黄氏梅花篆字传承人黄绍孔先生介绍："唐太宗李世民即位之后，长安城出现了'梅花大侠'闹京都的大事件，皇宫玉玺被盗，留书'梅大侠'三个梅花篆字。皇帝大怒，传旨捉拿江洋大盗。因抓不到真凶，就把会写梅花篆字的人统统斩首。一时间闹得人心惶惶，会写梅花篆字的黄氏远祖为逃避杀身之祸而隐匿于襄邑（睢县古名）乡下。后来，为了让梅花篆字重见天日，并世代传承，黄氏远祖决定每代只传长子一人，并且在技艺上把梅花的遒劲枝干改为纤柔的藤蔓，把梅花改为蝴蝶花，以避免引祸上身。"有据可查的是，此项技艺从清朝中叶至今，计传五世，有近二百年的历史。

黄氏梅花篆字书画艺术所用的主要工具有：宣纸、新闻纸、墨汁等，如用彩绘，可根据需要添加红、绿颜料。它是在篆字的基础上，把汉字书法与梅花绘画融合的一种独特艺术。其书写方法是先勾画字体轮廓，再把花朵巧妙地排列在笔画上，凡是压在笔画上的花瓣用浓墨，笔画之外的花瓣用淡墨，最后添加枝干。字体刚劲有力，梅花清新俊逸。远看是花，近看是字，花中有字，字里藏花，花字融为一体。清朝末年，黄绍孔的曾祖父黄在亭（约1830–1920），是一位私塾先生，对梅花篆字很有研究。他认为篆体字不易辨认，一般人难以接受，于是大胆创新，把篆体改为楷体。在长期的发展过程中，黄氏梅花篆字又改用行书、隶书，仍用梅花或蝴蝶花，不过仍沿袭称其为梅花篆字。

黄绍孔的父亲黄体正（1900–1970），幼年随其祖父黄在亭读书，学习了梅花篆字。同时在其父的熏陶和引导下，六七岁就开始练习毛笔字。他把写大字的基本功和绘画基础都练习扎实后，就开始学习梅花篆字。经过勤学苦练，十几岁时就能写一手漂亮的梅花篆字，在当地十里八村颇有名气。

自从黄氏梅花篆字改写为楷书之后，一般群众乐于接受，开始进入"寻常百姓家"。每逢佳节或操办喜事，乡邻们登门求写者络绎不绝。革新以后的黄氏梅花篆字，依旧保持着"远看是花，近看是字"的特点，并根据字形特征，常有蝴蝶花插入，更显奇妙，雅俗共赏。

黄绍孔为了使黄氏梅花篆字发扬光大，打破"只传长子一人"的遗训，将梅花篆字的绝技毫无保留地传授给了内弟刘克玉和族弟黄绍长。刘克玉、黄绍长二位弟子专心学习梅花篆字，技艺日渐精湛，利用光学、距离、方位、色彩、水墨等技法，写出的梅花篆字绚丽多姿而又遒劲有力，很受群众的欢迎。2007年，黄绍长的梅花篆字作品在"梅兰竹菊"全国书画大赛中荣获金奖。

2011年2月，黄氏梅花篆字列入商丘市第二批市级非物质文化遗产名录。

（口述人：黄绍孔　记录人：张起云　整理人：张传美）

第二节　剪纸

一　民权剪纸

民权剪纸淳朴厚重，轻写实，重传神，结构简洁，风格明快，作品创意新奇。在构图上采用平视构图，即将物体和景象由三维立体形象变为二维平面形象，对表现素材进行大胆取舍，删繁就简，对线条进行概括，使画面重点突出，黑白虚实相衬，以增强作品的表现力。剪纸样式千姿百态，形象生动，适应面广，既可用作实物，又可美化生活。

民权剪纸分为两大流派，以孙德阁为代表的孙派和以徐峰为代表的徐派。

民权孙派剪纸　代表性传承人孙德阁，女，1941生，自幼跟随母亲杨永玲（1906-1982，民权孙派剪纸第二代传人）学习剪纸。孙德阁聪明伶俐，五岁半就学会了些简单的剪纸，如窗花、喜花等。六岁上私塾，她把业余时间全部倾注到剪纸上，剪纸成了她的一大爱好。1985年，孙德阁又拜程文素（1916-1993，民权孙派剪纸第三代传人）为师，学习剪人物、鸟兽、花木、文字、果菜等。在程文素的精心传授下，孙德阁的剪纸技艺大有长进，想剪什么内容的作品，先构思绘图，之后拿起剪刀一气呵成。她的《农家》《忆童年》《故道新居》《农技员》《大丰收》《十二生肖》等三十多幅作品，分别在《河南农民报》等多家报刊上发表，有的在省、地（市）、县展览中获奖。

民权徐派剪纸　代表性传承人徐峰，男，1962年生，为民权徐派剪纸第四代传人，是民权县王桥乡陈小庄村人。自幼在父亲徐金聚（民权徐派剪纸第三代传人）的影响下，八岁时就能剪一些简单的剪纸。初中毕业后，跟随父亲学习难度大一些的剪纸，到1992年，年仅三十岁的徐峰不但完全掌握了徐派剪纸的全部技艺，并有所创新，把徐派剪纸推向了一个新的高度。他创作的剪纸作品《大鹏展翅》《百鸟朝凤》《欢乐农家》《庄周梦蝶》等，受到中华文化画报社社长孟祥顺的高度评价："徐峰同志的剪纸棒极了！" 2010 年 5 月 15 日，中央电视台第七套《乡村大世界》栏目"走进民权"，在民权县北关镇王公庄村农民文化广场激情上演，徐峰应邀到场表演了民间剪纸。他仅用五分钟就剪了一只栩栩如生的下山虎，《乡村大世界》栏目组主持人毕铭鑫、阿伟、刘刚称徐峰为"中原剪虎王"。2011 年 3 月，徐峰在民权县王桥乡王小庄自费办起了"徐峰剪纸免费培训班"，参加学员九十多人。2012 年 2 月 22 日，民权县文化广电旅游局举办"民权县非物质文化遗产专场汇报演出"，徐峰表演了剪纸艺术，三分钟剪了一幅《龙年腾飞》，受到在场观众的赞誉。2013 年 3 月 16 日，《商丘日报》《京九晚报》分别以《徐峰剪纸剪出时代变迁》《小剪刀剪出精彩人生》为题，报道了徐峰。

徐峰剪纸的作品有《大鹏展翅》《庄周梦蝶》《威震山河》《饿虎下山》等，十米长卷《百鸟闹春》，二十米长卷《毛主席去延安》，三十米长卷《喜上加喜》，百米长卷《五谷丰登》，五十米长卷《时代的变迁》等。

民权孙派剪纸和徐派剪纸的共同特色，一是剪纸不画底稿，想剪什么内容的作品，首先在心中构图，然后拿起剪刀一气呵成；二是用质朴、生动的剪纸作品，记载时代发展的轨迹，使人们在观赏丰富多彩的剪纸作品时，重温历史，具有独到的艺术魅力。

2011 年 2 月，孙德阁剪纸列入商丘市第二批市级非物质文化遗产名录。

2013 年 4 月，徐峰剪纸列入商丘市第三批市级非物质文化遗产名录。

（口述人：孙德阁、徐峰　记录、整理人：王贵生、赵凯）

二　民间剪纸

民间剪纸是以夏邑民间艺人唐耐成为代表的一种剪纸艺术。唐耐成出生在当地颇有名气的剪纸世家，自幼跟随父亲唐紫电学习剪纸。由于她心灵手巧，很快就掌握了剪纸的基本技艺，成为夏邑县人人皆知的剪纸能手。唐耐成以民间美术特有的文化基因、心理结构、审美情趣为基础，并以程式化、符号化纹样世代相传。

唐耐成的女儿胡明（民间剪纸第三代传人）在外祖父唐紫电、母亲唐耐成的熏陶下，对剪纸艺术产生了浓厚的兴趣。通过长期的学习和钻研，她在雕刻、剪纸艺术上具有很深的造诣，继承了唐派剪纸，作品题材广泛、趣味独特、形象逼真，反映了新时代的气息。胡明剪纸技法娴熟，线条疏密得当，轻捷流畅的曲线和粗犷奔放的线条，都能取得和谐统一，形成自己独特的剪纸艺术风格。胡明事先不用在纸张上作任何构图与标记，通过对生活素材深入细致的观察和领悟之后，在心中勾勒出作品的完整图像，然后凭着经验和灵性大胆创造，用简练的线条使画面重点突出、虚实相衬，做到比例大小均匀，把美呈现在纸面上。她能同时剪出阴花和阳花，分别成为一幅独立完整的画面，二者又相互吻合，相互连接，保留了民间传统的剪纸技法。

胡明剪纸作品的内容主要包括喜花，如双喜图、龙凤呈祥、鸳鸯戏水、喜鹊闹梅等，鞋花如儿童老虎头、花、鸟、鱼、虫等，窗花如石榴图、松鼠吃葡萄、连年有余等，肚兜花如五毒、福禄长寿图等。其剪纸风格健康、质朴，是黄河流域特别是豫东地区民间剪纸风格的杰出代表，反映了豫东人民朴实的民俗民风，表达了广大人民群众祈求健康长寿、多子多福、百年好合、喜庆吉祥的美好愿望。

为做好唐耐成剪纸艺术的传承和保护，胡明建立了自己的工作室，开办了多期民间剪纸培训班，免费向剪纸爱好者及青少年传授剪纸技法。她先后多次应邀参加国内外剪纸艺术交流活动，并取得了较好的成绩。此外，胡明还经常到一些中小学校参与非物质文化遗产进校园活动，把民间剪纸的有关知识传授给青少年。

2005年12月，胡明被吸收为河南省民间艺术家协会会员。2006年5月，她被授予"河南省民间工艺美术大师"称号。2007年3月，加入中国民间艺术家协会。2007年11月，应邀赴日本参加中日民间艺术交流，受到国外艺术家的好评。2008年4月，被授予"中国民间文化杰出传承人"

称号。

2011年2月，唐耐成剪纸列入商丘市第二批市级非物质文化遗产名录。

2011年12月，民间剪纸列入河南省第三批省级非物质文化遗产名录。

参考文献：《夏邑县志（1985－2006）》。

（记录、整理人：何四海、何世勇）

三　梁园剪纸

梁园剪纸又名"进远剪（刻）纸艺术"，其特点在于"千刀不断，万剪相连"，这是不同于其他剪纸作品的独到之处。这种剪法主要依靠作者丰富的想象力和高度的概括力，抓住现实生活中最动人、最能表达自己情感的内容和形象，运用夸张、变形的手法，以简练的线条创作出富有装饰性的艺术形象。那单纯质朴的造型、巧妙而又富有概括力和想象力的艺术构思、简练的结构以及明快鲜艳的色调，于粗犷中见精神，浑厚中见天真，构成了梁园剪纸艺术的独特风格。

代表性传承人朱家奎，艺名朱进远，别号"木兰故乡人"，1965年出生于虞城县。朱家奎自幼受家庭的艺术熏陶，酷爱剪纸，曾拜著名民间艺术大师王子平先生为师。他将学习的绘画艺术知识，融汇于剪纸作品之中，形成了构图生动、意境清新、刀法细腻、章法疏密得体、情趣自然、表现力传神的艺术风格。他主创的剪纸作品《京剧脸谱》，在"中国第五届剪纸艺术节"上荣获银奖。

进远剪（刻）纸艺术的技艺流程大体分为：熏、焖、刻、染四道工序。熏，就是把要刻的作品用灯烟熏在另一张纸上（俗称熏样，即拷贝）以备刻用。焖，就是把准备刻制的熏样和纸（一般单层宣纸三十或四十张搭在一起为一刀）用水焖湿，压实。刻，就是把焖压好的纸放在蜡盘上，用特制的刻刀照熏样进行刻制。染，就是将刻好的白纸样，根据色样用酒精或白酒调的品色进行点染，一次染三至五张。

梁园剪纸内容广泛，造型美观，线条流畅圆润，构图丰满匀称，点线面之间有机结合，刚柔相间、黑白对比，虚实相生、动中有静、静中有动，阴刻阳刻并用，镂空留实俱佳。在图样上注重借鉴年画题材，在线条上吸收了国画的手法，在造型上汲取了装饰画的简化、夸张变形的特点，还参考了花鸟画的结构和书法的形式，博取百家之长，形成了独特的艺术风格。主要作品有《京剧脸谱》《清明上河图》《花木兰》《商丘历史名人》《中国梦》等。

为将这一民间剪纸艺术有效传承，剪纸艺人朱家奎广收徒弟，传承技艺，举办了三期剪纸艺术培训班，培养学员近百名。

2014 年 11 月，进远剪（刻）纸艺术列入商丘市第四批市级非物质文化遗产名录。

（口述人：朱家奎　记录、整理人：邢伟志）

四　虞城剪纸

虞城剪纸也叫"民间多层剪纸"，流传于虞城县一带，表现出浓厚的生活气息和很强的实用性。多层剪纸就是把多张不同颜色的纸，剪刻多层叠加而成的剪纸画，不同于我们通常看到的单色单层风格的传统剪纸、窗花。制作一幅多层立体剪纸要经过图片处理、分层、画、熏、刻、装裱后才能完成。每逢婚丧嫁娶或传统节令，民间艺人总会剪制各种象征吉祥喜庆或缅怀哀悼的图案，用于装饰以增强气氛。农村妇女也常用纸张剪制成鞋子、枕头、门帘等用于刺绣的底样，用于馈赠亲友或艺人之间的交流。另外，春节来临之际，虞城习俗都要更换新的窗纸，张贴色彩鲜艳的窗花。虞城窗花题材内容非常广泛，常见的有"石上大鸡""麒麟送子""喜鹊登梅"等。

主要传承人为贾艳梅，女，1976 年生，河南省虞城县李老家乡朱庙村人，民间多层剪纸第四代传人。受家人影响，其酷爱剪纸，成为虞城县著名剪纸艺人，是虞城县民间剪纸的代表人物。她的传统作品主要有窗花剪纸、婚庆剪纸、生肖剪纸、人物剪纸、风景剪纸和近年开发的多层叠加剪纸。在传统剪纸方面，有设计新颖的窗花、生肖、仕女及戏剧脸谱等诸多内容。在现代剪纸方面，以现代人物、现代景物、现代事件为内容背景，让古老的剪纸艺术绽放新的光彩。近年来，贾艳梅创作了几十幅有分量的剪纸作品，如《石上大鸡》《福星高照》《青花瓷》《京剧脸谱》《龙凤呈祥》《万安公主》《雄风》《硕果》《渔舟唱晚》等，引起了社会各界的强烈反响，受到剪纸爱好者和收藏者的热烈追捧。剪纸作品《桃花扇》，被联合国世界旅游组织执行主席费雷德里克·皮埃尔先生收藏。在 2013 年"故乡裁梦——贾艳梅剪纸艺术展"上，剪纸作品《木兰辞》被购赠苏丹领导人，另有多幅剪纸作品被国内知名人士收藏。

在创新类剪纸方面，她采取分层设色、立体装裱的新颖手法，使民间剪纸的路子更宽广，更具有艺术魅力。这种手法使剪纸的表现力得到了扩展，不但可以表现细腻、具有写实性的眼中世界，还可以表现抽象、具有写意性的心中世界。其作品的观赏性和艺术性都得到大幅提升。

2014 年 11 月，民间多层剪纸列入商丘市第四批市级非物质文化遗产名录。

（口述人：贾艳梅　记录、整理人：赵玉清）

第三节　雕塑

一　柘城李秀山泥塑

泥塑艺术是我国古老的一种民间工艺，以泥土为原料，手工捏制成形，或素或彩，以人物、动物为主。

清光绪年间，柘城李秀山的祖父李茂功，十八岁时就已经是商丘远近闻名的木雕艺人。李秀山的父亲李廷芳，十二岁那年拜民间泥塑艺人曹继先为师，学习泥塑工艺。当时，曹继先在豫东民间艺术界很有名气，是豫东、山东、安徽一带民间泥塑高手，常与天津"泥人张"进行艺术创作交流。

李秀山受父亲李廷芳的影响，从小学习泥塑，大有青出于蓝而胜于蓝之势。在继承传统泥塑工艺的基础上，李秀山大胆创新，李氏泥塑很快成为豫东一带著名的工艺美术流派——李秀山泥塑。

李秀山泥塑用色简雅明快，用料讲究，所捏的泥人历经久远，不燥不裂，在当地享有盛誉。其主要的工艺程序有二：一是取料，原料为带些黏性又细腻的泥土，加入一定比例的棉絮、纸和蜂蜜，经过捶、打、摔、揉，使其有机结合起来。二是创意，追求解剖结构，即从人物的造型及面部表情真实地刻画出人物的体态、性格。李秀山泥塑作品夸张合理、取舍得当，匠心独运、活灵活现，具有强烈的艺术感染力。实现了继承与创新的统一、形式和内容的统一、人物情与形的统一、挖掘历史题材与表现现实生活的统一以及表现大型题材与百姓喜闻乐见的生活片段的统一，把泥塑艺术推向了一个新的境界。

李秀山泥塑作品大多取材于豫东农村，或反映民间习俗，或源于民间故事、舞台戏剧，或直接取材于《水浒》《红楼梦》《三国演义》等古典文学名著。所塑人物不仅形似，而且以形传神，达到神形兼具。

2007 年 2 月，柘城李秀山泥塑列入河南省第一批省级非物质文化遗产名录。

2011 年 2 月，柘城李秀山泥塑列入商丘市第二批市级非物质文化遗产名录。

（口述人：李秀山、李亚伟　记录、整理人：李树峰）

二　陈氏石碑雕刻艺术

陈氏石碑雕刻艺术已有一百二十余年的历史，始创于陈应龙。陈应龙生活在清光绪年间，一生从事石碑雕刻，所雕石碑线条流畅，字迹遒劲有力，画面涉笔成趣，令人赞叹。该工艺在陈家传承五代，第二代传人陈登义与第三代传人陈德修父子在民国时期曾应邀为淮阳县太昊陵、柘城县玉皇庙、商丘火神庙等大型庙宇寺院雕刻石碑。及至第四代传人陈传军，他不仅继承了陈氏原有的工艺，还练就一手好书法，其石碑雕刻技艺造诣颇深，在当地有"碑王""盖豫东"之称。

陈氏石碑雕刻不仅用传统方法在石碑上雕刻文字、图案，还可用石料做些飞禽走兽、虫鱼花卉之类，供人们装饰、欣赏。其主要作品有以下三类：一是石碑雕刻，主要是为庙宇寺院雕刻的石碑、墓碑、功德碑、贤良碑、五世同堂碑、村村通路牌、奠基石、各种匾额等。二是壁画雕刻，即石碑、石壁上的雕刻壁画。三是石雕艺术，即雕刻石龙、石凤、石马、花鸟图案等。

陈氏石碑雕刻主要分四个步骤：一是选取石碑毛坯，打磨石碑平面，使石碑表面光洁平整，易于雕刻。在操作时，要在石碑上撒上金刚砂，并定时用清水冲刷石碑表面，直到碑面光洁平滑，平整如镜。二是上漆，即在石碑碑面上刷漆，使碑面变为黑色。共上两遍漆，一般第一遍油漆一天后即可晾干，晾干之后再涂一遍，待第二遍油漆晾干之后，即可进行碑面设计。三是碑面设计，即在油漆好的碑面上设计出要雕刻的内容，即文字数量、大小或要雕刻的图案位置等，然后用尺子在碑面上画上方格，在方格内用毛笔填写要雕刻的文字或图案，认真校对，以保准确无误。四是石碑雕刻，一般是沿着毛笔的笔锋进行操作，尽量使雕刻的文字显出笔锋，有立体感，远看、近看都好看。

陈氏石碑雕刻具有较强的古典风味和豫东文化特色，雕刻出的文字纹路清晰，运刀均匀，笔锋苍劲有力，字体美观大方，碑文布局合理，有较强的书画感。

2011 年 2 月，陈氏石碑雕刻艺术列入商丘市第二批市级非物质文化遗产名录。

（口述人：陈传军　记录、整理人：李树峰）

三 王氏木雕

来自于夏邑县车站镇杨营村的王氏木雕技艺，始创于清光绪年间，第一代传承人王光天（1878—1947），一生从事木雕工艺，此后该技艺在王家代代相传。王光天的木雕造型古朴生动，形象逼真，其作品主要应用于寺院和家庭装饰，题材多是戏剧人物、传奇故事、民间传说及花、鸟、鱼、虫等。采用浅浮雕、深浮雕、透雕、圆雕等技法，所雕刻的人物花鸟、飞禽走兽活灵活现，妙趣无穷，让人百看不厌。

王氏木雕选料讲究，多采用硬料，如檀木、红木、花梨木、黄杨木、国槐、红榉木、酸枝木、枣木、鸡翅木等较高密度的木材。所选料坯采用人工干燥法，将木材置于干燥室内进行烘干，借助高温促使木材中的水分蒸发。根据木材的体积、薄厚、湿度来决定干燥时间的长短，如四厘米厚的板材烘干时间一般需要一个星期，烘干后的木材含水量仅达3%。

王氏木雕一般要经过六道工序：一是画创意稿，在纸上设计出所雕刻的作品图样，再用墨线勾画，放大到木材上。二是凿粗坯。粗坯是整个作品的基础，它以简练的几何图形概括全部构思的造型，要做到有层次、有动势，比例协调，重心稳定，整体感强，以初步形成作品的内外轮廓。凿粗坯时要从上到下，从前到后，由表及里，由浅入深，层层推进。三是修光。运用薄刀精雕细刻，修去细坯中的刀痕凿垢，使作品表面细致完美。根据作品内容，要求线条或细密、或圆滑、或板直、或粗犷，力求把意涵准确地表达出来。四是打磨。根据作品需要，用粗细不同的木工砂纸打磨，要先用粗砂纸，后用细砂纸，顺着木质纤维方向打磨，直至达到理想效果。五是着色。王氏木雕着色多用透明清漆涂罩，保留原木天然纹理色泽，尤显格调古朴高雅。六是烤蜡。高档红木家具和摆件一般不上漆，以求保持原木特有的光感、手感、纹理和气息，所用的蜡不是一般的地板蜡，而是蜂蜡，是一种公蜂腹部下四对蜡腺所分泌的物质。将此蜡均匀涂抹在物体表面，用热风枪将蜡烤热，使其融化，冷却后用布擦拭，除去浮蜡。

王氏木雕的主要刀具有平刀、斜刀、三角刀、印刀、和尚头刀等几十种。辅助工具有敲锤、木锉、斧子、锯等。王氏木雕作品玲珑剔透，远景近景重叠而不含糊，主题鲜明突出，让人百看不腻，久观不厌。

王氏木雕第四代传人王思军（1959年生），自幼跟随父亲研习木雕技艺，雕工精湛，最擅长龙凤雕刻，从艺四十多年，矢志不渝地传承祖上的木雕技艺，被誉为"豫东王神雕"。王思军多次应邀参加民俗交流、展示等公益活动，利用参加活动的机会，毫无保留地传授木雕技艺。代表作品有《龙凤呈祥》《八仙过海》《九龙戏珠》《桃园三结义》《五堂会审》《梁山伯与祝英台》《许状元祭塔》等。

2013年4月，王氏木雕列入商丘市第三批市级非物质文化遗产名录。

2015年9月，王氏木雕列入河南省第四批省级非物质文化遗产名录。

（口述人：王思军　记录、整理人：何四海）

四　孟氏仿古玉雕

孟氏仿古玉雕传统技艺始于孟毓程，其出生于清道光年间（生卒年不详），咸丰年间有幸拜一位玉石雕刻工匠为师，学得一手玉石雕刻工艺，并随师在京城开设店铺，经营玉雕生意。所雕刻的玉佩、玉器等大多出售给当时的达官贵人，在京城名噪一时。

咸丰十年（1860），英法联军攻入北京。孟毓程为避战乱，辞别师傅，离京回归故里。孟毓程回乡后，以青石为原料，制成石狮、石兽、石磨、石臼等出售以维持生计。其子孟传德、其孙孟继科由玉雕改木雕，父子二人都是闻名于商丘、周口的木雕艺人。到了曾孙孟广祥，因生活所迫，随本村的建房师傅帮人盖房子，对砖雕情有独钟，成为当地有名的砖雕工匠。直到孟氏五代孙孟昭生（1950-2013），才又传承了玉雕家传工艺，并将其发展创新，他雕塑的《九龙玉杯》《鸳鸯转心壶》《金缕玉衣》《杯满自停壶》等仿古玉器，多次荣获工艺品展览奖项和上海世博会奖项。

如今，孟昭生又将此项技艺传授给三个儿子。至此，孟氏仿古玉雕技艺在申桥乡孟庄已经传承六代，历一百六十余年。

孟氏仿古玉雕的加工工艺，通常要经过选材设计、雕琢、抛光和过蜡四道工序。一是选材设计。通常是因材施艺，即先有玉料，后行设计。一件完美的玉雕工艺品，应该是玉质美与造型美的高度和谐，而造型美则取决于仔细研究原石之后的设计方案。因此，设计就显得尤为重要。玉雕工艺品的设计人员不应只懂美术设计，还应了解各种玉石的不同特性，如韧性、脆性、硬度、热敏性、化学稳定性、裂纹发育情况、瑕疵延伸情况等，才可保证其设计的最后实现，否则很可能半路夭折。设计人员要根据玉料在制作中发生的变化，随时改动设计稿，逐步完成制作。玉雕设计一般分为粗绘和细绘两道工序。粗绘是在开始雕琢之前，把造型和图样直接绘在玉石上；细绘是在制作中把局部细致的要求绘出来，以便制作者领会设计意图。二是雕琢。雕琢是按设计要求切割和雕磨。切割工序较为简单，即用切割工具除去石皮（若有的话）及设计轮廓以外的边角余料。此外，也要挖去不能用的瑕疵或脏点，剔除有碍设计的"砂丁"或杂石等。最后得到一块初具雏形的玉雕料坯。此道工序中的一些基本手法有铡、摽、扣等。铡即切削，切去不要的部分；摽是去棱角；扣就是挖去脏点或"砂丁"、杂石等。切割使用的工具主要是起切削作用的铡钝、錾铊、丝子锯、开料锯、扣活机等。基本手法、步骤是冲、磨、轧、勾等。所谓冲，是指较大面积地磨削，用冲钝（直径3-4厘米）或金刚石砂轮将高低不平的部分冲成玉器粗坯。所谓磨，是用大小不同的磨钝磨出大样，即磨出设计中的主要部分的轮廓形态，如人物的头、手和身体等。所谓轧，是指深度磨削，即用轧钝轧出较细部分的立体感，如给人物头部开脸，轧出嘴、鼻、耳等。三是抛光。抛光的具体操作过程与雕琢类似，但使用的工具和磨料（即抛光剂）与雕琢时不同。抛光是道细活，一般硬度较强的玉器，要用不同型号的油石，沿一边一点点细细打磨，从粗到细不同型号的油石要磨多遍，且要磨匀，达到看不到刀痕、工具痕和擦伤为止。然后上机用牛皮或是纯棉的布轮抛光,牛皮抛强光,布轮抛柔光。四是过蜡。过蜡方法与前面讲述的相似。只是从蜡液中提出时,需仔细将多余的蜡液,尤其是玉雕品的凹缝等处擦拭干净,从而使玉雕工艺品熠熠生辉。

近年来,随着孟氏仿古玉雕制品的推广,得到了广泛的社会认同,其玉雕作品深受人们喜爱;且具有较大收藏和使用价值。同时孟氏玉雕传人还走出家门,参与文物复制与制作。2001年11月,孟昭生按照市旅游局的要求,为芒砀山文物旅游景区制作了"金缕玉衣"的仿制品,该作品现仍存放于柿园汉墓。2005年,孟昭生的仿古工艺项目在中国郑州先进实用技术交易会上荣获金奖。同年10月,作品《九龙玉杯》获商丘市"民间工艺美术作品展金奖";11月,孟昭生被市群艺馆评为"商丘市优秀民间艺人"。2006年5月,《九龙玉杯》在商丘市木兰文化步行街系列文化活动中获工艺类作品金奖;11月,《九龙玉杯》在中国商丘2006年国际华商文化节旅游商品博览会中被评为优秀旅游商品。2010年8月,《九龙玉杯》荣获"中国恒好"迎世博纪念品全球华人设计大奖赛优秀奖。

孟氏仿古玉雕传统技艺已传承六代:孟毓程—孟传德—孟继科—孟广祥—孟昭生—孟献美。一百六十余年来,孟家遵循民间传统,技艺传男不传女,单线传承,对外无扩展。当代最具有代表性的传承人是孟昭生,他被誉为仿古玉雕大师,荣获商丘市优秀民间艺人等称号。

2008年9月,孟氏仿古玉雕列入商丘市第一批市级非物质文化遗产名录。

(口述人:孟献美　整理人:李树峰)

五　刻瓷艺术

刻瓷艺术是以刻瓷为艺术载体,以绘画为灵魂的一种传统手工艺术，主要分布在河南省虞城县一带。起源于清康熙年间，当时民间已有了专门从事刻瓷的行当，但大多以平刻为主，点线构图等较为单调平实，并没引起太多人的注意。到乾隆后期，传统的陶瓷业繁荣起来，一些达官贵人、文人墨客在玩赏瓷器之余，有了将咏诗题文留存于瓷器之上的需求。皇宫中设置的"造办处"有了专门的刻瓷艺人，开始研究在瓷器上刻画，制作宫廷使用的工艺品。由于当时社会各阶层的推崇，瓷刻艺术有了进一步发展，甚至已有人能在瓷板或其他器皿上雕刻山水、花鸟、草虫等。刻瓷真正发展成为一门新的瓷器装饰艺术。清光绪年间，顺天府创办"北京工艺学堂"，内设刻瓷艺术班。工艺学堂开办不久就解散了，却留下了不少刻瓷人才，如刻瓷艺人朱友麟、陈智光等，使刻瓷艺术得以发展和传承。

河南省十杰工艺美术家申世德，几十年来为发掘刻瓷这一优秀文化艺术遗产，矢志不移地苦心研究，创造了新型的刻瓷工具，拓宽了传统的刻瓷技法。他的刻瓷工艺为纯手工操作，以钢刀代笔在素瓷上雕刻作画，工艺流程为设计图稿——过稿——雕刻——着色——成品处理。作品具有形式多样、题材广泛、造型逼真的艺术特色，既有绘画之神韵，又有雕刻之趣味。申世德刻制了大量艺术精品，先后在日本、伊朗等国展销，受到国际友人的普遍赞誉。他能刻立盘、瓷盘、花瓶、瓷板、瓷片等十几个品种，而且能刻出人物、静物、花木兰系列、张巡系列、花鸟、虫鱼、走兽、风景、书法等众多题材，具有浓厚的民族风格和地方特色，令人赞叹不已。在第32届慕尼黑国际手工艺品博览会上，申世德的刻瓷作品荣获金奖，并被收入《中国工艺美术大全》和《河南省工艺美术名珍录》之中。中共中央办公厅、中国国家博物馆收藏有他精心刻制的国家领袖肖像；美国、泰国等国也收藏有他刻制的国外领袖及名人的肖像画盘。日本大阪大学教授木村重信在《每日新闻》等报刊上发表专文，称申世德的刻瓷作品为"神奇艺术品，不愧为东方艺术园地中的一朵奇葩"。

2008 年 9 月，刻瓷艺术列入商丘市第一批市级非物质文化遗产名录。

（口述人：申世德　记录、整理人：杨凡）

六　面塑

面塑，俗称捏面人。它以面粉为主料，调成不同色彩的面团，几经捏搓和用雕刀灵巧地点、切、刻、划，塑造出一个个呼之欲出的鲜灵活物，展示出一个美妙神奇的民间艺术世界。

夏邑面塑的制作过程大致分为三步：一是烫面。将水倒入锅中，烧至 80℃ 左右，将小麦面粉倒入水中，加入少量防腐剂（主要作用是防止面塑开裂）、甘油（主要作用是使面塑富有光泽），盖好锅盖。等水烧开时，将锅从火炉上端下，将面烫熟拌匀，反复揉搓，以没有生面疙瘩为宜。二是加色。将拌匀的熟面分成若干块，按照千分之三的比例加入食用色素，将面和色素揉匀，揉面时用蜂蜡油润手，使面不沾手，分别制作成红、黄、绿、黑、古蓝等不同颜色的面团。三是捏制。在捏制过程中，通过揉、搓、挤、压、团、挑、按、拨等造型技巧，先把面人的头部和身体做出来，再制作手和脚，并配以适当的服装和头饰。顷刻之间，千姿百态的人物形象妙肖传神，活灵活现，令人赞叹不已。面塑艺人所使用的工具主要有雕刀、拨子、梳子、篦子、剪刀、搓板，这些工具有竹质的、角质的，也有树脂的。

夏邑面塑艺人张金良是车站镇彭楼村人，1964 年生，爷爷张锁群（已故）、父亲张玉田均是豫东知名的面塑艺人。张金良十二岁便开始学捏面人，逐渐成为技艺精湛的面塑艺人。他制作的面塑外形整洁，内蕴饱满丰富，并将不同的造型意识融为一体，最终形成自己细腻、飘逸、传神的面塑艺术风格。他的作品讲究精、细、活、神，手工细腻，造型别致，颇具神韵。其作品《西游记》系列、《水浒传》系列、《三国演义》系列等均具有较高艺术价值。

面塑艺术是一种由风俗习惯积淀而成的、极有代表性的地方文化，是原汁原味的乡土艺术，它追求回归自然、造型简洁，在平淡中寻求内在美；再现传统文化的同时，又能反映时代的审美风尚，具有重要的艺术价值。面塑艺术题材广泛，表现了人民大众的是非观、善恶观、生活观、价值观，映射出人们内心深处的喜怒哀乐，折射出人们对生活的热爱和对未来的憧憬。正因为它所注入的文化积淀和创作者绝无功利的热情和才思，才使它成为一种出于俗而脱于俗的民间工艺。

2011年2月，面塑列入商丘市第二批市级非物质文化遗产名录。

（口述人：张金良　记录、整理人：何四海）

七　经氏木雕

睢县孙寨乡经楼村的经氏木雕享誉全县及周边地区，其作品被称为"经雕"。"经雕"技艺源于何时，现在已不可考，只知是经家世代祖传。据六十八岁的经太振讲：经氏祖祖辈辈都是以木工为业，历代不缺雕刻能手。他的三祖父经冬（1876-1959）善于雕梁画栋，百里之内的富裕人家造房盖屋时，常常请他雕刻各种各样的吉祥图案。他的木雕作品镶嵌上以后，能使建筑更显得豪华壮丽，大气美观。二伯父经化运（1898-1972）善做八仙桌、顶子床之类的贵重家具，上面刻的花鸟虫鱼及八仙人物非常精美。而经太振则继承发展了祖传的木雕手艺，雕刻的作品种类繁多，主要有古建筑工艺造型修复、古典家具及室内的豪华装饰等。

经太振自迷上木雕以后，时刻刀不离手。1965年参军以后，仍然念念不忘木雕事业，利用业余时间继续钻研木雕技艺，在部队雕刻的龙凤花鸟等艺术品，受到首长和战友们的一致好评。1971年复员后，迈上了以木雕为生的道路。1978年，在睢县名胜古迹袁家山的维修中，他精心雕刻的《二龙戏珠》《丹凤朝阳》《鸳鸯戏水》等艺术品镶嵌在袁家山古建筑上，众多游客驻足观赏，赞不绝口。

1979年以后，经太振凭着木雕技能，只身跑商丘、赴郑州、上西安、走内蒙、去上海、下苏州，积极参与古建筑修复工作。2007 年 5 月至 7 月，先后参加在商丘、郑州举办的艺术博览会，参展的《八仙过海》《龙凤舞中原》《扬蹄驶千里》《丹凤朝阳》《鹏程万里》等作品，得到与会专家的一致好评，被睢县县委评为"特殊贡献人物"。2008 年 4 月，在中国旅游交易会上，经太振的木雕被评为商丘市参展优秀旅游产品。为迎接奥运会在北京召开，他以最快的速度、最好的质量雕刻了一幅长 3 米宽 1.5 米的《龙飞凤舞迎奥运》，为奥运会献上了一份厚礼。2007 年 12 月 10 日，《商丘日报》刊登了介绍经太振的通讯《精雕细刻迎奥运》。2008 年，反映经太振事迹的文章在《京九晚报》《河南日报》等多家新闻媒体上发表。

睢县经氏木雕历史悠久，创造了许多精妙的工艺品，具有美观大方、雅俗共赏等特点，受到广大群众欢迎。"经雕"以杨木、梨木、桃木、楠木、樟木为材料，刀法娴熟老到，构图精巧古朴，线条流畅遒劲，雕刻的作品具有很强的艺术性，留下了研究雕刻艺术的珍贵资料。

2011 年 2 月，经氏木雕列入商丘市第二批市级非物质文化遗产名录。

（口述人：经太振　记录人：张祖营、张起运　整理人：唐秀丽）

八　于学文民间雕塑

河南省夏邑县歧河乡大于庄农民于学文，是豫、皖、鄂及鲁西南一带著名的民间雕塑艺人。

于学文原来是建筑行业的一位泥水匠，一次偶然的巧遇，使他萌生了拜师学习雕塑的念头。一位叫王进军（河南杞县人）的建筑雕塑师傅，来到青桐寺（位于夏邑县歧河乡，省级文物保护单位）施工，王师傅不仅精通古建筑设计，还精于雕塑，尤其擅长塑造大型泥胎佛像。其精湛的技艺令于学文赞叹不已，当他决定拜师时，王师傅却带领徒弟离开了青桐寺。几年后，于学文拜王进军的弟子左世修（河南杞县人）为师，学习建筑雕塑。为了更好地掌握雕塑技艺中的色彩运用和透视比例等，又拜安徽萧县王寨的一位既擅国画又工雕塑的徐作全师傅为师，学习继承了清光绪时期的浅浮雕技艺（如寺庙中佛像圆雕和以佛传故事为内容的泥塑），以及应用于民间建筑的一些木雕、吉祥彩画等工艺。这种雕塑技艺传承至今已历五代，有一百多年的历史。后经过于学文长期的努力探索，其雕塑技艺已是炉火纯青、自成一体。

于学文的雕塑作品，大多见于楼阁、亭台、殿宇、寺庙、广场、校园等处，主要有圆雕、高浮雕、浅浮雕、镂空雕、砖雕。原料为黄泥、水泥、白膏泥、木材。内容以人物、佛像、花鸟、鱼虫、龙、古建脊兽、各类民间吉祥图案为主，同时也创作一些反映现实生活的作品。题材广泛，造型古朴，一般用海蓝、绿、红等颜色，是中国民间传统装饰艺术中最常见的色彩处理方法。其雕塑工具十分简单，有时只用一把刀，有的作品用特制的刀具或直接用手塑。主要程序有选土、和泥、加入麻捻、揉泥、造型、加固，然后用手捏制或用泥条盘筑、泥堆塑的方法造出雏形，再进行修坯整理，最后采用手工装饰（雕、刻、捏、贴、划）。所塑造的人物生动传神，山水作品气象逼真，层次分明，立体感强。他不以仿古为目的，而是从绘画、剪纸等艺术中多方借鉴，其雕塑的佛像庄严大气，十八罗汉作品刻画细腻，每个罗汉都表现得生动有趣、变化丰富。

于学文在几十年的雕塑生涯中，兼收并蓄、博采众长，不断汲取民间艺术的营养，形成了独特的艺术风格——既带有中国传统的雕塑艺术手法，又充满现代民俗的生活气息，具有较强的艺术感染力。

2008 年 9 月，于学文民间雕塑列入商丘市第一批市级非物质文化遗产名录。

（口述人：于学文　记录、整理人：赵玉清）

第三章　传统舞蹈

　　传统舞蹈是一定社会生活的反映，随着社会的不断变化而注入新的成分，是人们最真实、最朴素的情感表达。在商丘流传的具有典型地方特色的舞蹈有：麒麟舞、花鼓舞、锔缸挑、霸王鞭、二鬼摔跤、扑伞舞、高跷、大头和尚戏柳翠、竹马、火老虎、鬼会等三十多种。有些舞蹈如鬼会、清皮吼、八仙人、独杆轿、花轿舞等已濒临灭绝。

　　商丘民间舞蹈多取材于历史传说、民间故事和风土人情等，受本地区社会历史生活、风俗习惯、文化传统、自然环境的影响，形成了自己独特的艺术风格，具有粗犷、激昂、奔放、热烈、诙谐、幽默、朴实等艺术特点。有些舞蹈技巧性强，具有尚武精神。随着经济的发展，国家对文化事业的重视，人们对健身的追求，一些传统舞蹈在逐步恢复，纷纷焕发活力，其中一些优秀的传统舞蹈被收录进非物质文化遗产保护名录中。

　　一　麒麟舞

　　麒麟舞发源于河南省睢县蓼堤镇大刘寨村。

　　相传麒麟舞的鼻祖是冯玮。南明灭亡时，他把麒麟舞从宫廷带到民间，距今已有三百多年的历史。在其发展过程中，吸取了传统文化的精髓，融入了大量武术动作，集舞蹈与武术于一体。

　　据七十八岁的麒麟舞第十四代传人冯敏义讲："听祖辈人说，明朝末年，有个老爷叫冯玮，在皇宫里头专管娱乐活动。明朝灭亡的时候，他回到故乡，带回来一对麒麟（麒麟舞道具）。本来是专教俺冯家爷们儿玩耍取乐的，后来周围的街坊邻居都想观看，慢慢地就对外玩起来了，至今已传十五世。"

麒麟舞最初仅限于平地表演，至清末民初，随着当地武术水平的提高，麒麟舞十二世传人冯永汉、徐廷瑞、韩克顺等，开始增加并逐步完善了桌上表演。1928年，冯玉祥主豫后，提倡敦厚风俗，反对封建迷信。十三世传人李文学、韩志一等简化了麒麟舞中"盘门"的一段表演，革除了舞"明棍"放"盒炮"等一些带有迷信色彩的动作，使麒麟舞发展为集艺术性、娱乐性、健身性为一体的民间舞蹈。

麒麟，是中国古代传说中的一种寓意吉祥的动物，与凤、龟、龙共称为"四灵"，居"四灵"之首，在民间有驱邪避鬼之说，历来被视为祥瑞的象征。表演麒麟舞时，一人舞麒麟头，一人舞麒麟尾，两人配合默契，把传说中麒麟的喜、怒、哀、乐、惊、疑、醉、睡等动静神态活灵活现地表现出来。它的基本表演程式分三段：一是盘门，二是平地表演，三是桌上表演。

明末清初，大刘寨村西有一座火神庙，每年正月初七开始，举办三至五天的火神会，传说这一天是火神爷的生日。麒麟舞在大刘寨兴起后，经常在火神会期间表演，一切活动经费全由火神会支付，并把麒麟奉若神明，平时藏"麒麟"于火神庙中，作为火神爷的坐骑。每逢火神会开始，会徒（包括麒麟舞演员）焚香、烧纸、叩头、礼拜，尊请"麒麟"下驾；"麒麟"下驾后，二人手执"明棍"从庙内窜出，开始盘门表演。明棍长五尺，两端点燃火香，舞动时呼呼生风，火光四射，上下翻腾，似流星追逐，如光环套叠。随着明棍翻飞，场子渐渐打开，然后以"盆炮"（盆内围放数十只爆竹，中间放有轰药，可同时把爆竹点响）为令，二人持内燃蜡烛的绣球引麒麟出庙。玩耍一阵，离开庙门，进入预定场地。此段礼仪表演，全在庙门外举行，故曰"盘门"。

　　麒麟入场后，开始平地表演，以两只绣球逗引两只"麒麟"做出各种优美、豪放的动作。平地表演过后，开始桌上表演，把舞蹈推向高潮。桌上表演动作惊险，表演者多采用武术中的动作，所以要求演员必须有扎实的武术功底，才能把每个动作表演到位。最引人入胜的舞蹈动作有窜桌过桥、猫调尾、登山望月等。直至二月二，众人敲锣打鼓，才将"麒麟"送回庙中，复请"麒麟"上驾，似同上神归位。

　　麒麟舞相关道具主要有：麒麟头，长 100 厘米，宽 70 厘米，角长 20 厘米，耳长 15 厘米，两角间距 35 厘米，眉粗 10 厘米，眼球直径 10 厘米（可自由转动），鼻长 15 厘米，鼻宽 20 厘米，口阔 40 厘米，唇厚 10 厘米，牙长 4 厘米，舌长 20 厘米，上下颌可自由开合。头部毛长 10-20 厘米（根据部位而定），角白色，眉及额钉金色，脸青色，鼻绿色，唇紫红，舌鲜红，牙白色，两颊内壁有扶手，壁厚 1 厘米。麒麟皮，白色布料外附鳞片，鳞片每片长 8 厘米，宽 5 厘米，质硬，上中心圆半径 1 厘米，金色，中心点缀着花生豆大的琉璃珠；第二环为多半椭圆，甲鳞片红色，乙鳞片蓝色，外加黄边；鳞片层层套压，犹如鱼鳞。麒麟两个，一为蓝，一为红，脊椎 180 厘米，红色布料打黑节，边沿毛长 20 厘米，毛为棕色；皮内有竹制肋骨支撑，骨长 130 厘米，宽 3 厘米，成半圆，腿高 70 厘米，粗 30 厘米，全腿均附鳞片（同皮），腿根有布带系在演员腿上，脚有长毛覆盖；尾用弯曲白蜡条制成，尾椎打黑节，尾端有长毛，尾根有布带与脊椎连接。

　　麒麟项圈一条，大铜铃、小铜铃、红蓝宝石各若干。

　　绣球两个。每个绣球又分内球和外球，外球由六个竹圈组成，直径 55 厘米；内球骨架形同外球，外蒙红纱，直径 40 厘米，中心横穿钢丝，与外球对应处连接，并可旋转。木托两端固定，上有铁钉安蜡烛。另有方桌十三张，执绣球者短打上衣及裤、鞋、头巾等。

　　伴奏乐器有大鼓、大锣、小锣、大铙、手镲。

　　麒麟舞的师承关系比较特殊，以冯氏家传为主，吸收本村爱好文体活动的亲眷组成表演团体，逐代延续，世代传授均不举行拜师收徒仪式。选拔青年演员的条件相当严格，首先要求武术功底厚实，其次体型、身段要符合需要。每个行当（穿头、穿尾、执灯）只选二至四人，并强调所学技艺不准外传。大刘寨的麒麟舞至今还保持着宫廷舞蹈雍容华贵的气度，是研究宫廷文化、民族艺术的活标本。

2007 年 2 月，麒麟舞列入河南省第一批省级非物质文化遗产名录。

2011 年 2 月，麒麟舞列入商丘市第二批市级非物质文化遗产名录。

2011 年 12 月，麒麟舞（睢县麒麟舞）列入第二批国家级非物质文化遗产扩展项目名录。

（口述人：冯敏义　记录人：张祖营　整理人：张起云）

二　大仵民间舞蹈

大仵民间舞蹈起源于柘城县大仵乡仵家村。相传大仵仵氏为明建文帝宗室，永乐年间为避难隐居于此，拆朱为仵，始称仵家村，后逢集市，称大仵集。

明崇祯年间，大仵集有一王姓药材商，在外埠经商时见龙舞、狮子舞、小车及旱船等民间游艺十分热闹好看，萌发了引进本乡的念头。王姓商人五十岁后弃商归家，在他六十岁寿辰时便从外地请来了十几种民间游艺接连演出了三天三夜，周围十里八村的民众前来观看，精彩的演出令观众赞不绝口，为这位药材商的六十大寿增添了前所未有的欢乐气氛。为经常能看到这些民间舞蹈，王姓药商便把参加演出的外地艺人留在大仵村一段日子，直到把本村的年轻人教会才让他们离开。从那时起，这些优秀的民间舞蹈便在大仵集落地生根，流传至今。

大仵民间舞蹈主要有七个门类，有的舞而不歌，如狮舞、龙舞、竹马舞等；有的配以民间小调，载歌载舞，如小车舞、旱船舞等，别具特色。这些舞蹈套路娴熟，动作灵巧，舞姿轻快，形象逼真。

舞而不唱的舞蹈有五种：一是龙舞。龙舞中有火龙和青龙，青龙属水，火龙属火，水火不相容。舞时两条龙各持优势，相互搏斗；慢舞时雍容大度，快舞时激情奔放，一曲一伸都传达着龙的无穷意趣。二是狮子舞。狮子是人们心目中的瑞兽，象征着吉祥如意，舞狮活动往往寄托着民众消灾除害、求吉纳福的美好意愿。狮子舞中，大狮子威猛雄壮，小狮子憨态可掬，表演时两大一幼，动作有滚绣球、盘花对立、跳桌子、啃痒、踩步、咬花、打滚、喘息等。三是跑竹马。模仿真马大小，以竹纸子做骨架，外面用彩纸条裱糊而成，挎在表演者的胯间，用作表演的一种道具；一般八匹或者六匹马，一把彩伞，表演时一人挎一马，外加打伞一人，配以打击乐和螺号，跑（走）各种套路。其套路有圆场铁索子、对子马、二马分鬃、剪子舞、四斗门等。四是踩高跷。演出时不少于八人，一般为十至十二人，脚拐短者一至二尺，高者可达三尺。表演者将腿绑于木制拐上，靠不停地踱步甩袖、扭动上身肢体来保持平衡进行表演。动作有剪子舞、铁索子、扑蝴蝶等。五是鬼会。鬼会又称拉秦桧，是大仵人独创的民间舞蹈。明末清初吴三桂引清兵入关，遭到国人的唾骂，为了表达对奸贼的憎恨，大仵民舞艺人创编了民间舞蹈鬼会，其用意是借痛斥秦桧之名，羞辱当时的奸贼吴三桂。在大仵民间舞蹈中，鬼会的传承代数最多，至今已经传承了十代。鬼会表演阵容庞大，需二十四人以上，其中有秦桧夫妻及两个孩子四人，判官一人，执牌鬼一人，男跳鬼、女跳鬼各一人，黑白无常各一人，小判一人，牛头马面各一人（牛头马面鬼可多可少），耍盘叉四至六人。其队形为游行式，单行和双行混合，有聚有散。道具有木枷一副、铁链一条、宝剑一把、亡命牌两个、老鸡鞭两个、盘叉四至十六个。其表现内容为秦桧害死民族英雄岳飞，天怒人怨，玉帝令阎王到人间查访，阎王派三曹判官带领小鬼小判、牛头马面捉拿秦桧夫妻的魂魄归案。主要情节有"阴阳桥、奈何桥""五鬼闹叉""秦桧单双叉""秦妻夺剑""秦桧子女啼叫"和"三拿三放"等。

另外，配以民间小调，载歌载舞的舞蹈有两种：一是小车舞，四人表演，道具为特制独轮车一辆、鸟笼一个、桃杆一根。其人物为推车一人（男）、坐车一人（女）、拉车一人（男）、挑画眉鸟笼一人（男）。人物关系：挑画眉鸟笼的人和坐车人为夫妻，推车人和拉车人为这对夫妻的佣人。主要表现农闲季节，一对年轻夫妻在外出观光游玩的路上，夫与妻、夫与推车人、推车人与坐车人、拉车人和坐车人、拉车人与推车人之间发生的一系列幽默风趣的笑话。主要情节有推车人与坐车人偷情、拉车人嫉妒、坐车人害臊嗔怒、拉车人告密、夫打推车人、拉车人幸灾乐祸以及推车人与拉车人不配合，使小车一路狂颠，坐车人苦不堪言等情节。动作有推泥窝、上坡、下坡、过沟、小车落耳等。小车舞在演出中可根据情节配以说唱，使演出更为生动，气氛更加热烈。二是旱船舞。旱船舞所表现的主要内容是四对夫妻在农闲时游山玩水走水路的欢乐场面。演员八人，分为撑船四人（男）、坐船四人（女）；道具有竹扎旱船四个、船篙四个。在表演中演员根据情节需要相互说唱，主要动作有顺水行舟、逆水行舟、平稳划、顶风划、过漩涡等。

大仵民间舞蹈具有浓郁的乡土气息和明显的地域性。其道具造型夸张而不失真实，色彩绚丽而不娇艳庸俗，风格独特而粗犷，民俗特点突出，艺术特色鲜明。它是豫东地区民间舞蹈的缩影，已深深根植于民间，伴随着人们的繁衍生息而传承发展。

2007 年 2 月，大仵民间舞蹈列入河南省第一批省级非物质文化遗产名录。

2011 年 2 月，大仵民间舞蹈列入商丘市第二批市级非物质文化遗产名录。

（口述人：王国明、邵振山　记录、整理人：李树峰）

三　庆丰花鼓舞

梁园庆丰花鼓舞流传于商丘市梁园区黄河故道一带，起源于清嘉庆年间。据花鼓舞传人赵明亮回忆，当时李庄乡侯庄村村民周凤潜家境贫寒，为谋生计，外出拜师求艺。后来在山东曹县杨双庙村学习花鼓舞，出师后另立门户，创建了花鼓舞团，至今已有二百多年的历史。

庆丰花鼓舞自传入商丘梁园区侯庄村以来，历经几代艺人的发展完善，逐步成为演出阵容大、节目花样多、舞技难度高，为群众喜闻乐见的民间舞蹈。鼎盛时期，该团演员达五十多人，并涌现出周永元、周永茂、王永义、周文曾、周俊志、赵明亮等舞技高超的花鼓舞艺人。

花鼓舞一般有三十余人参加表演。十二至十六名男妆角色和同样数量的女妆角色（女妆角色由十多岁的男娃扮演），锣鼓乐手六人。男角色主要完成舞翎子。翎子，是插在盔头上的两根约五六尺长的雄鸡翎，除起装饰作用外，还通过舞动翎子做出许多优美的身段动作，借以表现人物的心情、神态。舞翎子，即舞动翎子的技巧、功夫。翎子手也是表演的总指挥，节目的表演由他来指挥完成。女角色则手执彩扇，身穿彩衣，身挎腰鼓，手执小镲，随锣鼓节奏而舞。同时，还要完成"顶花"和"娃娃山"等节目的技巧动作表演。

花鼓舞演出一般都是围场而舞，四周用多面彩旗围出场地。演出时，首先由两名跟头手开场，然后两名翎子手指挥串演，通过翎子展现的转、甩、抛、送、引等舞蹈动作，相继完成顶花、麒麟送子、大游场、雄狮摆尾、狮子滚绣球、大开门、娃娃山、打花鼓、莲花盛开、仙女过桥、仙女望月、蝎子倒爬墙、打花、花龙摆尾、仙女滚球、猛虎出洞、二马分鬃、老汉推车、老汉送女、彩婆挖笮篱、大翻跟头等二十多个舞蹈片段。在这些舞蹈片段的表演中，主要通过演员的队形转换、圆场、小跳等基本步法和大劈叉、倒立行走、顶上表演、高台跟头以及翻、滚、扑、跌、摔等技巧动作来完成。其中，以"顶花""娃娃山""大翻跟头""麒麟送子""彩婆挖笮篱"表演最为精彩。"娃娃山"是由一名男妆角色顶起五名彩娃，旋转数周；"顶花"则由四名彩娃单腿立于四人肩上穿插圆场，在顶上表演；"麒麟送子"为四人肩扛麒麟，两名彩娃在麒麟上做空中表演，然后从高台翻下；"彩婆挖笮篱"则由一名男子装扮成彩婆形象，手执笮篱，和翎子手交流穿插，通过彩婆幽默滑稽的即兴表演和翻、滚等技巧性动作来吸引观众。花鼓舞的伴奏乐器有大鼓、筛锣、大锣、小锣、大镲、小镲等。

花鼓舞自创立以来，受本地区社会生活、风俗习惯、文化传统、自然环境的影响，形成了自己独特的艺术特征：

节目形式多样，观赏性强。花鼓舞表演中综合了多种表演元素，揉进了很多民间杂技技巧。演员的化妆和服装则体现了戏曲的特点，而在"老汉推车""老汉送女"和"彩婆挖笨篱"中，又能见到角色反串所带来的喜剧色彩。

舞蹈表演动作粗犷、奔放、热烈、朴实、诙谐、幽默。女角是男扮女装，闹而不乱，俏而不荡，不断把演出推向高潮。

表演形式灵活多样。花鼓舞的表演节目既相互关联又相对独立，可根据表演的时间要求和场地变化来完成，既可以在固定的场所围场而舞，又可以沿街游动表演。

庆丰花鼓舞是在农耕社会基础上产生的一种民间舞蹈艺术，它承载着当地劳动人民在生产生活中的喜怒哀乐，对于研究当地社会的民俗风情具有重要的参考价值。

2008 年 9 月，庆丰花鼓舞列入商丘市第一批市级非物质文化遗产名录。

2009 年 6 月，庆丰花鼓舞列入河南省第二批省级非物质文化遗产名录。

（口述人：赵明亮　记录、整理人：邢伟志）

四　肘歌

肘歌，被称为"民间舞蹈的活化石"，是一种表现戏曲内容的舞蹈艺术。其角色的服装、脸谱、道具全部仿借自戏曲中的人物，这种稀有的传统民间舞蹈起源于北宋，成熟于明清，是一项群众喜闻乐见的民间舞蹈。

关于肘歌，最早见于明末清初丁耀亢的小说《续金瓶梅》："又有一个香孩会，把人家好孩儿，扮成八仙过海、童子拜观音、唐明皇游月宫，各样的故事，摆十数里路。"小说里所描写的香孩儿会，就是今天的肘歌。清雍正年间，宁陵县令王发源很喜欢民间艺术，在他的倡导下，宁陵县南街郭开江组织当地人研究肘歌，并成立了肘歌会。从那时起，"肘歌"在宁陵南街流传了二百多年。程贵生是"肘歌"的第七代传人。

肘歌表演时分为"上枝"和"下枝"两部分。下枝演员身上系一套完整牢固的铁装，俗称铁坎肩。铁坎肩往演员身上一套，后面有一个铁扣，扣住以后，系紧两条带子，一侧有一根向上连接的铁棍，可接上枝的单枝或双枝。演员用肥大的戏曲服装把铁坎肩遮掩住，观众不明内里的结构，更增加了肘歌的神秘感。一个身强艺高的下枝演员，可以支撑两个上枝演员，让人惊叹不已。

上枝演员一般不超过六岁，主要是为减轻下枝演员所承载的重量。上枝的小孩表演时，乍看着是站立的，实际上是坐在一个托架上。用约两米长的铁叉子卡住小孩的腰，送到托架上，下枝踩着鼓点，迈着舞步不断行进，上枝小演员在上面不停地做出甩胳膊、甩腿、舞刀弄枪等动作以吸引观众。宁陵县南街肘歌阵容庞大，一次可出场十多个单、双枝，队形变化有一条龙、铁索扣、二龙吐须、剪子鼓、缠秀珠、二马分鬃等。

肘歌吸收了传统戏剧中的服装道具、脸谱化妆、表演程式等多方面元素，与戏剧不同的是只有舞蹈，没有唱腔，观众只能依靠脸谱或者服装区别艺人所扮演的角色。因此，化妆和服饰对肘歌的表演极为重要。通过上下枝演员的密切配合，塑造出一个个活灵活现、神情逼真的人物，使观众一眼就能看出舞蹈演员所扮演的角色。

肘歌在数百年的传承发展中日臻完美，已成为民俗文化的经典，被人们誉为"空中芭蕾""无言的戏剧"。

2008年9月，肘歌列入商丘市第一批市级非物质文化遗产名录。

2011年12月，肘阁［宁陵肘歌］列入河南省第三批省级非物质文化遗产扩展项目名录。

参考文献：《续金瓶梅》《宁陵县志》。

（记录、整理人：郭勇）

五 竹马舞

据民权县北关镇南北庄老艺人崔凤玉口述：跑竹马起源于清朝康熙年间，因该村正处于河南与山东的交界处，位置偏僻，秩序混乱。当时，崔氏族人崔有光为了全村的人身财产安全，组织一班人习武练艺。后来，又组织了以青壮年为主的竹马游艺班，每年冬闲时练习演出，一直持续到春节过后的二月初二（龙抬头）。按此说法，竹马舞在民权一带已有近三百年的发展史，是一种集娱乐与健身为一体的民间舞蹈。

竹马舞的基本动作有七项：

驯马 竹马队奉命待发，马头军首先出场，根据本人的武术功底，表演不同的驯马动作，如旋风脚、摆莲子、前翻、后翻等。驯马要领是模仿戏剧中马童的牵马动作，动作多少和难度大小完全是根据马头军的技能而定。

铁索扣 表演铁索扣时，需要九个人，四匹马，四面旗，一个马头军。马头军领一匹马，你左我右，你右我左，左右来回交叉奔跑，跑起来的队形就像一条铁索链一样，所以这种跑法叫铁索扣。

二马分鬃 二马分鬃也需要九人同时表演，四匹马四面旗在两侧站好整装待发，马头军大声一吼："哇！"之后，领着四匹马从一侧跑，四面旗从另一侧跑，四匹马与四面旗碰头时，队形散开，马头军领着第一匹马和第一面旗在前面跑，第二匹马第二面旗、第三匹马第三面旗、第四匹马第四面旗按顺序随后紧跟，来回循环着跑，这种阵势就叫二马分鬃。

三番 四面旗，四匹马，一位马头军。九个人分开，三人一伙，形成三角形，在马头军的指挥下，旗牌军和竹马互相翻动，竹马舞出各种各样的动作以增加演出效果。

四分斗 表演时四匹马在内圈围着马头军走动，四面旗在外围奔跑。然后，四匹马与四面旗交换位置，也就是四匹马出去，四面旗进去之后，四匹马在外围套着奔跑，看上去外面大，里面小，就像过斗升一样，所以叫四分斗。

四大阵 马头军大吼一声后站在一旁，四面旗站在四个角和四匹马对角跑。跑几个来回之后，四马并排站齐，四面旗跟在四匹马后面，在马头军的带领下转两圈，马头军站在鼓手跟前，跑马结束。

套三环 四匹马，四面旗，一面旗领一匹马，站在乐队的对面整装待发，马头军一声令下，四匹马四面旗交叉套着来回跑，跑多少回合根据需要由马头军临时决定。跑到最后，谁的旗还是领着谁的马回到原来的地方。

竹马舞代表性传承人崔本县，1971 年生，是北关镇南北庄村村民，竹马舞的第七代传人。他十六岁时拜崔凤翔（1951 年生，竹马舞第六代传人）为师学习竹马舞，扮演马头军角色，有一定的武术功底。他把民间武术恰到好处地糅合到舞蹈动作之中，观众反响很好。在 20 世纪 80 年代之前，竹马舞大多在庙会和集镇乡村演出，从没进过县城剧场。随着竹马舞演出水平的提高，逐步登上了大雅之堂。

1997 年 1 月，民权县文化馆和民权电视台联合组织录制了"欢欢喜喜闹新春"春节文艺晚会节目，北关镇南北庄的竹马舞入选，在县电视台多次播放。2003 年 9 月 26 日，民权县委宣传部、县文联、县文化局在县影剧院联合举办"迎'十一'、庆'两会'（县人大会议和县政协会议）大型文艺晚会"，南北庄竹马舞团在此次晚会上演出"跑竹马"和"二鬼摔跤"。2004 年 9 月 20 日，民权县人大常委会主办、民权县文化局承办的"庆祝建国 55 周年暨人大制度建立 50 周年大型文艺晚会"，南北庄竹马舞团参加了演出并获得好评。2016 年 10 月 9 日（农历丙申年九月初九）上午，商丘国际华商节开幕式暨拜谒活动在商丘市华商文化广场隆重举行,民权竹马舞艺术团应邀参加了此次演出。

竹马舞伴奏器乐主要有牛皮大鼓、大锣、小锣、大铙、小铙、大镲、小镲等。锣鼓节奏根据舞蹈需要,有急有缓,时快时慢。敲打技巧有闷鼓、打鼓边、压鼓槌、响锣、闷锣等。

如今,竹马舞与时俱进,不但走进了百姓生活,也走进了网络视频。六十八岁的崔修军(竹马舞第六代传人),穿上竹马舞的表演服装,在小火山、抖音、快手等视频平台上表演竹马舞,使南北庄的竹马舞通过网络扩展了影响。

2014年11月,竹马舞列入商丘市第四批市级非物质文化遗产名录。

2015年9月,竹马舞(民权竹马舞)列入河南省第四批省级非物质文化遗产扩展项目名录。

参考文献:《民权县志》《考城县志》《崔氏家谱》。

(口述人:崔本县、崔殿同、崔秀陆、崔会身

记录、整理人:王贵生、赵凯)

六 锅缸挑

锅缸挑(又名京挑),是由民权县颜集村锅缸匠人门头禄(1814—1885)自创的一种民间舞蹈,至今已有一百七十多年的历史。门头禄在漫长的锅缸生涯中,长年累月挑不离肩,肩不离挑,久而久之熟而生巧,巧而出精,创造了一种群众喜闻乐见的舞蹈形式——锅缸挑。

清道光年间,颜集村有两家势力较大的财主,姓桑的一家住在村南,姓鹿的一家住在村北。桑家财力富足,率先组建了一个游艺班,以演高跷、狮舞为主,逢节日、古会和喜庆大典时,游艺班敲锣打鼓,走街串巷,人群跟随其后,热闹气派。村北鹿家不服气,也组建了游艺班,请外地名艺人来颜集授艺。颜集两家的游艺班逢年过节时就一齐出动,在街头对舞,双方的表演技艺日益精进,跷一家比一家地高,后来竟高达四尺半。双方争强斗胜,经常闹得不亦乐乎。1834年冬季,两家游

艺班又在街头对舞，一时难分胜负。这时，村南常年在外奔波的锔缸匠门头禄正好从外地赶来，为给南头桑家游艺班助兴，他担起自己的锔缸挑子走向街头，以挑子作道具，边走边舞，把自己在日常生活中练就的挑担绝活尽情展示了出来：手不沾挑，挑不落地，挑子一会在头顶，一会在鼻尖，一会在颈后，一会在耳根，靠挑子的弹跳力任意移动位置。围观者感到新奇绝妙，无不拍手喝彩，这场赛舞以桑家班获胜而告终。从此，锔缸挑这种舞蹈形式就被纳入桑家游艺班的节目。

在一百多年的发展中，锔缸挑曾做过三次大的改进。第一次改进是桑国飞（1865-1945）给锔缸挑编写了唱词，叫"锔缸歌"，并定词定调，由唢呐和笙伴奏，让舞者边舞边唱，增加了演出效果，使舞蹈锦上添花，更加引人入胜。第二次改进来自锔缸挑的第五代传人周青莲（1919-1983），他对该舞的道具做了大的改进，扁担由长变短，由木制改为竹制，变薄变窄；两边的箱子也变得小巧玲珑，上面画有花鸟图案，制作得华丽别致，好像走村串户卖京广杂货的货郎挑，这也是别名京挑的由来。在表演技巧上，周青莲大胆创新，加入旦角表演，把杂技里的动作与戏曲中丑角的台步、扮相糅合到舞蹈之中，更加妙趣横生，锔缸挑也成为桑家游艺班的压轴节目。第三次改进是一个叫花戏楼的女豫剧演员对该舞的演出形式所作的改进。1936年秋，花戏楼在民权县林七集看了桑家游艺班表演的锔缸挑，十分欣赏，于是她编排了故事情节，取名叫《大锔缸》，并搬上了戏剧舞台。后来在豫、鲁一带广为流传，很受群众欢迎。据李梦先口述：1940年冬季的一天，颜集游艺班被驻柳河镇的日本兵抓去，强逼他们为日军表演。周青莲表演时，把日本军官太太的围巾趁机扯走，而那位日本太太却毫无察觉。演出结束后，日本军官扬言要把游艺班带回日本，吓得艺人们连夜逃奔他乡。

新中国成立后，锔缸挑成为当地文化活动中不可缺少的一个艺术门类。20世纪80年代后，民权县颜集村的民间艺术表演团成立，锔缸挑第七代传人桑胜杰重新制作了锔缸挑的道具，改进后的器具主要有：扁担，竹子制成，宽 7 厘米，厚 1.5 厘米，长 150 厘米；箱子两个，大小相同，桐木板制作，板厚 1 厘米，长 45 厘米，宽 30 厘米，高 35 厘米；服饰，男丑角上身服装是黑绸料，白扣子，下身服装是红绸裤，白布道；女旦角上身是粉红色绸褂，胸前绣绿花，黑边，下身是绣着黄花的大红裙子，红绸折扇，方汗巾。伴奏乐器有大锣、二锣、镲、鼓、唢呐、笙、二胡等。

锔缸挑舞蹈动作多，难度大，与杂技相近，表演者全靠扎实的功底和高难度的动作来吸引观众。基本要领为三节、六合。三节指脚为根节，腹为中节，肘为稍节。六合指心与口合，口与手合，手与眼合，眼与脸合，脸与身合，身与气合。表演时脚要稳，眼要准，身段要柔。基本舞步有五种：一、蹲蹦步。脚跟踮起，双脚向前同时小跳一次。二、前进步。双腿半蹲，脚跟踮起，向前行走。三、交叉步。左脚尖外撇经右脚前方迈半步，右脚经左脚向前迈半步。四、侧步。双腿半蹲，站小八字步，右脚向右侧迈半步，右脚落地时，左腿前吸，向右脚靠拢至右腿内侧。五、拉挑扭步。左脚向前挪动，臀部向左摆动，右脚同第一拍动作对称。所表演的动作是根据锔缸匠人走村串户的挑担动作加工提炼而出，主要有爬坡下坡，过河跳坎，顶风冒雨，平地行走，猴子望月等。

锔缸挑表演时分走街和玩场两种形式。走街表演一般是和高跷队组合演出，锔缸挑走在高跷的后面，丑角挑担在前，旦角一手扯扁担，一手拿汗巾，跟在挑子的后端。丑角与旦角互动，边走边舞，光舞不唱，由打击乐伴奏。走街结束到达表演场地之后，开始玩场。玩场分两部分，第一部分是丑角挑担上场，旦角拉住挑子，边舞边扭，把锔缸挑的舞蹈动作和表演技巧全部演完，由打击乐伴奏。第二部分表演时，打击乐停止伴奏，丑角扮锔缸匠，旦角扮王大娘，两人对白对唱"锔缸歌"，歌词幽默风趣，通俗易学，唱起来十分好听。男：太阳出来亮堂堂，挑着担子去游乡。走进村头高声喊："锔盆锔碗锔大缸。"女：王大娘一听心高兴，急慌忙跑到大街上。叫声锔匠你甭走，请到俺家去锔缸。男：

小锔匠一听心高兴，跟着大娘去锔缸。锔匠一边把活干，一边偷看王大娘。年纪虽说五十岁，模样长的真不瓤。呼灵灵一对丹凤眼，薄薄的眼皮双儿双。走路如同风摆柳，一双小脚三寸长。锔匠越看越想看，越看心里越痒痒。看着看着走了神，锤子打烂咸菜缸。锔匠说大娘您别怕，打碎破缸赔新缸。女：我这破缸来头大，进过朝廷的御膳房。黄金千两我不卖，这缸能派大用场。能买好地两万亩，再建两个新农庄。男：锔匠一看事不好，跪到地上认干娘。女：你这个干儿我不认，你胡子恁长咋叫娘？男：我的胡子是假的，我一把揪它个精打光……唱完后该舞结束。

锔缸挑是劳动人民摸索自创的一种舞蹈，舞姿优美、动作新奇、乡土气息浓厚。1992 年 10 月，在河南省第六届民族民间音乐舞蹈大赛中，桑胜杰表演的《锔缸挑》获银奖；1993 年 3 月，该舞被中央电视台录制播放；2007 年 8 月，锔缸挑第七代传承人桑胜杰被河南省文联授予"河南省民间艺术优秀传承人"称号。

2008 年 9 月，锔缸挑列入商丘市第一批市级非物质文化遗产名录。

参考文献：《民权县志》《民权县文化志》。

（口述人：桑胜杰　记录、整理人：王贵生、赵凯）

七　霸王鞭舞

霸王鞭舞流行于河南省商丘市睢县城郊乡汤庙村。

据说霸王鞭舞诞生于秦朝末年的楚汉相争时期，距今已有两千多年的历史。项羽与刘邦相约先入咸阳者为王。项羽一路拼杀，所向披靡，每攻占一地便在马上挥动马鞭，高歌而舞。舞至酣畅之时，命令将士折断竹木为鞭，群歌而舞，共同欢庆胜利。其恢弘激昂吸引感染了所经之地的老百姓，能歌善舞者纷纷效仿。于是这种即兴舞蹈便由军营流传到民间，演变成为传统舞蹈节目。因项羽自称西楚霸王，此舞所用的唯一道具形若项羽的马鞭，"霸王鞭"由此而得名。

据汤庙村民舞艺人张起云口述：汤庙的霸王鞭舞是由项羽身边的一

位将军传下来的。项羽兵败垓下，自刎乌江。一位姓张的将军带一名士卒逃归襄邑，将军居住在睢水河边的潘浚口，士卒居住在潘浚口东边一华里的郭楼，为纪念西楚霸王改姓楚。清朝中叶，礼部尚书汤斌的后人迁入潘浚口，人口增多，潘浚口与郭楼逐渐连在一起，并在村前建了一所大庙，从此这个村改名为汤庙。

清朝末年，汤庙的武师王恩洪、王恩香兄弟二人常于农闲和春节期间组织演出，将武术动作融入霸王鞭舞，使此舞更欢快活泼、刚健有力。

新中国成立初期，多种文艺蓬勃兴起，为霸王鞭舞的发展提供了良好契机。汤庙村王法生、张起云、王廷江重新组建了六十多人的霸王鞭民舞队，由原来的男性表演变为男女各半，使霸王鞭舞刚毅矫健之外又添婀娜多姿，大大增强了演出效果。霸王鞭舞的主要表演器具为霸王鞭，是用粗2.5厘米、长110厘米的竹竿做成，竹竿两头凿成四个长方形小孔，每一孔中穿一竹钉或铁丝，铁丝上各串三枚铜钱，竹竿上涂上彩漆，两端装上丝穗或彩绸，舞动起来既响亮又美观。

霸王鞭舞的服装：男式为对襟，女式为大襟；男头饰为白毛巾勒头，女头饰多系成环角；男腰系红绸，女腰系兜肚；鞋为中式圆口布鞋。男鞭饰缨，女鞭饰花。随着时代变化，服饰也有所变化。

霸王鞭舞最初的打法为"八点法"，即一点磕左手，二点磕右手，三点磕左肩，四点磕左腿（平抬），五点磕左小臂，六点磕右大腿（平抬），七点磕右小腿（平抬），八点磕左脚掌（由身后跳起）。后来，逐步发展为"四十点法"，即在原"八点法"的基础上，又加了三个"八点"、两个"四点"。磕打的位置不再局限于四肢，还可磕打手腕、腰、腿外侧、后肩等部位，还有双鞭互磕、触打地面等动作。所舞动的鞭也由单鞭变成双鞭，以后又由一长一短的双鞭变成了两根一样长的双鞭。上下左右舞动，轮回击打演出者的肩、胸、膝、背、四肢等部位，两端的铜钱发出唰唰的音响，清脆悦耳，并由此引发上身的拧摆及腿部动作的变化和跳跃，形成各种舞姿和动作，既矫健柔美，又激情奔放。

表演者边舞边歌，曲调多为民歌小调，曲风欢快，节奏鲜明。当表演进入高潮时，节奏加快，动作幅度增大，穿插自如，是一项手、脚、腰、身、头同时运动的传统歌舞。

霸王鞭舞的场面变化多为民间常见的双横队、四横队、双纵队、四纵队、前后交换、左右穿插反八字、卷菜心、侧卷帘、拧麻花、二龙吐须、满天星等。

霸王鞭舞的配乐不固定，更不用打击乐器（因为打击乐太强，会将歌唱淹没）。其早期多选用民间小调，如《卖花生调》《穷人难》等。解放战争时期和新中国成立初期多演唱当时流行的革命歌曲，如《三大纪律八项注意》《解放区的天是明朗的天》《中国人民志愿军战歌》《我是一个兵》等。后来所选的配乐也都是群众喜爱、易唱易学的歌曲。

1984 年，在全国民间舞蹈普查中，睢县文化局经过调查整理，撰写了《霸王鞭》民舞卷本。1985 年省民舞调演，对其进行了加工提高，在群舞中加上了独舞，将戏剧中的旋飞、劈叉、滚地打等动作融入其中，荣获省调演一等奖。1999 年，在商丘市民舞汇演中荣获金奖。

霸王鞭舞融武术与舞蹈于一体，有音乐有舞蹈、有唱有跳，用鞭击打身体各个部位，能强健身体。器具制作简单，演出不受场地限制，是娱乐和健身的好项目。

2008 年 9 月，霸王鞭舞被列入商丘市第一批市级非物质文化遗产名录。

（口述人：王廷江　记录人：张祖营　整理人：张起云）

八　二鬼摔跤

二鬼摔跤又叫二娃摔跤或二喜摔跤，是一种深受群众欢迎的民间舞蹈形式。据夏邑县城关镇老艺人侯先全口述，二鬼摔跤由老艺人孙炳文（1900 年生，已故）传授而来，据此推断，此舞流传至今已有一百多年历史了。

夏邑县民间老艺人李进德（1922年生）讲述："二鬼摔跤与民俗放河灯有关，放河灯是一种超度鬼魂的迷信活动。"相传，清光绪年间，夏邑县城经常发生闹鬼之事，夜深人静时，衙门内三班六房的衙役们睡得正香，突然有人惊叫起来，有的叫得声嘶力竭，有的打得不可开交，整个衙门内乱作一团，搅得人心不安。城内南大寺和城隍庙数十名和尚与道人为破此事，于中元节戌时举行超度仪式，三十名和尚与道人各列城隍庙两侧，长跪合掌，口诵经文，把用油纸扎好的灯笼、船、桥各百十个，放入护城河中，超度众鬼魂归宿正道。从此，七月十五放河灯便成为当地的一种民俗活动。传至民国初年，这种超度鬼魂的迷信活动便演变成为民间的一种娱乐性活动。每次放河灯结束后，由城里民舞队为数千名群众表演二鬼摔跤、高跷、鬼会等民间舞蹈。

孙炳文，1900年出生在夏邑县老城东门里一个农民家庭，因家贫上不起学，常和一帮小伙伴模仿二鬼摔跤的动作嬉闹玩耍。十三至十八岁时习武学舞，练得一身好武艺，后加入行伍，酷爱民舞的孙炳文仍然抽空苦练二鬼摔技艺，并不断增加该舞的难度，由地上摔练到凳上摔、桌上摔；由一层桌子玩到桌子上摞桌子，叠高三层，像玩杂技一样做出种种高难度动作。一次，梅兰芳到部队慰问演出，部队专门安排孙炳文表演《二鬼摔跤》作为陪场。只听锣鼓一响，幕布拉开，两个张牙舞爪的青赤二鬼趴在地上，双脚微微动弹，随着乐器的节奏，身体扭动，突然折身跃起，紧抱对方，好像在衡量对方的力量。然后互不相让，犹如真人摔跤一样来回翻打。由地上玩到凳子上，又玩到一层、二层、三层桌子上，直打得不分胜负，难分难解。当在第三层桌子上玩到高潮时，猛然又翻滚落到地上扭打。台下观众看得眼花缭乱，掌声不断。节目结束时，孙炳文突然来个真人亮相，观众这才猛然醒悟：看着二鬼打架，原来为一人表演。梅兰芳及部队首长上前与孙炳文握手祝贺。梅兰芳还称赞说："玩得好。我还没见过这样好的民间节目哩！"后来，孙炳文在安徽亳州、砀山等地演出时，能在八张桌子上表演，从最高层摔到地下而毫发无损,堪称技艺绝伦。

二鬼摔跤全舞共分四段:第一段是地上摔跤。表演者运用推、踢、抱、压等动作表现二鬼抱着摔,你推我踢,互相压倒对方的摔跤场面。第二段是凳上摔跤。二鬼由地上摔至凳上,操作者运用蹦、跳、窜、探海等动作,表现二鬼争凳、窜凳、上凳,你退我进,互不相让,互不示弱的激烈摔跤气氛。第三段是桌上摔跤。二鬼由凳上摔到桌上,层层上桌、下桌,表演者运用翻、滚、旋、扫等动作,表现二鬼桌上摔跤的进退攻守,推、摔到桌沿,压倒翻滚,抱起旋转等惊险场面。第四段是二鬼由桌上摔到桌下,表演者运用快速推、踢、抱、翻、滚、旋等动作,把表演推向高潮。

二鬼摔跤的表现形式类似木偶,是一人背驮双鬼模样的道具(鬼头二个,对视,两对搭肩假手,两个假腿加上服装),由表演者(一人)双手各握一假腿作为一鬼的腿,表演者的双腿作为另一鬼的腿。通过表演者腿、背、臂的活动和综合利用戏剧、杂技、武术等难度较大的动作,表现二鬼在地上、凳上、桌上的摔跤场面,既有趴地摔、跪地摔、站立摔、翻滚摔等激烈惊险的动作,又有一人操作表演二鬼摔跤的神秘效果。最后,给观众亮相揭开谜底,显示出此舞的艺术性和表演者的高超技艺。

新中国成立前,通常由"会首"负责筹办演出,一般于七月十五、清明节、十月初一在古庙会期间表演。演出地点一般在广场、街头打地摊演出。新中国成立后,在县文化馆专业人员的辅导下,通过集会、节日、汇演等,提高了表演者的技能,规范了表演形式。1984年,夏邑县的二鬼摔跤在商丘汇演时,对其形式、内容又做了进一步改革,使其更受群众欢迎。

二鬼摔跤由打击乐伴奏,乐器有鼓、钹、大锣、二锣。使用的锣鼓经有《哑锣》《长锣》《马腿》《紧急风》《四击头》等,为舞蹈起渲染烘托作用,其节奏根据表演者的动作快慢和舞台大小而定。

2008年9月,二鬼摔跤列入商丘市第一批市级非物质文化遗产名录。

参考文献：《中国民族民间舞蹈集成·河南卷》《夏邑县志（1985—2006）》。

九 扑伞舞

扑伞舞也称花伞舞、跳伞、玩伞，是豫东一带广为流传的一种民间舞蹈。根据普查发现，商丘市梁园区谢集镇北街的部分民间老艺人还在演出和传授这种舞蹈。关于扑伞舞的起源，现已无确凿的文字可考，就民间传说和所查旁证资料，有以下两种说法。

一是与祭祀火神有关。相传帝喾将儿子阏伯封于商丘，为火正（即管火的官），主辰星之祀。当时阏伯管火的"火台"，在商丘古城西南三华里处。正月初七相传为阏伯火正生辰，每年从正月初一至初八，来自周边五省到火神台进香的人络绎不绝。人们出于对火神的敬仰，用各种方式祭祀，表达自己的诚心。据火神台村八十岁的老人李金其说："听老人讲，早先逢会还有人晴天打着伞给火神爷磕头，嘴里还念着：'火神爷俺给您送伞来啦。'"这大概是怕火神爷的"火种"被雨水淋灭了，所以送伞以遮挡雨水，保护火种。几千年来，各路游艺班蜂拥而至的台会上，进香人手中为火神爷遮雨的伞，有可能演变为游艺班中一个以伞为道具的节目。

二是与百姓求雨有关。谢集民舞艺人高洪彬（1930年生）说："听师傅说过，玩伞兴许是求老天爷下雨的意思。"老艺人郭爱廷（1905年生）也说："每年二月二，龙王庙逢会，游艺班扛着伞去进香赶会，求东海龙王在新的一年里多降喜雨，保佑有个好收成。"一旦下了雨，人们就打着伞手舞足蹈进行庆贺，久而久之形成这种以伞为道具的舞蹈。

20世纪40年代，在谢集酿酒的生意人黄华三（外号黄丑）看集上的游艺班红火，就开班收下一班徒弟。但由于黄师傅岁高年迈，很多动作只做说明，很少示范。后来，高洪彬、苏全江（1926年生）、王兴亮（1927年生）等人勤学苦练，在原来的基础上不断加工完善，经反复排练演出，才形成了独具风格的扑伞舞。动作方面，当时黄华三只教了开门和闹伞，不包括单、双两种形式，后来他们就根据原动作的节律，设计出一种新的动作程式。从此分出了单开门、双开门，单闹伞、双闹伞。闹伞的动作，由原来的一种发展到三种。目前又培养了一批青年演员，演出的扑伞舞较以前更完美。

扑伞舞一般由九名队员参加表演：一老汉、一丑婆、一傻童、六村姑，都是古代庄稼人打扮，全由男性演员扮演。道具有丑婆用的一把花笊篱，姑娘用的十二条汗巾和老汉用的一把长把小头布平顶花伞。由于游艺班忌讳说"伞"，因"伞"与散伙的"散"同音，怕不吉利，所以，艺人们习惯把伞叫成"淋子"。

扑伞舞由两大部分组成。一是走场，包括铁索襻、长虫（蛇）蜕皮、云子勾、剪子股、二马分鬃、四门斗等六段程式，由老汉领队入场，然后绕场表演。

二是扑伞，分七段，老汉要分别用伞依次把角色引到场中，表演完后，再送出场子。第一段：三炉香。老汉单独表演，随后道出开场引子——抬起头来四下观，不知师傅在哪边，要知师傅名和姓，登门叩谢理当然。第二段：抓笊篱。老汉与丑婆合作，丑婆用笊篱挖老汉胡子，老汉用胡子甩丑婆。第三段：戏伞。老汉与傻童合作，傻童用伞嬉戏耍逗，再从老汉背上翻前毛（滚背翻）。第四段：开门。包括单、双开门，老汉与一村姑合作叫单开门，与两村姑合作叫双开门；动作大致相同，姑娘做开门动作后与老汉一起玩伞。第五段：闹伞。同样有单、双闹伞之分，村姑拿顶（倒立）随老汉到台中旋转，做一些扑、跳、抓、闹的舞蹈动作。第六段：单挎(挎臂翻)。老汉与一村姑合作，老汉用手臂翻村姑。第七段：夺伞（夺伞翻）。这是扑伞比舞的高潮，节奏加快，老汉与一村姑做扑伞、闹伞动作后，二人通抓伞把，作冲四门，接下来在台中旋转数圈，然后二人背靠背，老汉用力背翻村姑，全体人员出场助兴，跑圆场后随老汉退场，舞蹈结束。

扑伞舞中的各个角色各有特色，执伞老汉动作幅度大而性情粗犷；丑婆动作泼辣洒脱，丑而不厌；傻童憨态可掬，活泼可爱；村姑舞动彩巾，轻盈舒展，给人美感。整个舞蹈粗而不俗，闹而不乱，结构完整，层次分明。舞蹈动作伶俐敏捷，舞姿矫健，较多地糅合了武术中的对打套路，表现出北方人的尚武精神。

扑伞舞伴奏乐器有大鼓、大镲、大锣、二锣、手镲五种，只有长打锣和丁丁哐两个鼓点。长打锣主要伴奏于走圆场，摆各种队形程式，速度以中快为宜，快慢可根据演员的动作而定；丁丁哐主要为伴奏鼓点，强弱分明，节奏可快可慢，以中慢为宜。扑伞舞就整个节奏而言，先慢后快，连贯紧凑，环环相扣，别具一格。

扑伞舞在漫长的发展过程中，由于各地风土人情和艺人修养的差异，形成了不同的艺术流派，大体可分为南路和北路两派。南路指商丘一带，北路指鲁西南大部；南路以梁园区谢集为代表，北路以山东曹县伊集为代表。

2011 年 2 月，扑伞舞列入商丘市第二批市级非物质文化遗产名录。

（口述人：高洪斌　记录、整理人：邢伟志）

十　商丘高跷

高跷，也称拐子，表演者双脚分别绑在带有木托的木棍上，化装成各种人物，一人或多人来往逗舞，是一项极富艺术性和挑战性的表演。高跷属于我国古代百戏之一。汉魏六朝称为"跷技"，宋代叫"踏桥"，清代以来称为"高跷"。由于表演者高出一截，观众需仰起头来观看，所以，有些地方也称为"高瞧戏"。由于高跷表演技巧性强，形式活泼多样，便于远近观赏，而且流动方便，无异于活动舞台，因此深受群众喜爱，是春节、元宵、庙会等节日场所常见的一种民间舞蹈。

商丘高跷在漫长的发展历程中，经过历代传人的完善和发展，表演、道具、表现内容等方面都有所创新。一是道具更新，用特别的拐子代替了树上的枝杈，制作精巧，有长有短。二是人员增加，由一人到几人、几十人装扮成某个故事里的角色进行表演。三是内容丰富，剧情如"推车""拉驴""扑蝴蝶"等。商丘高跷演员扮演的大多是传统故事中的人物，如《西游记》中的唐僧师徒，《白蛇传》中的许仙、青蛇、白蛇，《八仙过海》中的八仙，《三国演义》中的刘备、关羽、张飞，《隋唐演义》中的秦琼、尉迟敬德等。新中国成立后，又出现了斗地主、打老蒋、送公粮、除四害（指四人帮）等各种情节人物。动作程式方面，数量增加，难度加大，由原来的走走扭扭，发展为一整套固定的动作程式，如跳蹿、立叉、登高、背爬、地滚、地扑、跑拉、蹲拉、方桌顶、双人塔、站牌坊等。据说，在睢阳区的阏伯台（也叫火星台或火神台），有的高跷队员竟能在火星台前四十五度坡的四十一层台阶上踩着高跷上去，足见当时技艺的高超。

高跷演出有"过街""围场"之分。"过街"是在行进中表演，高跷队全体列队在大街上穿街游走，边行边舞，不做技巧表演。"围场"则主要是技巧性表演（在打谷场或定点场地表演），表演时先由一持平顶伞的老汉（不踩跷，俗称"淋子手"）率高跷队员成一行依次（顺序为村姑、推车人、扑蝶者和拉驴者）入场。进场后通过"二龙出水""绕8字""大花场""小花场"等队形的变化，打开演出场地，开始分段表演。第一段是由全体队员做"骑象"造型，以展示全体演员阵容或向观众致敬。有三人组合"蝴蝶双飞"，如蝴蝶空中采花；有四人组成的"孔雀开屏"，如孔雀翩翩起舞；而由八人组成的"飞天"造型更是令人叫绝，场面非常壮观。第二段是"高跷推车"，小媳妇坐车去赶会，丑婆陪同，傻童和丑汉围观挑逗，表演无固定的程式，多系推拉、扭摆等及一些即兴表演。两个小丑插科打诨，取闹挑逗，丑婆遮拦围绕在坐车小媳妇的身旁。小媳妇和推车人巧妙配合，表演推车、上坡、下坡时左歪右斜等动作。第三段是一丑一旦表演的"扑蝶"，旦角执蝶杆，丑公子执扇，场上置表示土坡、短墙的方桌长凳，二人通过你扑我躲、你追我赶，登、蹿、跳、扑等技巧表演，表现青年男女之间的相互爱慕。第四段是"赶犟驴"。这是最吸引观众眼球的一个片段，"赶犟驴"是以骑驴者和拉驴者为主，另有赶驴人分立于驴的左右，用鞭赶驴，表演拉驴过河、越过障碍等情节。其中的关键角色是骑驴者，他不仅要表演骑驴的姿态、动作，还要通过操纵道具（驴）表现驴在不同道路情况下的动态变化，需踩着高跷完成"蹲走""翻身""越头跳""后滚翻""单腿跳""大劈叉"等一连串高难动作，令人赞叹不已。另外，高跷演员在表演中还会即兴表演一些节目，如《送京娘》《挑花篮》等，以增加表演的观赏性。

高跷的伴奏乐器有大鼓、大锣、二锣、大铙、手镲等。高跷的伴奏只有两个鼓点，街头行进时用"长道锣"，场地表演时用"隆冬仓"，此鼓点旋律虽然单调，但表现力丰富，强弱分明，紧随演员的表演或慢或快地变换打击节奏。"隆冬仓"开始有个鼓簧，是起头信号，中间不受时间长短的限制，可根据节目的长短反复击打。结束时也要看鼓簧，收尾。

由于各地的风土人情不同，商丘高跷在漫长的发展过程中，形成了文武两大流派。睢县的高跷属文派，文派高跷的主要特征：一是拐子长，多在三尺左右，比武派高出约一倍。二是节目多，除了武高跷常演的"骑驴""推车""扑蝶"等节目外，还有"站牌坊"等人物造型。三是动作程式较为缓慢。文高跷以走、扭、跑、蹦、背、拖、拉、拽等动作为主，很少有跳、蹿、扑、滚、爬、劈腿、蹲叉、翻越等高跷动作。四是文高跷的风格特点是挺拔、刚劲、稳健、舒张，不像武高跷那样火爆、炽烈、惊险、沸腾。

睢县刘楼村的高跷已有一百二十多年的历史，初为杂技形式，后来几经演变，到袁德勤（刘楼高跷第一代传人）这一代才逐渐形成为一种典型的民间舞蹈，演出的形式已分为游街和围场两种。第二代传人袁备修1933年生于刘楼村，自幼受家中长辈的影响，耳濡目染，对高跷很感兴趣，十岁就跟着父亲袁德勤学踩拐子。袁备修在继承传统的基础上，又编排了如"斗地主""打老蒋""送公粮"等多种节目。为了使高跷更好地传承下去，袁备修在本村招收了一些热爱舞蹈、热爱高跷的青年，传授一些踩高跷的基本步法和表演技巧。

商丘梁园区一带的高跷也有文武两种，群众不仅有观赏高跷的浓厚兴趣，还有极强的参与意识。上自年过花甲的老人，下至十多岁的少年，闲暇节庆之时随便砍两根树杈往腿上一绑就玩了起来。像水池铺、谢集、双八、平台等乡镇均有高跷队，不但阵容整齐、水平较高，而且历史相当悠久。水池铺高跷队负责人胡祥军介绍："商丘高跷是一种祖辈相传的民间表演形式，产生至今，基本上没有文字记载，都是由当地的农民世世代代、祖祖辈辈口传身授传承下来的。"据传，早在清代中期当地就有三支高跷队，分别是刘家班、贾家班和高家班。他们按照传统习惯，每年一进腊月就集中排练，从正月初四至初八，在火神台庙会上集中表演。届时方圆百里的朝庙进香者源源不断接踵而来，水池铺的几支高跷队也随之出动，一路上走村串乡作"游街"表演，在庙会上连续表演数日。现在他们每年从正月初一至二月初二，都要在火神台庙会上表演一个月。

随着社会的变迁，水池铺高跷队几经兴衰，高跷队员越来越多，演出水平越来越高。目前，该队共有演员七十余人，是商丘市目前阵容最大的高跷队伍。水池铺高跷队曾参加 2000 年全国乡镇企业经贸洽谈会开幕式、历届"木兰文化节"、火神台古庙会"朝台"演出，曾获"京九晚报杯·首届民间艺术大赛"一等奖。在"国际华商文化节"和"中国十运会取火仪式"上都有精彩表演，受到各级领导、中外客商和广大群众的一致赞赏。商丘高跷曾被收录到《中国民族民间舞蹈集成·河南卷》。

2011 年 2 月，商丘高跷列入商丘市第二批市级非物质文化遗产名录。

2014 年 11 月，刘楼高跷列入商丘市第四批市级非物质文化遗产名录。

（口述人：胡祥军、袁备修　记录人：邢伟志、唐晶晶

整理人：邢伟志、张传美、唐秀丽）

十一　大头和尚戏柳翠

大头和尚戏柳翠（又名月明和尚度柳翠），是一种集欢快、幽默、风趣、戏闹为一体的民间舞蹈，在商丘一带较为流行。

夏邑县民间老艺人王心德（1877 年生）曾回忆，此舞起源于民间故事《月明和尚度柳翠》。故事发生在南宋高宗年间，新任临安府府尹柳宣教走马上任时，因城南竹林峰水月寺主持玉通和尚未曾出面迎接，府尹怀恨在心，伺机报复。一日，他命府内歌妓红莲前往水月寺破坏玉通和尚法戒，经红莲三番五次挑逗，玉通和尚犯了淫色大戒。事后玉通和尚问起缘故，方知实情，含羞而圆寂。

玉通和尚圆寂后，投胎柳府为柳夫人之女，取名柳翠。光阴荏苒，柳翠年方二八，生得十分美貌，因常与豪门子弟饮酒作乐，堕落为娼。

皋亭山显孝寺主持月明和尚，当初与玉通和尚是法门契友，对柳翠之风流韵事早有所闻，立意度她出世，后经三度，使其皈依正道。

据夏邑县民间老艺人魏连德（1913 年生）口述，该舞蹈传至夏邑应是清光绪年间，由老艺人王心德传授，至今已有一百多年历史，有四代师承关系:第二代孙炳文（1910 年生），第三代李进德（1922 年生），第四代张汉奇（1961 年生）。

该舞蹈一般由旦、丑两个角色表演。和尚头戴大头面具，身穿黄色僧袍，脚穿白色僧袜，足蹬黑色僧鞋，右手握拂尘;旦角头戴女妆大头面具，身穿彩褂、彩裤，足蹬绣花彩鞋，腰间系一条彩带，垂于右胯旁，右手持纸折扇或手帕，无唱白，属哑剧形式。通过夸张、虚拟的手法和动作姿态的运用，突出一个"戏"字。舞蹈虽有戏有闹，但闹而不乱，戏而不荡。各地艺人虽有各自的表演程式和风格，但也有共通之处，旦角多用"小碎步"，步履稍快，动作活泼;丑角多用"八字步"，步履缓慢，动作稳健;旦角表演潇洒、风流、泼辣、大方，舞姿优美、节奏明快、动作细腻;丑角表演幽默、滑稽，富有情趣、动作夸张、粗犷朴实。夏邑县的大头和尚戏柳翠在第一代老师传授时，由四人表演。舞蹈开始，先有二人分别扮演两个小狮子（头顶狮子道具）从舞台两侧同时上场，卧在舞台两侧，代表狮子把门。而后，和尚与柳翠依次上场。后因没有狮子道具，也就免去了这两个角色，以二人舞形式流传至今。伴奏乐器有鼓、大锣、二锣、手钹。锣鼓字谱简单，没什么变化，只起渲染、烘托作用，其节奏根据艺人表演时动作快慢和舞台大小而定。

该舞共分三段：第一段，和尚头戴大头面具，右手握拂尘，迈着八字步摇头晃脑地上场，做开门、打扫等动作，表现和尚深居山林，隐居世外桃源的逍遥。第二段，柳翠上场做一些小跑步、拾金钱、整理妆容、小碎步等动作和姿态，表现柳翠的泼辣、风流。第三段，二人见面后，通过捅耳、敲头、扑、闪、躲、跺、拉、抱等动作，展示了旦、丑之间的嬉闹场面。

大头和尚戏柳翠有完整的故事情节，有嬉有闹，风趣幽默，深受群众欢迎。演出结束后，行至出口时常常被群众用大凳子拦住去路，要求继续表演。

新中国成立前，此舞常在一些古庙会上同高跷、鬼会、竹马、旱船等一道演出，由当地会首负责召集、组织和筹办。后来，随着社会发展和人民生活水平的提高，大头和尚戏柳翠由文化馆负责组织辅导，逐渐服务于大型节日、集会、汇演活动，并搬上舞台。该舞多次应邀参加砀山、萧县、亳州、单县等地演出，受到各地群众好评。20 世纪 80 年代后，在上级文化部门的重视关怀下，恢复了民舞班，培养了年轻一代演员，至今仍活跃在豫东的广大农村舞台。

2011 年 2 月，大头和尚戏柳翠列入商丘市第二批市级非物质文化遗产名录。

参考文献：《中国民族民间舞蹈集成·河南卷》。

十二　火老虎

火老虎是永城市独有的一种民间舞蹈，因表演方式为点燃扮虎者身披的特制虎皮，以火花显示老虎的形象而得名。永城市高庄镇皇庙村的火老虎会成立一百多年来，从没间断演出，在永城是独此一家。

据火老虎会会首李香奎说："我的老师贺文秀告诉我们，火老虎的创始人就是俺演集贺寨乡的薛景春。"薛景春家境贫寒，靠做木工养家糊口，一日在芒砀山下偶见一只深陷大火之中的野猫，蹿蹦跳跃如同猛虎，惊心动魄，扣人心弦。薛景春心想：如果把这个场面编成舞蹈演出来，大家一定爱看。于是他做了一些类似木枷的板子，套在四肢及脖颈之上，附以皮毛之类，沾油点燃进行表演。由于道具做工精细，火在上面燃烧，表演者却能安然无恙，首次演出便引起轰动。从那时起，火老虎这种民间舞蹈便在当地流传开来。后来薛景春成立了"火老虎会"，改进和完善了火老虎的道具、舞姿，更为群众所喜爱。第三代传人李香奎把狮子舞引入其中配合表演，大大增强了演出效果，使这项土生土长的民间舞蹈日臻完美。

火老虎一般由三人表演：一武生装束的引虎人，一扮虎人，一扮狮人。舞蹈共分四段：第一段由引虎武士独舞，在轻快的锣鼓声中翻跳着出场亮相，给人以英姿飒爽、机智伶俐之感。然后绕场表演，打开场地，翻着跟头下场，少顷引狮子上场舞蹈。第二段狮子上场后，先做一些"搔痒""摆头"等即兴动作，然后同引虎人一起走"大分家""二龙吐须""剪子股""铁索裤"等队形套路。第三段是点燃后的老虎随引虎人上场，同狮子一起走队形后，虎狮相斗。第四段是舞蹈的高潮，紧锣密鼓，老虎动作幅度加大，做翻滚、抖毛、蹿扑、骑椅子、上桌子、扑烟花（指点燃后的烟花）、在老虎尾巴上放炮竹等惊险动作。最后，引虎人骑在狮子背上下场，舞蹈结束。

火老虎演出所需要的道具，主要有虎皮和狮皮。狮皮就是一般狮子舞中的狮皮，虎皮需要专业制作。先把十九块形状各异的桐木板钻上孔眼，用铁丝串连在一起，做成虎皮形状，然后把特制的火捻子分别置入木板孔眼里作为虎毛，供演出时点燃。用竹条扎制成鸟笼状，也扎上火捻子作为虎头。用一棵小树扎上火捻子作为虎尾，最后用两根木棒做成虎腿，系满火捻子，握在手中即可。为了好看，还要对骨架进行装饰，如制作可张可合的虎嘴，着上虎色等。

火老虎最大的特点就是表现一个"火"字，表演时间一般在冬季。有时演出结束表演者要跳入水塘，一是表现老虎被狮子打败，二是为了扑灭身上的火，所以表演者既要忍耐烟熏火烤，还要抵御寒冬腊月的寒冷，着实不易。

火老虎表演粗犷质朴、欢腾热烈，动作夸张豪放，场面壮观。火老虎是永城人民自己创作的舞蹈，至今已有近二百年的历史，经历了八代传人，逐渐成为一种有固定道具和表演程式并为群众所喜爱的民间舞蹈。

2014 年 11 月，火老虎列入商丘市第四批市级非物质文化遗产名录。

（记录、整理人：马勇）

十三　鬼会

鬼会（又名拉秦桧），是在虞城县南街（原马牧集田大街）流传一百五十多年的一种民间舞蹈。不论时代如何变迁，民舞鬼会始终根植于当地群众的日常生活，不断传承发展。

鬼会与宋朝名将岳飞被以"莫须有"的罪名处死有关。岳飞死后，举国上下纷纷声讨秦桧，人们编出阴曹地府的鬼怪到人间捉拿秦桧的故事，以此表达老百姓对秦桧的憎恨和对岳飞的怀念。

清中晚期，虞城县南街有一人酷爱《岳飞传》，又根据民间传说阴间小鬼捉秦桧的故事，编排了一种鬼会舞蹈，和当时田大街的二鬼摔跤班、跑驴舞蹈班等表演队联合演出，引起极大的轰动，一举成名。他们给这一表演"鬼会"的民间舞蹈队定名为"南街鬼会班"，并一直沿用至今。鬼会的故事情节共分为六场，分别为：大登殿、阴差搬兵、拉秦桧、斗戏、二登殿（判秦桧、王氏）、秦桧王氏入庙跪岳飞。参加演出的舞蹈演员一般需六十人左右，舞鞭的演员需要有一定的功夫，鞭子的长度在三十五米以上，重达十五斤左右，无一定功力鞭子挥不到位，更挥不出一定的动作。舞叉的人功力和舞姿需协调一致，挥动的钢叉要不停地变换招式，并做出各种高难度动作。鬼会班的演出人员大部分身怀绝技，演出场面逼真、热闹非凡，令观众拍手叫绝。这种惩恶扬善的鬼会舞蹈极大地迎合了观众的审美心理，善有善报，恶有恶报，大快人心。

鬼会班演出时全靠打击乐伴奏，先是锣鼓喧天，鸣锣开道。当一阵紧锣密鼓之后，四旅鬼高举四杆"朝庙进香"的大旅登场，随后鸡觉上场怪叫，引出众鞭鬼打护场。众叉鬼上场挥舞钢叉做出各种高难动作，继而众小鬼翻下翻上，土地随上与小鬼嬉戏。接着醉鬼、大妈妈、俏鬼、地方鬼上场逗趣。之后众鬼怪叫，鞭鬼打起响鞭，叉鬼摇动钢叉，提牌鬼拉着带木枷铁链的秦桧上，王氏惊慌失措护着秦桧，判官高举宝剑和生死簿怒视秦桧夫妇。提牌鬼拉秦桧走四门斗，秦桧、王氏做出各种狼狈状，此时，剧情达到高潮。然后，判官、土地在后押着秦桧夫妇游街示众，按顺序前进。如路遇群众阻拦观赏，舞班可分成叉鬼一组，醉鬼和大妈妈一组，俏鬼与地方鬼一组，小鬼与土地一组，提牌、判官与秦桧、王氏一组，鞭鬼穿插跑场大鞭护场，各组独立表演。共分六场演出，最后把秦桧夫妻拉入某庙内，演出即告结束。

鬼会是民间舞蹈与民间功夫的巧妙结合，在表演形式上，通过一定的舞蹈动作来表达人物内心的复杂变化与一定的心理诉求。如判官运用"鹰爪指""刺剑""分须""跳转身"等动作和姿态，塑造出威严、果敢、正气凛然的形象。秦桧则用"抱镣""转枷""蹲式""跪式"等，表现出一个负罪人的惊恐不安、受到正义威慑后的惧怕。签板，则运用武术和戏曲表演技巧，表现出机智、灵活的形象。鬼会班表演人员多，场面壮观，服装、道具五花八门，扮演的角色稀奇古怪，再加上演员们夸张的形象和幽默风趣的表演，每场演出都能吸引成千上万的观众前来观看，场面热闹非凡。

主要传承人张新省、张广东，为虞城县城关镇南街村人。张新省现年六十岁，张广东五十五岁，他们二人是鬼会班的召集人，十岁开始参加鬼会班表演，技艺娴熟精湛，多次参加各种重大节日的演出活动，为"鬼会"的发展传承做出了重大贡献。

2014年11月，鬼会列入商丘市第四批市级非物质文化遗产名录。

（口述人：张广东　记录、整理人：赵玉清、王富杰）

第四章　传统音乐

传统音乐是人类最古老、最具有普遍性和感染力的一门艺术，是广大人民群众精神生活的有机组成部分。我国的传统音乐可分为五大类别：民间歌曲、民间舞蹈音乐、说唱音乐、戏曲音乐和民间器乐。在商丘流传的传统音乐形式主要有：唢呐曲、管子曲、筹乐、锣鼓经、劳动号子、灯歌、宗教歌、小卖歌、小调、筝曲、箫曲、坠胡曲、曲胡曲，等等。其中，流传最广的是唢呐曲、筹乐、管子曲和锣鼓经等，它们各具特色，绚丽多彩。

一　筹

筹是一种民间管状气鸣乐器，从民权县白云寺的佛教音乐中发展延传而来。

宋崇宁三年（1104），高僧昭贤到白云寺任十六世方丈。当时白云寺庙宇残破，香火冷落，昭贤为吸引更多的善男信女，成立了以筹为领奏乐器的白云寺佛乐队。伴奏乐器有笙、竹笛、管子、唢呐、锣、鼓、磬、铛、木鱼等。佛乐队成立以后，寺内的一切佛教活动，如做佛事、道场等，就用佛乐烘托气氛。筹乐悠扬悦耳、幽雅缥缈，香客身在其中有超凡脱俗之感，给白云寺增添了一层神秘的色彩。特别是在佛教节日的纪念活动中，如佛诞节（农历四月初八，释迦牟尼诞辰）、涅槃节（农历二月十五日，释迦牟尼逝世的日子）、成道节（也称成道会，农历十二月初八，释迦牟尼成道的节日）、中元节（即盂兰盆会，农历七月十五日，为追怀祖先而举行祭祀的节日）等，佛乐队会大张旗鼓地表演，很受人们的欢迎。此后僧众日附，信徒日增，寺院香火逐渐兴盛起来。

筹的形状既像横笛又似竹箫，由圆筒竹子制成，用膜竖吹，上有九孔。其中第一孔为膜孔，第二至七孔为发音孔，第八、九孔为装饰音孔。筹长 38.3 厘米，大头直径 2.1 厘米，小头直径 1.7 厘米，中间无任何物体阻隔，结构非常简单。筹和笛子不同，笛子的一端是封闭的，而筹是贯通的；笛子是横吹，在竹管正面上开有吹孔，而筹是竖吹，吹孔在顶端。筹与洞箫亦不同，洞箫没有膜孔，上端的吹孔设在竹关节处，吹孔开得很小，便于气的聚合，吹起来比较容易用气；而筹的吹孔却是设在竹筒的顶端，管径多大，吹孔也就多大，吹奏用气上比笛子和洞箫要难得多，全凭吹出窄细而强劲的气流撞击筒壁振动薄膜而发音。

筹的吹奏技巧极为丰富，经常使用的有颤音、滑音、花舌音、齿音、打音、抹音等，还有口型变化和位置移动的技巧，嘴角在吹孔边沿的移动也可控制高低音的转换。如演奏中音时，嘴角在吹孔的左边，演奏低音时，嘴角移到吹孔的右边，实际音高低了一个八度。筹的旋律优美，音质鲜奇，曲调丰富，有洞箫的哀婉和横笛的悠扬，给人以古朴庄重之感，被誉为"世间之绝唱，佛家之仙乐"。

筹演奏的主要曲牌有：［抱钟台］（1 = ^{b}A 筒音作 5）、［胡溜］（1=^{b}A 筒音作 5）、［玉娇枝］（1=^{b}B 筒音作 2）、［油葫芦］（1=^{b}A 筒音作 5）、［凤阳歌］（1=^{b}A 筒音作 5）、［大傍台］（1=F 筒音作 5）、［小傍台］（1=F 筒音作 5）、［凡调小傍台］（1=F 筒音作 5）、［六锁南枝］（1=^{b}B 筒音作 2）、［盘头锁南枝］（1=^{b}B 筒音作 2）、［跌落金钱］（1=^{b}B 筒音作 2）、［一江风］（1=C 筒音作 1）、［风入松］（1=C 筒音作 1）、［幺句子］（1=^{b}B 筒音作 2）、［胖娃歌］（1=^{b}B 筒音作 2）、［四弦曲子］（1=F 筒音作 5）

等二十多个。

目前，有文字记载的筹乐有三代传人，第一代释紫太（生卒年不详），第二代释隆江（俗名孙洪德，1926 年生），第三代张永（1981 年生），民权县尹店乡白云寺村人。《千年古刹白云禅寺》记载："孙洪德，民权县尹店乡白云寺村人。幼家贫，父早亡，少时被送到白云禅寺，皈依释月波为徒。剃度后，取法名释隆江。皈依佛门后，参学佛儒。1938年，随师傅释月波去开封大相国寺参加佛教活动，见一吹筹者，甚感惊奇，被那美妙的音乐深深吸引。回到白云寺，买来一把笛子，自制成筹。春夏秋冬，有空闲便模仿吹奏，通过三年苦练，终于吹响。苦于没有乐谱，后随睢县（今董店乡江沿村）一小庙僧人，法名释紫太，学习吹管子，方识得乐谱。又苦练三年，吹管、筹技艺皆能，遂参加佛事活动。"（中州古籍出版社 2003 年版）当时本宽（法号尘空，俗姓李，1865 年生，河南宁陵县人）任白云寺四十世方丈，他见隆江的筹吹得已经相当不错，就四处张罗佛乐人才，重新组建白云寺佛乐队。本宽把会吹笙的北关镇泰山庙道人庞教成和会吹管子的王桥冯堂庙道人陈丕显请到白云寺，成立了白云寺佛乐队，隆江也就成为佛乐队的领奏者。

佛乐队成立后，除在佛教活动中演出外，还逐步走向社会到民间演出，每逢古会、庙会和重大节日庆典，都有佛乐队的参与。豫东一带有三个延传数百年的大型庙会：六月初六的白云寺庙会，正月初七的北关火神台庙会，每月农历初一的葵丘会盟台庙会。庙会上的文艺演出丰富多彩，有戏曲、曲艺、杂技、龙舞、狮舞、高跷等，而所有表演的节目中最引人注目的就是白云寺佛乐队隆江师傅的筹演奏。慢慢地，筹越来越为群众所接受，隆江的吹筹技艺也达到了炉火纯青的境界。他运气功力惊人，能吹灭五米远燃烧的蜡烛，演奏时，即使嘴唇远离吹孔几厘米，照样能演奏出悦耳动听的曲子来。

新中国成立后，筹作为全国稀有的民族乐器，受到各级政府和文化部门的重视。1957 年 2 月，民权县文化馆举办首届民间音乐汇演，孙洪德率领白云寺佛乐队参赛，演出的筹独奏一鸣惊人。汇演后，选出十二个曲牌进行加工整理，参加河南省民间音乐汇演，获一等奖。同年 3 月，白云寺佛乐队赴北京参加全国第二届民间音乐汇演，孙洪德吹奏的筹独奏曲《抱钟台》《胡溜》获二等奖，并在天桥剧场巡回演出十几天，中央人民广播电台播放了他们的演出录音。3 月 27 日，孙洪德及参加全国第二届民间音乐汇演的演员们一起，受到周恩来、朱德、董必武、彭真、薄一波、聂荣臻等党和国家领导人的亲切接见并合影留念。1985 年春，在河南省民间音乐汇演中，孙洪德的筹独奏获特等奖；1988 年 5 月，参加商丘地区艺术节，获一等奖。2002 年 5 月 18 日，孙洪德受少林寺之邀，为中外贵宾演奏了筹乐，被德国国家电视台制成光盘发行。

2008 年 9 月，筹列入商丘市第一批市级非物质文化遗产名录。

参考文献：《民权县志》《千年古刹白云禅寺》《商丘地区民族民间器乐曲集成》。

（口述人：孙洪德　记录人：赵凯　整理人：王贵生）

二　管子

管子（古称筚篥）是我国古老的民族吹管乐器，属道教音乐的主奏乐器。管子音乐在宗教上是相通的，佛教寺院内有宗教活动时，也同样适用。

管子音乐曲牌繁多，调式多变，可根据各种不同的场合及感情的变化，吹奏出不同情调的乐曲。管子的伴奏乐器分为两大类别：吹管乐和打击乐。吹管乐类有唢呐、竹笛、笙，打击乐类有鼓、大堂鼓、小堂鼓、板鼓、大锣、手镲、二锣、二星云锣、木鱼。

管子的构造有两种：锡制和木制。锡制管子（最古老的、形状为圆管、用芦苇哨子）长 15.9 厘米，直径 1.1 厘米，共八孔，正面七孔，反面一孔，音域为两个八度。木制管子是艺人后来依照锡制管子的形状模仿制造的，音色比前者更宽厚、优美。道观音乐的曲牌，在夏邑的艺人中，大多以工尺谱传承。著名曲牌有《小傍台》《小柳金絮》《盘头锁南枝》《六锁南枝》《风入松》《幺句子》等七十多首。在长期不断的传承中，管子受外来民间音乐的影响，其乐曲的风格、调性以及调式也形成了不同风格。根据普查和搜集到的曲牌来看，有的曲子在一首之内有时以"六"字为"1"（调式主音）而记谱，有时以"六"字为"5"而记谱。管子音乐以不同的调式和调性的交替出现，给人们带来美的享受。

管子音乐多以师传和家族传承两种形式在夏邑代代相传，最早一代可追溯至敬长春大师。据说他出生在夏邑县车站镇一个贫农家庭，1721 年生，八岁离家出走，在王武庙（今车站镇）修道。入道后学习吹管子，终生未婚，收弟子六人，刘修林（1781 年生）是六位弟子之一，也是最后一位弟子。王道修、王重阳、王谦一、王圣先等先后入道学习吹管子。

王谦一（1897—1988），夏邑县杨集镇刘符营村农民。十四岁出家为王武庙道士，入道后学习吹管子，师从车站镇城隍庙道士王重阳。王谦一在音乐方面造诣很深，不仅擅吹管子，而且精通笙、鼓、唢呐等其他乐器。淮海战役前后，道士还俗，道教停止活动，王谦一返乡务农。20 世纪 50 年代后，他组织了家庭管子、唢呐班，其子王圣先（1932—2004）为其吹笙。挖掘整理民间器乐集成时，王谦一已八十六岁，牙齿基本掉完，但仍口传了几十首管子曲牌，均是工尺谱，弥补了道教音乐的空白。

2008 年 9 月，管子列入商丘市第一批市级非物质文化遗产名录。

（口述人：范成立　整理人：何四海）

三　商丘唢呐

唢呐是我国民族吹管乐器的一种，在木制的锥形管上开八孔（前七后一），管的上端装有细铜管，铜管上端套有双簧的苇哨，下端套着一铜质的碗状扩音器（称作碗）。唢呐虽有八孔，但第七孔音与筒音超吹音相同，第八孔音与第一孔音超吹音相同。

唢呐的发音方式，是由嘴巴含住芦苇制的哨子（即簧片），用力吹气，经过木头管身以及金属碗的振动而发音。唢呐节奏明快，悦耳动听，发音高亢，刚中有柔，柔中有刚，富有穿透力，适于表现热烈欢快的音乐风格。但不少民间艺人也能用双唇压紧哨片，控制气息，吹出柔润的弱音（也称"箫音"）来表现深沉或悲哀的情绪。喜调轻快、欢乐，吹奏时激昂嘹亮、和谐悦耳；悲调深沉、低吟、委婉幽怨。唢呐多应用于民间的婚丧嫁娶、鼓乐班、地方曲艺戏曲的伴奏及其他礼仪场合。

唢呐曲牌中常用的有 [春来到]、[大汉东山]、[小汉东山]、[大桃红]、[小桃红]、[大开门]、[小开门]、[大风入松]、[小风入松]、[文二凡]、[武二凡]、[水龙吟]、[新水令]、[折桂枝]、[晏驾令]、[山坡羊]、[红绣鞋]、[唢呐皮]、[娃娃]、[小八板]、[大八板]、[半缸抬]、[四大锣]、[打老虎]、[序子]、[雁落]、[水落吟]、[寿江南]、[步步娇]、[二迷子]、[朝天子]、[满堂花]、[沽美酒]、[普天乐]、[二番]、[一枝花]、[朝阳歌]、[大锯缸]、[大宫花]、[翻把霸王船]、[鹦哥柳]、[汉东山]、[紫金杯]、[龙花]、[快板]、[大阴三]、[小阴三]、[大片锣]、[道上来]、[水波浪]、[辕门鼓]和双唢呐曲 [拿天鹅]等。

唢呐常作为领奏乐器，多与锣、鼓、笙结合演奏，既能表现热烈、欢腾的气氛和雄伟、壮阔的场面，又能够深刻而细腻地抒发感情，是一件表现力很强的乐器。

在长期的历史发展过程中，民间艺人创造了许多高难度的演奏技巧，如闷卡、舌音、内颤、外颤、花舌音、滑音、吐音、气拱音、气顶音、三弦音、箫音等，从而大大拓展了唢呐的表现力。

商丘唢呐分布区域广（每个县、区都有唢呐班），从艺人员多，据不完全统计，全市共有唢呐班六百多个，从艺人员达三千余人，最具代表性的有两个流派：豫东唢呐和花氏唢呐。

豫东唢呐在夏邑一带广为流传，演奏技巧以吞吐见长。吞吐分单吐、双吐、三吐，演奏者以气息冲击哨口使音升高，扩大哨片的振动面积，使音量增大。这种口型吞吐适应性强，速度较快，力量均衡，可以使技巧自如发挥。揉指，手指并不离开笛杆，而是以指肚的某一关节巧妙地摸、揉，使音色变暗、柔和、圆滑，用这种指法吹奏出来的声音抑扬顿挫，悦耳动听。此外，一些民间吹奏艺人在吹奏过程中加入民间戏法绝活，如吃火、吐彩纸、吹旗杆、吐象牙、玩烟头等，绝技表演也是夏邑唢呐的显著特点。目前，夏邑已登记注册的唢呐班有一百六十余班，唢呐艺人两千余人。代表性传承人赵建设，出身于唢呐世家，爷爷赵良才、父亲赵刻坤均是民间唢呐的吹奏高手。赵建设从小受唢呐艺术熏陶，练就精湛的唢呐吹奏技艺，其代表性吹奏曲目有《开门红》《花打朝》《百鸟朝凤》《包青天》等。他最善演奏模仿蛤蟆的叫声，生动逼真，被群众誉为"蛤蟆王"。

花氏唢呐是以商丘市梁园区花继俊等花氏族人为主而形成的一个唢呐流派。花氏唢呐已有一百多年的历史，以家族传承的方式传承了四代。花继俊的曾祖父别名"花唢呐"，为第一代传承人。他生于十九世纪中叶，因家境贫寒，学习吹奏唢呐以谋生计，之后苦练技艺，由单一的吹奏发展到口鼻交替吹奏，被冠以"花唢呐"的美称。从商丘至开封一带，无人不知"花唢呐"口鼻交替吹奏的高超技艺。虽已过一百多年，一些老人们还常提起"花唢呐"口鼻吹奏的热闹场景。后来传给花道荣（生于1897年，花氏唢呐第二代传人）。花道荣自幼跟随父亲一边献艺谋生，一边学习吹唢呐，十多岁时就可以领班吹奏。他在吹奏方法上又有所改进，由单鼻吹，改进为双鼻吹。第三代传承人花明太，生于1917年，在口鼻交替吹奏的基础上，发明了口含两颗龙牙吹奏。经常参加送新兵、交公粮、慰问军属、到挖河工地慰问民工等演出活动。第四代传承人花继俊，不但全面继承了祖辈的传统技艺，而且有了新的创造。他将双鼻吹孔发展为双鼻加口三孔交替吹奏，并且可以口含八颗龙牙吹奏，因而被誉为"唢呐王"。

花氏唢呐演奏要求高、难度大，没有扎实的童子功是很难练成这门绝技的。

1993 年 11 月，花继俊应美国佛罗里达州的邀请，带着他的唢呐班赴美国出访演出。美国《世界日报》《侨报》等报刊纷纷报道。奇士美华人协会会长陈雪梅曾两次颁发感谢状，并亲自接见唢呐班。国务院侨务办公室主任廖晖先生特为花继俊及全体演员寄来圣诞贺卡。美国前总统布什和时任中国外交部副部长刘华秋亲自观看了他们的表演。2010 年 5 月，花继俊被特邀参加第四十一届上海世博会，获得金玉兰花大奖赛最高奖；在第十四届香港"金紫荆花奖"艺术大赛中获"金紫荆花"最高奖。

花氏唢呐的吹奏，奇特而美妙，曲调悦耳动听，技艺非凡，与众不同。花继俊演奏的《百鸟朝凤》，听后让人如临其境，鸟儿放声高歌，沉浸在欢乐之中，体现了人与动物和谐相处的美妙，具有很高的审美价值。

2011 年 2 月，豫东唢呐列入商丘市第二批市级非物质文化遗产名录。

2013 年 4 月，花氏唢呐列入商丘市第三批市级非物质文化遗产名录。

（口述人：赵建设、马彦宏、花继俊

记录、整理人：何四海、邢伟志）

四 锣鼓经

原民权县豫剧团乐队队长杨永保所传承的锣鼓经已有一百二十余年的发展史，经历了三代传人：第一代传承人王化篮（1903—1985），第二代传承人杨永保（1936 年生），第三代传承人孙振国（1968 年生）。经历几代传承人的踵事增华，已形成固定、规范的演奏模式，和鼓、板、大锣、小锣、铙、钹、堂鼓等乐器组成各种节奏与打法，并有严格的记谱，一般用仓、台、采、扎、冬等字分别代表大锣、小锣、钹、板、鼓等来记谱。

锣鼓经节奏丰富、音色多彩，在戏曲中有举足轻重的地位。它往往一线贯穿到底，紧扣着剧情的发展，左右着全剧的节奏，制造各种气氛，表达各种感情。它既可烘托出千军万马、人喊马嘶、浴血激战的紧张场面，又可描绘角色细致的内心活动，哪怕是眼神的一点点细微变化，也可以配合得恰如其分。

锣鼓经大致分为四种。一是开场锣鼓。在开演之前，为招揽观众所用。开场锣鼓经大多是 20 世纪 70 年代之前用于农村演出，由于没有音响设备，全靠开场锣鼓（俗称打闹台）招揽观众。二是身段锣鼓。主要是配合演员的身段、形体，上场和下场的人物、身份、情绪、性格的变化。三是唱腔锣鼓。也叫开唱锣鼓，在开唱之前用锣鼓点子领奏，然后再起过门，如二八板、非板等，常用的有"冲头""凤凰三点头"。四是念白锣鼓。念白锣鼓主要是突出念白的节奏，增强念白的语气和情绪的变化。戏剧念白不单是念白一个过程，它包含"四功""五法"九个环节。戏剧念白锣鼓经本身含有戏剧音乐性、节奏性和互动性，再加上锣鼓点子的穿插和衬托，自然给戏剧舞台艺术增加了很多精彩亮点，同时也突出了打击乐的魅力。

"锣鼓经"也称为"锣经"，为了让演员清楚知道什么时候应该有什么样的锣鼓，每一种打法都取一个名字，例如［四击头］、［串锤］、［砍马腿］、［滚头］、［慢长锤］、［急急风］等。

代表性传承人杨永保（锣鼓经第二代传人），于 1955 年 5 月到民权县豫剧团工作，先后任乐队队长、剧团副团长、指导员等职。退休后，他仍然坚持从事锣鼓经的传承工作，由于杨永保是个多面手（板胡、二胡、司鼓、电子琴、作曲样样精通），所以民权县有演出任务和文化活动时，都邀请他参与，杨永保是有邀必应。从 2004 年民权县文化馆成立戏迷俱乐部以来，杨永保积极参加俱乐部活动并任司鼓，传授锣鼓经。他的徒弟孙振国（锣鼓经第三代传承人）在杨永保的指导下，刻苦练功，技艺纯熟，如今在民权县豫剧团任司鼓。

2014 年 11 月，锣鼓经列入商丘市第四批市级非物质文化遗产名录。

参考文献：《民权县戏曲志》。

（口述人：杨永保　记录人：赵凯　整理人：王贵生）

第五章　传统戏剧

　　传统戏剧在商丘有着悠久的历史和深厚的群众基础，百余年来，长盛不衰。即使在新的文化娱乐形式层出不穷的今天，仍然受到人民群众的欢迎，尤其受到广大农民和中老年人群的喜爱。在商丘流传的剧种有：曲剧、花鼓丁香、花鼓戏、皮影戏、坠琴剧、豫剧（豫东调）、四平调、柳琴戏、越调、二夹弦、大平调等十多个。本章共收录七个剧种：四平调、二夹弦、皮影戏、目连戏、花鼓戏、柳琴戏、大平调；两个唱腔流派：豫剧唐派和豫东调小生流派。

一　四平调

　　四平调，系中国稀有的戏曲剧种之一，由豫、鲁、苏、皖四省交界地带的"花鼓"演变而成。花鼓原属说唱艺术，分东、南、西、北四路，东路称苏北花鼓，南路称砀山花鼓，西路称豫东花鼓，北路称山东花鼓。豫东花鼓以河南商丘为中心，四平调则是继清光绪年间的豫东花鼓艺人申怀德之后，经几代人的艰苦努力，逐步形成的一个地方性剧种。

　　花鼓最初为一人腰挎小鼓单唱或二人分扮男女（男挎花鼓、击节打花，女顶绣球、足踩高跷）对唱。传至邹茂林、王朝彬等人，始打破"一人多面"的演唱形式，发展为六至八人交替演唱，不仅增加了全套戏曲锣鼓（分别由演唱者兼奏，俗称"紧七慢八、六人瞎抓"），且随时借"髯口""头饰"等简易化妆区分人物。传至邹玉振（邹茂林之子）、王汉臣（王朝彬之子）等人，又发展为二十人左右的小型班社，并将锣鼓与表演分离，由专人担任伴奏；演唱者模仿戏曲化妆进行表演，开始向戏曲进化。由于旧时政府认为花鼓"有伤风化""难登大雅之堂"，故而屡屡禁演。艺人们只得多易其名，以求生路；或名"文明梆"，或曰"无弦梆"等，不一而足。

时至 1931 年，在商丘演出时，又以"咣咣戏"挂牌，恰被酷爱戏曲的卫主见之，嫌其名称不雅，遂与艺人商讨：该戏男女均以真声演唱，曲调四平八稳，常用板式中多有［平调］，建议借四平八稳之意和［平调］之称，改名"四平调"，艺人们欣然接受，自此定名。名称虽改，曲调依旧，伴奏仍然只有锣鼓，观众不认可，只得采用与兄弟剧种同台演出（俗称"两下锅""二蓬子"）的方式加以弥补。后在文人学士批评"无弦作乐不成戏"的激励下，方产生了为"四平调"增加丝弦伴奏的强烈愿望。然而，要实现这一愿望并非易事。1943 年，邹玉振之徒王桂芳等人，就因试验未成而惨遭失败。为了生存，为了剧种的发展，邹玉振、王汉臣、燕玉成、刘汉培、王华香、郭振芳、尹燕喜等三十余人，毅然卜定决心，请来豫剧弦手杨学智，在安徽界首沙河刘集坐地三月有余，苦心琢磨，殚精竭虑，终于在花鼓［平调］基础上，吸收京剧、评剧、豫剧、曲剧、二夹弦等兄弟剧种的有益成分，终于打磨出集声乐、器乐于一体，乡土气息浓郁，独具个性的演出形式。该戏艺术形式的完善，不仅得到了广大群众的赞赏，而且引起了军政界的重视，被国民党骑兵第八师收编为"昆仑剧团"，后又因内战而脱离。

1949 年，由商丘地区人民政府接管，经过戏曲改革，加快了队伍和剧目建设，以崭新的面貌出现在 1956 年河南省首届戏曲观摩汇演的舞台上。此次演出中，主演《陈三两爬堂》的邹爱琴、王汉臣等，以质朴无华、委婉大方、简捷明快、高亢奔放的演唱特色和精湛的表演技艺，一举夺魁。四平调剧种的名声也为之大振。继山东曹县、成武、金乡之后，河南范县、长垣，安徽砀山，江苏丰县、沛县等地也纷纷成立四平调剧团，并掀起了一股"女学邹爱琴、男学王汉臣"的热潮。20世纪60年代初，《河南日报》以"铁脚剧团"赞誉坚持上山下乡，热心为基层服务的商丘市四平调剧团，并因其为四平调剧种的创始团而冠以"天下第一团"之称。以《小包公》为代表剧目的成功演出，使四平调剧种以及拜金荣、庞明珠等一代演员，获得了广大观众和各级领导的高度赞赏。如今，以付梅、拜小荣、李力、徐富贵等为代表的青年演员担当起四平调传承的重任，使这一濒危的戏曲剧种又有了新的希望。

四平调之演出剧目异常丰富，可分为原花鼓剧目、移植剧目、自编剧目和现代剧目四类。原花鼓剧目有：《陈三两爬堂》《聚魁山》《三告李彦明》《访昆山》《小二门》《高文举赶考》《花亭会》《彩楼记》《刘海砍樵》《四宝珠》和连台戏《蜜蜂记》《巧合奇冤》《丝绒记》《金鞭记》《回龙传》《珍珠汗衫记》《大红袍》《三省庄》《大八义》《小八义》《包公案》《空棺记》等一百余部。移植剧目有：《哑女告状》《梅香》《生死牌》《还我台湾》《岳母刺字》《屈原》《梁红玉》《陈胜吴广》《将相和》《戚继光》《画皮》《三子争父》《花为媒》《豆腐郎》《皇亲国戚》《孙安动本》《文天祥》等五十余部。自编剧目有：《小包公》《斩天子》。现代剧目有：《朝鲜儿女》《汉城烽火》《白毛女》《血泪仇》《三里湾》《收租院》《焦裕禄》《秦岭游击队》《南方来信》《尖兵颂》《红旗谱》《红色种子》《芦荡火种》《八一风暴》《扒瓜园》等三十余部。其中十余部由中国唱片社、黄河音像社、河南及山东电台、电视台录制成音像制品，广为发行。《陈三两爬堂》《小包公》《哑女告状》《三里湾》和《扒瓜园》，是四平调剧团的经典保留剧目，长演不衰。

2006年5月，四平调列入第一批国家级非物质文化遗产名录。

2007年2月，四平调列入河南省第一批省级非物质文化遗产名录。

2011年2月，四平调列入商丘市第二批市级非物质文化遗产扩展项目名录。

（记录、整理人：蒋云声、付梅、邢伟志）

二　二夹弦

二夹弦又叫两夹弦，因其表演时主要是用四根弦夹两束马尾的四胡伴奏而得名，距今约有三百余年的历史，流行于豫、鲁、苏、皖接壤地区。二夹弦唱腔委婉柔美，板式多变，拖腔清淳流畅，是一种板腔体与联曲体相结合的地方剧种。它与号称"一勾勾"剧种的四根弦相近，都是在"花鼓丁香"的基础上发展而成。

睢县二夹弦有两个分支，分别是闫庄二夹弦玩会班（成立于 1895 年）和邱井二夹弦玩会班（成立于 1900 年）。在长期行艺过程中，二者又保持着千丝万缕的联系。

据闫庄玩会班的老艺人彭素鸾（女，1918 年生）回忆：丈夫韩祖兴（1919 年生，已故）七岁时学艺于韩宝印。韩宝印系闫庄人，家境贫寒，师从于一岳姓师傅学艺，后坐地摊卖艺为生，或唱板凳头服务于大户人家的婚丧嫁娶。他对二夹弦情有独钟，生、旦、净、末、丑各种行当与软硬乐器无所不能。韩祖兴得益于他的口传心授，继承了二夹弦的全部精华，许多传统唱腔和剧目至今仍在传唱。彭素鸾与韩祖兴结婚之后，在原来玩会班的基础上，进一步发展创新，收徒传艺，成立了闫庄二夹弦剧团。二夹弦由地摊搬上舞台，逐渐闻名于周边地区。原开封市二夹弦剧团的第一位乐队指挥（司鼓）马培功就是他们的弟子。

邱井二夹弦玩会班由张玉春、陈化玉创办。据邱井老艺人郭振东讲：清朝末年，陈化玉家里很穷，幼时因生活所迫学唱二夹弦。由于陈化玉聪颖好学，几年工夫便学会了二夹弦剧种的各种行当，创办了二夹弦玩会班。原开封二夹弦剧团的首位团长李学义及主要演员连孝志、连普备等人，均为陈化玉的入室弟子。1958 年，山东菏泽二夹弦剧团来睢县演出期间，该团团长、著名表演艺术家黄云芝（艺名小白鞋）曾亲自登门拜访陈化玉，尊其为老师。

1958 年，在闫庄、邱井两个业余剧团的基础上，合并成立了睢县二夹弦剧团。为了适应当时形势发展的需要，剧团里配备了音乐唱腔设计人员，并举办数期戏曲学习班，开设乐理课程，教识简谱，用科学的方法练习发声。当时主管文化的副县长蔡岫生曾把二夹弦所有的传统唱腔收集起来，记成简谱教给青年演员学唱，提高了演职员的业务水平，对二夹弦剧种的发展起到了巨大的推动作用。

二夹弦的演出剧目多以表现爱情、宣扬伦理道德、惩恶扬善为主要内容，大多是农村题材，老百姓称其为"针线筐子戏"，乡土气息十分浓郁，很少涉及武戏及政治斗争。曲调吸取了花鼓、梆子、琴书、坠子等民间戏曲或小调的音乐元素，经过历代民间艺人的糅合创造，逐渐形成了自己的声腔特色。其唱腔音乐抒情优美、缠绵婉转，在演唱技巧上以本嗓吐字、假腔拖音为主要特征，即唱词中的字用本嗓咬准发出之后，用鼻音和胸腔共鸣音来拖腔完成整个乐句，真假声频繁交替，清淳悦耳。

二夹弦的板式有［慢板］（即大板）、［二板］、［娃娃］、［单背词］、［双背词］、［砍头橛］、［山坡羊］、［大宫腔］、［赞子］、［飞板］、［杂调］等。其板式结构、音韵特点及字句的组合形式，基本上和豫剧、越调相同，只有旋律和调子不同。它的主要声腔有一定数量的杂调来补充。使用的曲牌有［牙牙月］、［剪剪花］、［稻花落］、［渭调］、［打牙牌］等。众多板式和曲牌的灵活运用，使得唱腔音乐委婉多变，悦耳动听，构成了二夹弦的又一艺术特征。

乐队分为软场面和硬场面两大类。软场面的伴奏乐器主要为四胡，又叫四弦，五度定弦，演奏曲调多为bB。另有二胡、竹笛（高音笛）、三弦等。

硬场面的乐器为打击乐。司鼓在乐队中起着指挥音乐速度变化、点缀演员动作、渲染剧情气氛的作用。另有堂鼓、大锣、小锣、手镲等。各种打击乐器的主要任务是配合剧情发展和演员动作，烘托气氛，使观众在听觉和视觉的交融下加深对戏剧情节和人物性格的印象。

二夹弦的演员行当与京剧、豫剧大致相同。所不同的是没有武戏行当，如武生、刀马旦等。二夹弦演员的六门十二行为：生角，包括小生和歪辫（娃娃生）两行；旦角，包括小旦（闺门旦）、青衣、老旦、彩旦（花旦）四行；脸子，包括黑脸（大花脸）、白脸（奸白脸）两行；老外，即挂髯老翁一行；丑角，包括官丑和小丑两行等。其实，还是不外乎"生旦净末丑"五个行当。

二夹弦的传统剧目至今保留的有《朱大明吊孝》《大铁山》《洛阳令》《王莽篡朝》《武家坡》《崔凤英搬兵》《吕蒙正坐寒窑》《贺后骂殿》《大闹苏家滩》《对绣鞋》《花厅会》《少国公》《张七姐临凡》《金镯玉环记》（连场十六部）《马踏兰州》（连场十余部）。

移植剧目有《三拉房》《孟姜女》《太平车》《梁山伯与祝英台》《红楼梦》《丝绒记》《蜜蜂记》《金龙斩》《何文秀私访》《张廷秀私访》《程咬金捉妖》《雷公子投亲》《小二姐做梦》《墙头记》《三进士》等。

2007年2月，二夹弦列入河南省第一批省级非物质文化遗产名录。

2011年2月，二夹弦列入商丘市第二批市级非物质文化遗产扩展项目名录。

（口述人：彭素鸾　记录人：张祖营　整理人：马洪申）

三　皮影戏

皮影戏，是用皮革裁成人或物的形象，靠灯光将其影子投射到布幕上，在艺人的操纵下做出各种动作，配以说唱而形成的一种独特的戏曲艺术。皮影戏是融雕刻、动画和说唱为一体的综合性艺术，雅俗共赏，简便易行。自北宋时已有演出，元代流传到西亚，远及欧洲。由于流传地区、演唱曲调和剪影原料的不同而形成许多类别和剧种。

民国三十二年（1943），河南闹灾荒，赤地千里，睢县城东南12公里秦庙村的张立明，年仅十五岁便背井离乡，逃荒乞讨到安徽蚌埠。他在此地看到别人玩皮影，就托人引荐，拜了一名皮影艺人为师。张立明聪颖好学，一年工夫便掌握了操作的要领，学会了一些常演的剧目。回家后与学唱坠子的同胞兄长张立兴同演皮影戏，并请其师叔前来指导。

经过一年的刻苦钻研和精心制作，张氏兄弟的皮影戏在豫东一举成名。演出的剧目主要是《西游记》和《东游记》，连演数十天不重复。张立明在蚌埠学唱的是安徽小调，为适应本地观众的需要，他向哥哥学唱坠子，并吸收了豫剧、道情、曲剧等剧种的唱腔，使自己的皮影戏别具一格，自成一家。张立明凭着一副好嗓子，唱男像男，唱女像女，再加上娴熟的操作技巧，走到哪里都深受欢迎。

新中国成立后，张立明的皮影戏曾参加睢县曲艺队，1953年收本村二十岁青年秦颜然为徒，演出足迹遍及河南各县市。

皮影道具雕刻精美，最主要的是人物，各种各样的人物都要刻得逼真。一般身高20至30厘米，因角色而定。人物为侧身，即五分脸，头身可以更换，在脖颈处设插孔，这样可以一身多用。肩、肘、胯、膝诸关节均可活动自如，以便表演各种动作。服饰根据人物身份适当雕花、着色。在雕刻技法上，分为阳刻和阴刻；阳刻即留花刻空，阴刻为留孔刻花。不管阳刻、阴刻，都要刻透，即为透花雕，以便皮影投射到布幕上产生透光、鲜明的效果。着色方面也是不可忽视的一个环节，人物的面部、服饰都要着色，色彩要求透明、鲜艳。

除了人物之外，还有动物和景物，动物和景物要根据戏剧情节而定。动物包括家禽、家畜、飞禽、野兽等，这些动物的颈、腿等关节活动自如，可做出行走、扑食等动作。为了充分表现动物的体形特征，雕刻的皮影道具也均为侧身。景物设置主要有山、树、房、桌、椅等。景物和动物的雕刻技巧均与人物相同。

雕刻所用的皮革，要求质地坚韧、透明，越薄越好，以熟化的驴皮最佳，牛羊皮次之。在熟化过程中，特别要注重去脂展平，厚皮可揭成两三层使用。

皮影是靠人操作的，每张皮人都系有三根操纵签，皮人颈上与两手各系一根。操作签为竹制圆杆，长40厘米，直径0.5厘米，演员手持操作签可使皮人做出各种动作。动物一般为两根操作签，即头、身各一根;静物只用一根签即可。演员把操作签握在手里,靠着娴熟的技巧,可使人物和动物做出各种动作。

一般情况下,皮影戏有二人即可演出,一人操作皮影兼演唱,另一人伴奏。乐器主要是打击乐鼓、镲、梆。鼓为坠子或大鼓艺人所用的扁鼓,即书鼓;镲为戏曲舞台上常用的手镲;梆为坠子伴奏中所用的脚踏梆;鼓和镲用以烘托气氛,梆子用以演唱击节。坠胡、三弦也可插入伴奏。

布幕是直接面对观众的影屏,皮影戏的全部视觉效果都要呈现在这张布幕上。布幕是将白布拉紧,直立使用,横长 120 厘米,竖高 100 厘米。为了增强布幕上的投影效果,还常用布围子和顶盖把操作场地围起来,使场内更加聚光,布幕上的影子更加鲜明。把操作场地围起来,不让观众看到操作方法,也会产生新奇的神秘感。布围子和顶盖一般使用蓝布。围子高 220 厘米,长 550 厘米,顶盖长 200 厘米,宽 150 厘米,布围子和顶盖均以封闭场地为度。

为了便于演员操作,在布幕之内下方还要放置一张操作台,台面长 120 厘米,宽 80 厘米,高 80 厘米,夹层在台面下方 15 至 20 厘米处,便于放置备用皮影道具。另外,在台下离地 5 厘米处,置以底板,操作者用以跺脚,表现物体落地之声响。

皮影戏有其鲜明的地方特色,睢县秦庙的皮影戏唱腔独树一帜,形成了自身的特点。因所演剧目以神话故事为主,特别吸引观众,剧中人物变化多端,情节离奇古怪,故事扣人心弦。特别是青少年,看到精彩的场面,阵阵欢呼雀跃,把观众一下推进欢乐氛围之中,给人以美的享受。

2008 年 9 月,皮影戏列入商丘市第一批市级非物质文化遗产名录。

2009 年 6 月,皮影戏列入河南省第二批省级非物质文化遗产名录。

(口述人:秦颜然　记录人:张祖菅　整理人:张起云)

四 花鼓戏

花鼓戏是流行于虞城乡间的一种含有舞蹈的说唱艺术,据花鼓戏传承人汪连升和胡茂显叙说:虞城县花鼓戏已有上百年历史,20世纪40年代以后,花鼓戏更加活跃,虞城县民间成立了十多个花鼓戏班,大多以班主所在地名命名,如三庄乡的河底村、杨集乡的李油坊村和李老家胡楼村等,都相继成立有花鼓戏班。

花鼓戏是在民间歌曲、民间舞蹈和民间小调的基础上,加入了小生的行当而发展形成的。男演员着装一般为头巾、上衣、彩裤、靴子等,称之为鼓架子;女演员着装为假发、头饰、上衣、彩裤、裙子、拐子(脚跷)等,称之为"妆"。道具以扇子、手绢为主,剧目也是由原来的折子戏逐渐演变成故事完整的剧本戏。随着剧目的增多、角色行当的扩展、声腔的完善,最终成为一种表现力丰富、生活气息浓郁的地方戏曲剧种。

花鼓戏班演员一般七至八人,偶有六人,故而艺人有"七紧八松六抓瞎"的说法。乐器以打击乐为主,无弦乐,领奏乐器为花鼓,伴奏乐器有大锣、小锣、梆子、手镲。其表演内容多为男女爱情故事,如《王二姐思夫》《吕洞宾戏牡丹》等。花鼓戏的表演形式比较简单,但风格独特,它是先表演一套舞蹈后再说唱,舞蹈动作是根据民间生活提炼而成,如"端鞋筐""背柴""担挑子"等,把这些舞蹈连缀起来即为艺人所谓的"跑场子"。演出场地设一张桌子,一领苇席,几条长凳,故有民间谚语云:"唱花鼓,不用提,一桌几凳一领席。"演唱时用梆子打节奏,开头、间歇、收尾俱用锣鼓填衬。常用板式有[清板]、[寒板]、[飞板]、[栽板]、[悲中板]、[直板]、[五字崩]等,另有[靠山红]、[八句娃娃]、[十二句山坡羊]、[货郎调]、[六句赞子]等,有"九腔十八调七十二哼哼"之说。花鼓戏传统剧(书)目有《烟花记》《花庭会》《摆碟子》等。新中国成立后增加了《新旧军队大不同》《互助合作好》《宋美玲哭徐州》《挑对象》《淮海战役》等反映现实生活的剧目。

花鼓戏以唱为主,符合传统诗歌的平仄规律,唱起来字正腔圆,吐字清晰，唱词多运用比喻、拟人等手法，具有通俗易懂、诙谐风趣、豫东口语化的质朴风格。拖腔上灵活使用衬词也是花鼓戏的特色之一，衬词主要有句尾的"咿"或"呀"等。道白口语化，适当运用梆子或锣。

20 世纪 80 年代，花鼓戏在发展和伴奏形式上不断受到外界影响而变更，开始使用匀谱，伴奏员素质有所提高，阵容整齐，乐器增加了二胡、笙、笛子、唢呐，此时是花鼓戏最为鼎盛的时期。花鼓戏的剧目多取自民间传说、神话故事、通俗话本，表现内容多为抨击封建伦理道德、追求婚姻自由、要求个性解放、歌颂劳动人民等。

2008 年 9 月，花鼓戏列入商丘市第一批市级非物质文化遗产名录。

2009 年 6 月，花鼓戏列入河南省第二批省级非物质文化遗产名录。

（口述人：胡茂显、胡先云、胡花玲、马分产

记录、整理人：陈春来、赵玉清、刘丛领）

五　商丘目连戏

目连戏因专演《目连救母》而得名，是中国戏曲史上第一个有据可考的剧目，因此被视为戏曲的鼻祖。目连救母故事从唐代元和年间（806-820）白居易与张祜的诗作中已知有变文传世。据此，目连戏在河南已流行逾千年，由于深藏民间，至今仍保留着本色。目连戏唱腔初为花鼓调，明末大平调兴起后，因其动作大、架子大、真刀真枪、雄浑豪放，非常适合武打表演较多的目连戏，故自清代改为大平调。目连戏既可登台演出，又可扎场表演，游街时鼓乐齐鸣，三眼枪助阵以壮行色。

商丘目连戏在 1998 年戏曲普查时，《戏曲志》编辑部录有《会仙济贫》《五鬼拉刘氏》《殃煞回门》《拉刘甲》《目连僧出家》《观音点化》《大佛山》等单折，后来又发现民国时期的曲艺本《目连三世救母》，把这些单折加以编排可以清楚地看到一个完整的目连救母故事。略为：西天如来讲经论道，陈茵菩萨来迟，她无心听经而观看蝴蝶双飞，因而被谪下凡转生为娼妓。娼妓受尽非人之苦，被鸨儿打死暴尸荒郊为狼犬所食，

故尸体不全。后为观音所救，以狼心犬肺置腹中再转青提，青提配夫辅相，生子金波，为南叶城首户至善之家。辅相早逝，老仆叶里为之理财相依度日。一日，青提为父祝寿，娘舅刘甲用茶里掺酒、饭里掺肉之计破了她的斋戒，青提自感有错，归家即焚香祈祷忏悔，求佛祖宽恕。不料此事被刘甲抢先告发，阎王差五鬼索魂问罪，刘青提被捉入阴间。公堂之上几经舌辩，阎王知刘氏破戒并非本意，又命大鬼二鬼捉拿刘甲对质。刘甲入阴，百般抵赖，但终认罪。金波见母死，设灵重祭，恸哭不已。时有如来引度，收为弟子，赐名目连，命西天取经救母。目连遵师命，休了未婚妻康氏，把家业交叶里照管，绝了尘缘西天而去。途中遇观音试道，不为肉食女色所动，终得其相助至灵隐，成正果。阎王闻目连得道，亦命刘氏魂去西天，路经高山险水、金桥银桥、恶狗拦路，受尽折磨，终得见佛祖。在大佛山下母子相认，痛述人间艰辛。目连恼怒，动九锡连环梭，捣开地狱，放走八百万饿鬼。上神发怒，命目连转黄巢杀人收鬼，刘青提冤案昭雪，复陈茵菩萨原位。曲艺本又续黄巢起义、刀劈枯柳等情节。本故事与安徽目连戏郑之珍本多有不同，是商丘宋、元、明、清目连戏的遗存。

　　商丘目连戏的音乐主调是［梆子腔］，有［飞板］、［裁板］、［慢板］、［流水板］、［二八板］、［哭滚］等板类，又杂以［太平年］、［花鼓］、［拉魂腔］等多种民间曲调，音乐伴奏有［五马］、［二凡］、［朝阳歌］等昆曲、南北曲曲牌。化装除众多脸谱之外，刘甲的造型甚为奇特，头部用棉絮粘成白团，光背、短裤、赤脚，为各目连戏不具。唱词通俗易懂，但多用方言、俚语，甚至有些荤词。

　　商丘目连戏集戏曲、舞蹈、杂技、武术于一身，有锯解、磨研、吞火、喷烟、开膛、耍牙、破肚带彩特技和盘叉、滚叉、金钩挂玉瓶、玩水蛇、挖四门等舞蹈动作，以及金刚拳、武松采花拳、五龙出洞拳诸多拳路，其服装、道具、化装、表演均有独特之处。剧中出现多次逃棚，如刘甲被大鬼二鬼押解途中逃跑，至台下观众中求护，甚至到包子棚中吃包子。

又有上老竿表演，在舞台前方埋一高竿，刘甲爬至顶端做许多惊险动作。

商丘目连戏的唱词主要来自佛经和佛教的教理教义，如《佛说父母恩重经》经文："人生在世。父母为亲。非父不生。非母不育。是以寄托母胎怀身十月。岁满月充。母子俱显生堕草上。父母养育。卧则兰车。父母怀抱。和和弄声。含笑未语。饥时须食。非母不哺。渴时须饮。非母不乳。"唐代和尚讲经时，常把它通俗化，以适应低文化层次的听众。而今在《敦煌变文集》中可以看到，其唱词略为："劝君行孝莫因循，仔细思量这个身。怀胎十月欲将临，苦切之声不忍闻……"此类唱词在宋、明杂剧中可常见到，如郑之珍本《新编目连救母劝善戏文》三殿寻母唱词："一月怀胎如白露，二月怀胎桃花形……十月怀胎儿已成……儿睡熟时娘不睡，心心又怕我儿醒……"商丘目连戏中这段唱词是："娘怀儿一个月提心吊胆……九个月就要分娩，周身的骨和肉好似刀剜，生几生死几死才见娘面，赤条条血毛身抱在怀间……哪一夜都喂你三遍五遍，怕儿渴怕儿饿怕儿不眠，左边尿右边睡胳膊当枕，两边尿不能睡睡娘胸前……"此类唱词传唱千余年，大同小异，来自佛经的脉络清晰可见。

新中国成立前目连戏各固定班社多能演出单折，唯商丘八班、夏邑三班、虞城张家班可演全本，即从《五鬼拉刘氏》到《拉刘甲》再到《大佛山》，可演两至三个晚上，如再续演《刀劈枯柳》（即《黄巢起义》），可演四至五个晚上。这两个班演出目连戏，虽有一定的传承关系，但在长期的艺术实践中各有创造。在记录剧本时，有些艺人口传唱词高雅，有些艺人所述甚俗，仍表现出昆曲与梆子戏的不同风格。口述《大佛山》的老演员周世林，生于1908年，是归德十四科宫字科的高才生，艺名宫亮，师从张炳祥，学得二百多部梆子戏剧目，其中有目连戏全本，出科后窜过老班，也窜过八班，其传授的目连戏唱词偏俗。另有口述《拉刘甲》的老班弦手朱群臣，生于1888年，是个盲者，长期在老班，其口述的目连戏剧本偏雅。

1988 年，商丘县豫剧团聘请周世林任教，周教排其拿手戏《大佛山》，因教成未能获准上演而改排《前楚国》。不久，周世林又选一个业余剧团继续排练，彭冠军、景兰芝、孟昭林、朱永卿等出演，在商丘市境内及山东、皖北、苏北等地颇有影响。

商丘东部演目连戏的戏班是夏邑三班，初建于清道光年间。据演员杨汉军说，三班的《拉刘氏》《拉刘甲》是从八班学来的。另一个演目连戏的戏班是虞城县张家班。张家班建于 1930 年，晚于夏邑三班，主要演员张永兰（艺名刘二摆腔），演刘氏以彩旦应工。

目连戏常在佛教节日和庙会时演出，集中表现目连的孝亲、出家等情节，具有宣传佛教的特征。在表演方面，民间舞蹈、杂技、武术并存；在唱腔方面，虽以［梆子腔］为主，也兼收曲艺杂调和其他剧种唱腔，是一种多元的戏剧形式，具有北宋杂剧的特征。伴奏曲中名目繁多，各种宫花、娃娃和小令可在《九宫大成南北词宫谱》中查知，具有南曲、北曲和昆曲的特征。

目连戏传承谱系较为完整：

第一代传承人：张怀林，1715 年生，男，传承方式为口传身教，学艺时间为 1720 年。

第二代传承人：左兰，1736 年生，男，传承方式为口传身教，学艺时间为 1746 年。

第三代传承人：郭大六，1785 年生，男，传承方式为口传身教，学艺时间为 1795 年。

第四代传承人：周益簪，1816 年生，男，传承方式为口传身教，学艺时间为 1822 年。

第五代传承人：段德福，1830 年生，男，传承方式为口传身教，学艺时间为 1836 年。

第六代传承人：张炳祥，1860 年生，男，传承方式为口传身教，学艺时间为 1865 年。

第七代传承人：周世林，1908 年生，男，传承方式为口传身教，学艺时间为 1914 年。

第八代传承人：李建立，1962 年生，男，传承方式为抄本身教，学艺时间为 1976 年；张建，1963 年生，男，传承方式为抄本身教，学艺时间为 1980 年；王晓景，1962 年生，女，传承方式为抄本身教，学艺时间为 1980 年。

商丘目连戏在商丘戏曲史中占有重要地位，由它可以看出豫剧发生、发展的脉络，因此具有独特的学术价值和艺术价值。

2011 年 2 月，商丘市目连戏列入商丘市第二批市级非物质文化遗产名录。

2011 年 12 月，目连戏列入河南省第三批省级非物质文化遗产名录。

（口述人：李建立　记录、整理人：邓同德、郭翼龙、江涛）

六　柳琴戏

柳琴戏是豫东地区的稀有剧种之一，因其主要伴奏乐器是形似柳叶的柳琴，故而得名柳琴戏。起始大约在清乾隆年间，距今已有二百多年的历史。初期的说唱形式以民歌、小调为基础，清咸丰、同治年间，出现了演出班子，使用"土琵琶"（柳琴）伴奏。

柳琴戏主要分布在沱河、浍河两岸，尤其流行于河南的永城、夏邑、虞城、商丘市区以及安徽的亳州、蒙城、涡阳一带。柳琴戏在向各地传播的过程中，吸收了兄弟剧种的曲调和当地民间音乐来丰富自己。由于吸收的曲调不同，加之各地语言的差异，其唱腔也有不同的变化，从而形成了各种流派。按流行区域柳琴戏共分四路：邳州、淮阴、东海、郯城为东路，徐州、枣庄、滕县、微山湖等地为北路，蚌埠、凤阳、五河、怀远、滁州等地为南路，开封、兰考、商丘、永城及安徽的涡阳、蒙城、亳县等为西路。东路和南路称"淮海戏"，西路和北路称"柳琴戏"。东路唱腔爽朗欢快，北路唱腔高亢圆脆，南路唱腔柔润婉转，西路唱腔柔中有刚，各具特色。

　　柳琴戏的唱腔音乐基本上属于板腔体，其板式是根据不同的速度而区分，有［慢板］、［悠板］、［二行板］、［紧板］等。另外还有一些特殊的唱句，如亮嗓搭弦的［哈弦］（女声）、叫板起唱的［起板］、由念转唱的［连板起］、情绪激昂时用的［扬腔］（男声）、［撩锣沿］（女声）；女声特有的花腔［雷得调］、［花舌音］、［哟调］；调节唱腔速度的［调板］，用于压板行弦的［停腔］和唱段结束的［闸板］；还有［羊子］、［娃子］、［三字崩］、［五字坎］、［七字紧］、［八字闪］等。

　　柳琴戏的音乐唱腔非常别致，地方特色尤为鲜明。男唱腔粗犷、爽朗、嘹亮，女唱腔婉转悠扬、余味无穷。"怡心调"是本剧种的最大特点。此外，在唱腔的落音处，女腔常用小嗓子翻高八度，男腔加入衬词拖后腔，也是其独特风格。节奏大多是有板无眼的1/4击拍，除了大部分是后半拍起唱外，还有连续切分的变节奏，给人以欢快、活泼、跳跃之感。由于唱腔旋律与地方语言有着密切的关系，唱腔中的音程大跳经常出现，再加上频繁的转调，使人听来既觉得新奇多彩，又自然和谐。在剧情达到高潮时，演员用特定格式的［雷得调］和［花舌音］烘托气氛和情感，这种上扬带尾巴的拉腔是柳琴戏的鲜明特色。

　　柳琴戏的主伴奏乐器是柳琴，是民间艺人经过长期的摸索和实践，创造出来的一种弹拨乐器，非常适合柳琴戏。其音色浑厚圆润、清晰均匀、穿透力极强，伴奏技巧多用捧、送、闪、托、衬等手法。柳琴戏所用到的打击乐主要有四大件，即板鼓、大锣、小锣、铙，并配有缸鼓、堂鼓等其他器乐。

　　初期柳琴戏演唱"篇子"和"段子"多半是以"压花场"的形式表演，有时也演出一些小戏，多是对子戏，即小生、小旦对唱。到了清末，有的戏班已具规模，出现了半职业和专业柳琴戏艺人，演出的小戏有《雁门关》《打干棒》等，大戏有《大书观》《赵美蓉观灯》《皮秀英四告》等。这时的柳琴戏有了行头和乐器伴奏，板腔体系基本形成，逐步从农村走向城市。

1956 年，永城县政府把散落在民间的柳琴戏班社合并起来成立了永城县柳琴剧团。剧团成立后，排演了一些优秀传统剧目，如《站花墙》《白玉楼》等，长期巡回演出于苏、鲁、豫、皖周边地市，群众反映较好。同时，剧团积极排演现代戏，参加地区汇演和调演活动，多次获奖，一部分精品唱段被河南省电台录制播放。

20 世纪 90 年代，剧团排演的旧版《梁山伯与祝英台》（楼台会一折）在河南省首届民间传统优秀戏曲汇演中荣获"金鼎奖"金奖，乐队获伴奏奖，主要演员分获金奖、银奖。柳琴戏《黄土情》参加河南省小戏小品大赛荣获二等奖，《真情》获二等奖。2009 年，新版《梁山伯与祝英台》在河南省县（区）级戏曲大赛中荣获一等奖；2010 年，该剧参加第四届"黄河戏剧奖"大赛，荣获剧目金奖、编剧导演奖、舞美设计奖、音乐设计奖、灯光设计奖、音响设计奖，演员表演一等奖二人，二等奖三人，三等奖三人，是该次大赛获奖最多的一个剧目。

2011 年 2 月，柳琴戏列入商丘市第二批市级非物质文化遗产名录。

2011 年 12 月，柳琴戏列入河南省第三批省级非物质文化遗产名录。

（记录、整理人：马勇）

七　豫剧唐派唱腔

豫剧唐派唱腔是河南省著名豫剧演员唐玉成创立的别具一格的唱腔艺术。豫东唐派作为豫剧生行流派之一，对于豫剧豫东调男声唱腔的革新和发展起到了重要的推动作用，在豫、鲁、苏、皖接合部地区影响广泛，具有深厚的群众基础。唐玉成（1895—1973）生前是豫剧红脸行当中极富成就的一位表演艺术家。1962 年，原河南省文化局副局长、戏剧评论家冯纪汉先生撰文誉其为豫剧"麒麟童"，被专家和同行尊称为"红脸王"。

唐玉成先生结合自身的条件，集百家之长于一身，在戏曲史上确立了唐派唱腔的地位。他所创立的唐派唱腔在豫剧百花园中绚丽夺目，光彩照人，其声腔艺术通过后人的继承、发展与传播，已获得群众的广泛接受。

唐玉成一生演出的大小剧目有二百多个，代表剧目有《反徐州》《地塘板》《闯幽州》《火烧纪信》《刘公案》(1—15部)《白玉杯》《文王跑坡》《反阳河》《两狼山》《杨河堂》《取成都》《白塔寺》等；新编历史剧和现代戏有《李闯王》《将相和》《九件衣》《王贵与李香香》《白毛女》《小女婿》《传枪》等。他扮相威严，表演细腻，讲究火候，所扮演的人物活灵活现，富有个性，真实可信，极富感染力。

唐玉成生长在豫东农村，演出于中原大地，唱的是地地道道的豫东调。在他之前以及他同一时期的红生演员发声均用假嗓（二本嗓），唐玉成则与众不同，从发声、吐字至甩腔全是用真嗓（大本嗓），唱腔别具一格。当初，唐玉成并不是刻意创新，而是不得已为之。他十五六岁已出名并成为顶梁柱之时，突然倒了嗓。当时戏班子里许多主要角色都由他担着，如果他不唱就得停演，无奈之下只好用本嗓慢慢演唱。没想到过了一段时间之后，其本嗓不但运用自如而且深受欢迎。实践证明，用真嗓唱戏更贴近生活，贴近人物，易于吐字，易于表达人物感情。由于他善于体察人物心理，刻苦钻研唱技，在"好、巧"二字上狠下功夫，在广泛吸收前辈及优秀演员演唱技巧的同时，还向坠子艺人、花鼓艺人和评书艺人求教，汲取营养，反复实践，创造了独树一帜的唐派唱腔艺术。他演唱的技艺特点主要表现在以下几个方面：

1. "抢而不过，闪而不掉"的演唱技巧。为塑造人物形象，突出人物性格特点，唐玉成在演唱中，下意识地运用"抢板""闪板"唱法，并能做到"抢板"时，既有抢板的成分，又不至于越位。他的"闪板"唱法，更是大于抢板，有意使演唱节奏延长，甚至出现把节拍让过去，而制造迟缓的"包袱"，但他又能立即补上而不掉板。这种利用听众对抢板、掉板的警觉性和关注程度，故意制造"险情"，引起"惊恐"，彰显了他超凡的演唱技能。

2."偷字""夺字"是唐派唱腔艺术的另一技巧。"偷字"就是吐字之前，故意将字头藏起来，比正常的节奏稍迟些再"喷"出去；演唱起来改变平稳的唱词，能增加戏剧的艺术色彩。而"夺字"与"偷字"相反，要求吐字果断有力，字头、字腹、字尾以最快的速度"喷出"式地全部完成，改变平稳的强弱关系，增强节奏感，形成更强烈的对比。这一唱法有利于观众对人物刚烈性、正义感的理解。

3.嵌入"垛句"。如果说抢板、闪板、偷字、夺字的唱法凸显了唐玉成唱腔艺术的特点，那么嵌入"垛句"的唱法，更是他的一绝。所谓"垛句"就是突破唱词由三个词组构成的七字句格律，形成由四个以上词组构成的唱句格式，导致唱腔节奏和旋律产生多种变化。这种变化既能满足舞台人物塑造的要求，又能烘托舞台气氛，还能打动听众，起到一石击数鸟之效。加入"垛句"唱法，还能满足不同层次观众的欣赏需求，也是他一生演唱生涯的自我创新和艺术总结。例如：他演唱的《火烧纪信》一段唱词中，就使用了这一唱法，"他叫我替主去死荥阳内，他叫我头戴王帽，身穿黄袍，腰系玉带，足蹬朝靴，假扮汉王，去瞒哄那个项羽贼。我言讲，我情愿替主死，真可怜我那举家老小，大的大，小的小，老的老，少的少，大大小小，老老少少，举家人等，（有）谁怜惜（啊）？老母亲他八十三岁黄金还没入柜，我不能头戴麻冠，身穿重孝，背拉灵柩，去到坟茔面前，烧钱燎纸纸化灰。我的赵氏贤妻啊眼噙着泪，大荒庙常盼着，她的纪信丈夫再不回归。宝童儿才十二岁，我没有打发儿苦读诗书，大比之年，皇王开科，进京求名，一步一足占高魁……"他把纪信那种不得不替刘邦去死，而又不忍心舍弃全家老小的复杂心理表现得淋漓尽致。他把大忠不孝、忠孝不能两全的纪信的形象塑造出来时，台下不少观众两眼含泪，形成共鸣。因此，听众就将唐玉成的表演、唱腔铭记于心，达到了如缕不绝、余音绕梁的神奇艺术效果。而这只是其中一个例子，在唐派唱腔艺术中，这种嵌入"垛句"的现象比比皆是，它是唐派唱腔艺术的重要组成部分。

4."虚字衬词"的巧妙运用。在唐派唱腔中，除"大众化"的虚字衬词外，还有他"专利"部分的虚字衬词，像在唱句唱词中的啊、呀、哪、哈、呕、嚎、哎、咳、哼、喔等字音，无处不在，无处不有。这种虚字衬词的运用，不但装饰音腔旋律，增加乡土气息，使曲调更加活跃可亲，更能够将大本嗓唱腔所发出的声音随时调整到最佳共鸣位置。例如，在《反徐州》唱段中，"忽听得大堂口云牌三点"一句，若开口时直唱"忽听得"三字，也可以唱，但是发音口形打不开，所唱声音送不出，显得唱腔呆板而无音韵。若是分别在三个字后面加上"啊"音成分，不仅能将口型迅速张开，而且声音饱满自如，韵味十足。因此，"忽听得"三字"夹缝"中的加虚字衬词"啊"，就起到了调口型、出共鸣的作用。

5.独创了"哀韵"唱腔艺术。演唱者可以尽情表达自己的情感，如泣如诉的演唱技艺感人肺腑，深深地打动听众，特别在悲剧、悲壮情节的演唱中效果倍增。如今，这一技艺被河南省内外豫剧团的演员们普遍学习利用。

6.唱中有说，说中有唱，说唱相兼。这种演唱方法，贯穿于整个艺术实践之中而达到随心所欲、游刃有余的境界。在唐派的代表剧目中，大都有几个较长的唱段，每段唱词多则一百四十多句，少则有三五十句。无论在何种情况下唱这些唱段，唐玉成都能巧妙地一气呵成。有的唱段中他运用〔非板〕、〔回龙〕、〔倒脱靴〕、〔慢板〕、〔流水〕、〔二八〕、〔垛板〕、〔紧二八〕等不同的调式，先如行云流水，后如珠落玉盘，最后以排山倒海之势一泻千里。这样的唱法绝无仅有，专家、同行、观众无不拍手叫绝。尤其是这中间偷字、闪板、嵌字、运气甩腔的巧妙运用，以及起伏跌宕的布局安排无不显示出唐玉成非凡的才能与功力。

唐玉成在唱、念、做、打等方面皆有较高的造诣，但他从来不故意卖弄。按他的话讲"钢要用在刀刃上""不到火候不揭锅"。正是因为这样，他的演出场场有绝招，处处有看头，他所塑造的人物无不给人留下深刻的印象。

而今唐派艺术经过刘玉龙、朱勤堂、张万云、杨启超、刘新民、张枝茂等著名演员的传承与发展，影响已遍及全国。

豫剧唐派唱腔传承人张枝茂，男，1939年出生于虞城县张唐楼村。幼年时，随大人看戏，就迷上了戏剧艺术。之后，他放弃了自己优异的学业，毫不犹豫地投入到豫剧的学习中。十二岁入科班学戏后，刻苦钻研唱念做打，练就了扎实的基本功，熟练地掌握了红脸唱腔和剧目。由于他天资聪慧又勤奋好学，对戏曲有极高的领悟力，被唐玉成的得意弟子朱勤堂收入门下。在师爷唐玉成和师父朱勤堂的精心培养下，他继承和发扬了豫东唐派唱腔，并形成了自己独特的艺术风格，获得了专家和群众的一致好评。目前，张枝茂仍然活跃在各地的演出舞台上，收徒众多。

2011年2月，豫剧唐派唱腔列入商丘市第二批市级非物质文化遗产名录。

参考文献：《夏邑具志（1985-2006）》《夏邑县戏曲志》。

（记录、整理人：徐德先、杨凡）

八　豫东调小生流派

豫东调小生流派是豫剧唱腔流派的一个重要组成部分，是著名豫剧小生演员面杏创立的以拖腔、甩腔为主的一门独特的唱腔艺术，在豫东有着悠久的历史和深厚的群众基础。张德新（1909-1999），艺名大毛，八岁进戏班，拜面杏（生卒年月不详，著名武生演员，外号"响三省"，三省指豫、鲁、皖）为师，十岁登台演出，十二岁成为剧团的主角之一。他演出的剧目《南阳关》《黄鹤楼》《提寇准》，在群众中享有很高的声誉，当地流传有一首打油诗：拆了屋子卖了砖，来看大毛的《南阳关》；拆了屋子卖了檩，来看大毛的《提寇准》；卖了犁子卖了牛，也要看大毛的《黄鹤楼》。大毛这个名字，在豫东可以说是家喻户晓。他最拿手的一个绝招就是"骗椅子"，是在演出《黄鹤楼》时，大毛扮演周瑜，周瑜气急，一个倒提翻有两米多高，直挺挺地落到椅子上。群众说：大毛骗椅子，身轻像猴子，没有两下子，谁敢骗椅子。由此可见，大毛有深厚的武术功底。

金德义是豫东调小生流派第三代传人，1956年出生于民权县王桥乡王桥村，1970年被选拔到民权县豫剧团工作，1972年拜著名豫剧小生名家张德新（豫东调小生流派第二代传人）为师，后又探索学习黄（黄儒秀）派艺术。几十年来，他全面继承豫东调小生流派唱腔特点和表演技巧，成功地塑造了一个个性格鲜明的人物形象，在商丘艺术界享有较高的声望。他把张、黄两派艺术恰到好处地糅合在一起，形成了自己"酣畅淋漓、激越高亢、拖腔自然、甩腔独特"的唱腔风格。尤其是他在《南阳关》中扮演伍云召，城头上的大段唱腔变化有致，情真意切，"甩腔"和"拖腔"运用自如，动作干净利落、节奏鲜明，表演惟妙惟肖、妙趣横生，彰显出他技艺的多面性。

金德义擅演小生、须生。1981年，他在商丘地区青年演员汇演中被评为优秀演员；1982年，在河南省青年演员汇演中荣获一等奖；1988年，在全国首届中青年豫剧演员电视大奖赛中荣获荧屏奖。他主演的《状元魂》和《断肠王妃》由河南人民广播电台、河南电视台录制播放。1990年获豫剧新星杯百花奖，1999年获商丘市首届戏剧大赛特别奖。2001年12月，在河南省驻村工作文艺汇演中获优秀奖。他主演的《南阳关》全剧和《韩信拜帅》《潘杨讼》《反杨河》选场由中国唱片公司录制成磁带、唱片，在全国发行。金德义现为中国戏剧家协会会员，商丘市戏剧家协会理事，民权县戏剧家协会主席，国家二级演员。

金德义从艺四十余年来，先后主演了《南阳关》《韩信拜帅》《两狼山》《王宝钏》《断肠王妃》《潘杨讼》等二十多部优秀剧目。每到一处，拜师者甚多，金德义竭力指点，把豫东调小生流派的唱、做、念、打技巧倾心传授。民权县豫剧团青年演员李如意是金德义的得意门生，他学习继承了唱腔精华"甩腔""拖腔"，成为豫东调小生流派的第四代传承人。

2013 年 4 月，豫东调小生流派列入商丘市第三批市级非物质文化遗产名录。

参考文献：《民权县志》《商丘市文化志》《民权县戏曲志》。

（记录人：赵凯 整理人：王贵生）

九 大平调

大平调唱腔音调比豫剧低，用于击节的梆子又特别大，故又名大油梆，由豫北、冀南、鲁西南传入河南民权县。主要伴奏乐器有大弦（月琴）、二弦（短杆二胡）、三弦、琵琶、二胡、竹笛、笙、唢呐、尖子号等，打击乐器有边鼓、大锣、二锣、四大扇、梆子等。

民权县北关镇李馆大平调起源于清咸丰八年（1858），距今已有一百五十多年的发展史，演唱水平和表演技能日臻完美，很受群众欢迎。

代表性传承人李国玉（艺名安牛，1945 年生，大平调第六代传人），十二岁登台演出，十五岁名震豫东和鲁西南地区。后师从赵喜文（1919—1986，大平调第五代传人），逐渐形成"玉派"唱腔。传承人赵凡红（1967 年生，大平调第六代传人），主攻大红脸，唱腔浑厚，吐字清晰，表演逼真，深受群众欢迎。

大平调声腔体系属于梆子腔，音乐结构属于板腔体，其唱腔本句为一个上句、一个下句的齐言对偶句。唱词多以"七字句""十字句"的规整句式为主，也有由此变化而来的"混合句"和"五字句"。无论何种形式，在一段唱词的句数中必须成偶数，演唱时加以衬字，以达到流畅顺口的效果。

大平调音乐性比较强，为了使唱段有强烈的节奏感且悦耳动听，同一唱段或相衔接的邻近唱段选用同一韵辙，即在每一句唱词的最后一个字要押相同的韵，一韵到底，中间不换韵。如果唱腔音调的抑扬起伏与字音的声值相悖，就会形成倒字，从而字不正，腔不圆。

大平调的唱腔大体可分为四类板式：一是慢板类，这是大平调唱腔的主要板类；节拍为一板三眼，4/4 拍，每一小节第一拍为板，第二拍为眼，第三拍为二眼，第四拍为三眼，因旋律过门速度不同，又分为［慢板］、［迎风］、［金钩挂］等。二是二板类，为大平调唱腔的重要板类，节拍为一板一眼，2/4 拍，包括［二板］、［紧二板］、［垛子板］等。三是流水类，与二板基本相同，节拍为 2/4 拍，词格多为“二二三”七字韵，上仄下平，包括［流水板］、［流水连板］、［勾丝绕］等。四是三板类，节拍为散板，无板无眼，行腔全靠演员掌握，素有“不怕板眼正，就怕瞎胡碰”之说，包括［三板］、［裁板］、［滚白］、［大起板］等。大平调曲调丰富，声腔厚重高亢，给人以粗犷豪放的感觉。发音为真嗓，惟在［慢板］、［拐头钉］等板式起板时，尾声使用翻高八度的假嗓拖腔。“四大扇、两杆号，一听就是大平调”，这是当地流传多年的谚语。大平调的乐器中有两对大铙和大钹，直径有一尺多长，群众称为“四大扇”，“两杆号”就是两根五尺多长的“尖子号”。

大平调演出的传统剧目主要有：《玉河关》《晋阳关》《济阳关》《山海关》《万潼关》《收姜维》《李延龙征南》《辕门斩子》《十八义》《八件衣》《包公案》《呼延庆打擂》等。演出的现代戏主要有：《红灯记》《沙家浜》《智取威虎山》《三代仇》《红嫂》《苦菜花》《游乡》《海港》《巧帮车》等。

2014 年 11 月，大平调列入商丘市第四批市级非物质文化遗产名录。

参考文献：《民权县志》《民权县戏曲志》。

（记录人：王贵生　整理人：赵凯）

第六章 曲艺

曲艺是各种说唱艺术的总称，以带有表演动作的说唱来叙述故事、塑造人物、表达思想感情、反映社会生活。演出时演员人数较少，具有一人多角的特点；道具简单，形式多样，有"文艺轻骑"之称。

中国曲艺历史悠久，唐宋时期有说唱故事的"说话""鼓子词""诸宫调""唱赚"等曲艺形式，元明清三代又出现许多曲种、曲目。据新中国成立后的不完全统计，全国各民族地区有三百多个曲种，包括大鼓、弹词、琴书、道情、快板、评话、相声等。在商丘流行的曲种有二十多个，本章介绍的七个曲种：大铙、大鼓书（鼓词）、豫东琴书、清音、渔鼓、河南坠子、鼓琴曲，是在商丘及周边地区流传最广泛的优秀曲艺形式。

一 永城大铙

永城大铙以大铙（即大镲）伴奏而得名，别名"落子"，它的形状与荷叶相似，故而又称大铙为荷叶吊板。

据《河南曲艺志史资料汇编》载，大铙"于清光绪八年（1882）在山东已具雏形，后在永城县扎根，并得以发展。流行于鲁南、苏北、豫东、皖北等广大接壤地区。这一曲种在永城活动、繁衍百余年……"。清光绪十一年（1885），永城裴桥乡卞庄的韩凤魁开始把大铙作为一种表演形式，辗转乡间行艺演出。在他的带动下，卞庄的尹家、马家、鄂家和李家，也相继以演唱大铙为业。在此过程中，大铙逐渐得以发展完善，有了固定的表演形式、完整的演出曲目和专职的演员。至此，卞庄成为著名的大铙之乡。

大铙使用的主要道具为铙和吊板。铙以青铜、黄铜为原料烧铸而成，形状为圆形，圆鼓顶，直径为 29 厘米，重量在 750 克左右。敲击铙所使用的铙棒为扁形的竹棒，长 24 厘米，直径 0.4 厘米。吊板为竹制，长 19 厘米，宽 8 厘米，将两块竹板上端钻眼后用绳索相连，下端悬吊，上下翻打击节。演唱的开头、间歇和收尾部分均用铙和吊板敲打来填过门。大铙艺人都擅长随时运用手中道具来制造热烈的演出气氛，加上通俗易懂的唱词、极富变化的声腔韵调，让场下观众很容易产生强烈的观赏兴趣，沉醉于动人的故事情节之中。

大铙的演唱形式起初为双股件，一人在后场打板说白，一人在前场执铙演唱。20 世纪 30 年代末，韩凤魁的儿媳王小凤，因丈夫出走不归，无人搭伴，就把原来的双股件改为自己执铙打板并演唱的单股件（左手大拇指顶铙、其余四指夹一细竹棒敲铙边，右手打吊板）。大铙自打自唱的单股件演唱方式简便易学，容易掌握和操作，这就使大铙的表演有很强的适应性，可以在大舞台演唱，也能在乡村唱地摊，这种演唱形式一直沿用至今。

大铙声腔洪亮高亢，吐字清晰，说唱结合，通俗易懂。它的音乐唱腔属板腔体结构形式，旋律起伏跌宕。其板式是根据故事情节而区分的，由［慢板］、［中板］、［快板］、［垛板］组成。另外也有特定句式格律和唱法的［三字崩］、［五字嵌］和［寒韵］、［韵白腔］等，均为四分之一的拍节，既能顶板起、顶板落，又能闪板起、闪板落，腔体自由，声腔韵调变化无常，可自由发挥，在唱法中属于武唱，曲书目主要靠口头传授。

大铙的唱词多为七字韵、十字韵。一般曲种的十字韵词节多为三、三、四，而大铙十字韵的词节则多为三、四、三。例如：

老太太、未曾开言、泪纷纷。

　　　　叫一声、张玉我儿、听在心。
这种三、四、三格式构成的唱词，是大铙规范化的十字韵。

　　大铙没有固定的前奏过门和间奏过门。为了吸引观众，就用铙和板在演出前反复敲打，艺人们称之为闹场子。大铙的开场白和打油诗一般为：

　　　　万般生意好做，
　　　　唯有说书难当。
　　　　一无牛角车辆，
　　　　二无扁担荆筐。
　　　　只有竹板一副，
　　　　还有大铙一张。
　　　　走过河陆码头，
　　　　串过镇店集乡。
　　　　住过高楼大厦，
　　　　睡过没边的大炕。
　　　　吃过珍酒美味，
　　　　饿过肚里发慌。
　　　　受过光棍的奉承，
　　　　遭过眼子的肮脏。

　　新中国成立前，大铙上演的书目，多是艺人们口传心授的传统书目，也有借鉴兄弟曲种的书目。传统书目有《五子登科》《十把穿金扇》《薛仁贵征东》《严海斗》《乾隆私访》《金鞭记》《呼家将》《杨家将》《月唐演义》等三十多部。1954年曲艺改革以后，新编书目主要有《新儿女英雄传》《三催劳模》《抗日烽火》《革命烈火》《关东游击队》《平原游击队》《高粱红了》《县长下乡》《大别山儿女》《沱河英魂》《抗日英雄鲁雨亭》《张桂花借砖》《书记算卦》《包河诉苦》《尚方宝剑》《参军》《好管家》《孝顺儿媳》《冯二嫂招夫》《俺们的带头人》等四十余部。大铙唱词多，白口少,擅长演出长篇连台书目,如《五子登科》《七侠五义》《十把穿金扇》等，每一个书目都能演唱两三个月。有许多"大铙迷"连续几个月跟随艺人辗转于各乡镇，直到把一个长篇连台书目听完为止。

大铙的传承是非家族性的，一百年来学艺者甚多，其中较为出名的有第一代传承人程远方和第二代传承人卞明坤。1957年，第二代传人卞明坤以他改编的现代书目《张桂花借砖》参加河南省首届曲艺、木偶、皮影汇演，荣获改编、表演双奖。卞明坤曾将大铙带到西宁，易名为"河南落子"，时任中国曲协主席的陶钝亲自到场观看演出。以卞明坤为代表的大铙演员在徐州、南京、上海、南通等城市的音像社录制了大量盒式磁带和唱片，在国内各省市发行。

2008年9月,永城大铙列入商丘市第一批市级非物质文化遗产名录。

2009年6月,永城大铙列入河南省第二批省级非物质文化遗产名录。

（记录、整理人：马勇）

二　大鼓书（鼓词）

大鼓书（鼓词）（豫东流派）发源于柘城县陈青集镇汪庄村，距今约有三百七十年历史。相传在明末清初，汪庄村有一位朱姓官绅偶然间引进这一民间艺术，由本村一位叫李国昌的青年传承下来，逐步演化为大鼓书（鼓词），如今李久义为第八代传承人。

大鼓书（鼓词）唱腔独特，节奏感强，地方特色浓郁。通常只有一人演唱，演唱者以右手击鼓，左手打板，有说有唱，时说时唱，说唱结合。所用大鼓原为大战鼓，后改为小扁鼓；原为坐唱，后发展为站唱，并加入较多的表演动作。其板式有［慢二八］、［快二八］、［五板］、［垛子板］。唱词基本上为七字句和十字句，也有"三字坎""五字崩"等垛字句。大鼓书（鼓词）发展到后来，其字词结构比较随意，六字句、八字句、十字句都能唱。大鼓书（鼓词）的伴奏乐器有小扁鼓（或战鼓）、支架、鼓槌、简板（或铜板、铁板、三叶板）。鼓点儿有紧急风、长流水、五鼓二板、凤凰三点头、蜻蜓点水等。

大鼓书（鼓词）的表演形式一般有两种：演唱和道白。演唱时，表演者一边以右手敲击大鼓、以左手打板伴奏，一边以演唱的形式叙述故事情节，唱腔多颤音，轻重适度，行腔自然，长短得体。道白（或称白口）：表演者为了把故事情节表演得更加生动逼真，常在演唱之间加以语言叙述。其道白必须畅达流利，自然和谐，时出佳句，妙语如珠。不管是演唱或者道白，都是为了叙述故事情节，演绎故事中人物的喜怒哀乐。大鼓书（鼓词）的唱词和道白通俗易懂，肢体表演生动。曲艺歌谣有云：一部书、一人唱、万人听，各人嘴里出巧能，唱动人心算会唱，唱不动人心枉搭功。

大鼓书（鼓词）演唱书目一般是长篇传统大书，但也有短篇书目等。传统大书目有《大红袍》《小红袍》《三侠剑》《十美图》《汉十八义》《刘天顺赶船》《再生缘》《包公》《王华买爹》《后续回龙传》《梁祝姻缘》《薛仁贵征东》《王天宝下苏州》《雷公子投亲》《杨家将》等。现代书目有《烈火金刚》《淮海游击队》《上海风云》《南京风暴》《三难新嫂》《红色交通线》《王杰探家》《焦裕禄》《五个鸡蛋》《林海雪原》等。

大鼓书（鼓词）代表性的传承人是柘城县陈青集镇汪庄村的李久义。1959 年，李久义拜邻村大鼓艺人陈志军为师学唱梨伴大鼓，两年后独自演出，开始以唱大鼓为主，后自学了坠子、琴书的演唱技法，并让子女学艺。在他的带领下，家中人人拿起了鼓板和丝弦。1977 年，他与长子刚强、次子志强、女儿春灵及两个儿媳组成了李家曲艺队，大鼓、坠子、琴书样样都能单独设场。李家曲艺队的活动范围为民权、睢县、宁陵、商丘、周口、太康、漯河等临近县市及安徽省的一些县市，所到之处，深受欢迎。2010 年，李久义被省文化厅认定为大鼓书（鼓词）项目代表性传承人。同时，他的长子刚强（又名白景文，李久义本姓白，早年过继给李姓舅舅，后其子女均恢复白姓）被商丘市文化广电新闻出版局认定为市级代表性传承人，他多次参加商丘市文化广电新闻出版局举办的非遗展演，在全市小戏小品（曲艺）大赛中两次夺得奖项。

2008 年 9 月，大鼓书列入商丘市第一批市级非物质文化遗产名录。

2009 年 6 月，大鼓书（鼓词）列入河南省第二批省级非物质文化遗产名录。

参考文献：《商丘地区曲艺志》《商丘文化志》。

（口述人：白景文　记录、整理人：李树峰）

三　豫东琴书

豫东琴书是发源于河南商丘的一个地方曲种，广泛流传于商丘、周口一带。该曲种节奏明快、音色纯正，有较强的艺术性，在豫东不但从业人员多，而且拥有广泛的听众。

据《音乐知识词典》（甘肃人民出版社 1981 年版）记载："琴书发源于河南、安徽一带，已有二百余年历史。"又记载："山东琴书起源于豫东、皖北一带……约有二百余年历史。"由此可见，琴书在豫东与山东、安徽交界地区早有流传。

豫东琴书的伴奏乐器有扬琴、软弓京胡、二胡、坠胡、挎板等。演唱时二至五人不等，主演敲扬琴、打挎板，兼指挥伴奏，其他人员有边演唱边伴奏的，也有只伴奏不演唱的。演出形式为：主唱演员以左手敲击扬琴、右手操挎板站在中间演唱，其他人员各持乐器，分坐在两侧，或者唱或者伴奏。表演时以唱为主，以说为辅。演员们相互分担故事中的角色，不仅有独唱和对唱，而且有独白和对话，可采取多种形式表演故事情节。一般无表演动作，或仅带少许表演动作。其演唱要求吐字清晰、正襟端坐、目不斜视。演唱小段时以唱为主，带少许对话夹白。其演唱书目有传统长篇大书，也有中篇书目或短篇书目。豫东琴书在商丘有两大流派：柘城刘派琴书和民权肖派琴书。

柘城刘派琴书　起源于清光绪年间，柘城县瓦刀刘村青年铁匠刘存礼为第一代传承人。相传，东南乡（旧时柘城人称周口市的郸城、沈丘一带为东南乡）琴书艺人大老李曾和妹妹到瓦刀刘村唱琴书，住在刘存礼家。刘存礼自幼喜爱唱戏，尤其喜爱琴书，便乘机拜大老李为师，学会了《大红袍》《八美图》《刘天顺赶船》《梁祝姻缘》等十多个琴书书目。三年出师之后，刘存礼和妻子宋氏在附近村庄演出琴书，以养家糊口。刘存礼演出琴书的天赋极高，而且拉得一手好曲胡和软弓京胡，尤其对音律悟性很强。后来，他听得河南坠子音律之美，感到传统琴书的主唱腔［凤阳歌］、［四句腔］比较平淡、节奏感弱，不利于表演和演绎激烈紧张的故事情节。于是就把河南坠子的音乐、唱腔融入琴书，使琴书的唱腔变得更加悦耳动听，从而打造出新的流派。刘存礼的儿子刘文俊、儿媳马大婷等也相继演唱琴书。刘文俊通过家传，又把琴书的演唱技艺传给了儿子刘广会、儿媳董玉莲。同时，还先后收了刘美言、刘广元、王忠义等十余名弟子，使琴书演唱队伍逐渐壮大。1962年，刘家第三代家传弟子刘广会、董玉莲夫妇参加商丘地区首届曲艺汇演，演出了琴书《梁祝姻缘》，时任省曲协副主席的河南坠子演唱艺术家赵铮以及商丘地区曲协主席司培敬等听后十分震惊，他们认为柘城县曲艺队所演唱的琴书唱腔新颖、自成一派，应该另取个名字。于是大家通过讨论，命名其为"豫东琴书"。

豫东琴书的［新二板］也称［二八板］，由上、下两句（包括各自的过门）组成。句式以七字居多，十字、五字亦可，还可加入三字头的附加部分。比如豫东琴书《家庭风波》的开始四句："党的政策如春雨，和谐社会谱新曲。小李庄脱贫致了富，却苦了，致富能人田秀菊。"这里的前两句和后两句，字数为七字、八字不等，每组分上下两句。上句押仄韵，下句押平韵。而"却苦了"三字为"三字头"的附加部分。豫东琴书的唱词多为这种模式。

豫东琴书脱胎于传统琴书，但与传统琴书既相似又不同。相似之处在于演出形式及伴奏方式相同，不同之处在于伴奏音乐和唱腔结构。传统琴书的伴奏音乐以［凤阳歌］、［四句腔］、［快垛］等唱腔为主，节奏较慢。而刘家所创的豫东琴书则把河南坠子的 [大寒韵]、[小寒韵]、[莲花口] 等加入到传统琴书的 [二板] 里，产生出 [二板大寒韵]、[二板小寒韵] 等，用坠子的音乐、唱腔作为补腔和调门，创新了板路，再加上琴书慢垛的补腔和调门，二者有机地结合在一起，总称 [新二板]。

豫东琴书自清末形成以来，在商丘市发展很快。到了 20 世纪 50 年代初，柘城县已经有十余名豫东琴书的传人，这些传人又各有弟子。与此同时，柘城县成立了以演出豫东琴书为主的柘城县说唱团。在成立之初，从民间招收了二十余名学员，培养出一大批优秀的豫东琴书演员，如韩巧莲、魏彩霞、朱云阁、魏洪超等，再次壮大了豫东琴书演出队伍。至今，仍有六十余名豫东琴书演员坚持下乡演出，为活跃农村文化生活做出了积极贡献。

2006 年朱云阁等演出的《勇斗歹徒》参加中国曲艺家协会举办的中部六省曲艺人赛，荣获金奖；同年 11 月，朱云阁主演的《家庭风波》在河南省第九届小戏小品（曲艺）大赛中荣获金奖；2007 年 11 月参加文化部举办的全国第十四届"群星奖"艺术大赛，荣获"全国群星奖"，实现了商丘市曲艺作品全国"群星奖"零的突破。2006 年 11 月，世界非物质文化遗产保护组织在郑州召开研讨会，朱云阁等应邀为出席会议的八个国家的外宾演出了传统唱段《梁祝姻缘》中的《扑墓》一节。

民权肖派琴书 起源于民权县王庄寨乡张贡庄村，肖书太为第一代传人。

据《民权县志》记载："肖书太（1908－1961），王庄寨乡张贡庄人，十一岁投师学艺，十六岁领班说书，习就一手软弓京胡和古筝，素以善唱具称，曲牌丰富，嗓音清脆，韵润甜美，吞吐噙放有致，强弱对比得当。偷字、闪板、运气、吐词尤见功底。一生遍迹山东曹县、东明、单县，江苏省田家庵、徐州，安徽省砀山和河南省民权、宁陵、商丘、虞城等地。每到一处拜师从艺者如流，而得其真传者甚少。唯民权的秦和增、李树德，宁陵的张继孔，山东曹县的程继良等为其高艺门生。"豫东琴书在民权落地生根，因为没有足够的文献资料，有详细记载的传承人仅有五代：第一代肖书太（1908—1964），第二代李树德（1915—2002），第三代秦和增（1930— ？ ），第四代王保聚（1948 年生），第五代王保祥（1967 年生）。

民权肖派琴书表演时没有固定的人数，少则一人，多则五至七人不等。但乐器位置固定，敲击扬琴者居中，一手握琴筅一手拿简板，演唱兼击打节奏；京胡、二胡在左，曲胡、三弦在右，呈扇形分坐两侧，给观众以阵容整齐、庄严美观之感。演唱时乐队和演员融为一体，既是伴奏员也是演员，剧中人物的感情交流通过演员的面部表情来完成。

1950 年，民权县成立曲艺队，演出的曲艺种类有河南坠子、三弦书、评书、大鼓、山东快书等。1956 年，豫东琴书的第一代传人肖书太和当时颇有名气的琴书艺人肖桂芝、程金良参加曲艺队，增加了琴书组，开始招收小学员，培养新生力量。他们在表演传统曲目的同时，还自编自演了一些短小精悍的现代曲目，如《摘棉花》《水落石出》《比婆家》《雷锋参军》《新嫁妆》《找对象》等。

豫东琴书由唱腔、音乐和道白三部分组成。其唱腔以重唱轻白征服观众，由多种板式和曲调组成，常用的有［凤阳歌］、［上合调］、［下合调］、［垛子板］、［汉口垛］、［梅花落］、［二板］、［打枣杆］、［银钮丝］、［娃娃腔］等三十多种。其中［凤阳歌］是主要曲调，它善于叙事抒情，有"两句一板、四句一过门"的循环规律，较为平稳缓慢。肖派琴书在长期发展过程中，逐渐形成了一套固定的演唱模式。如开始三句（也有唱四句的）一般是合唱［上合调］，大腔大韵，气势恢宏，先声夺人，往往能迎来观众的阵阵掌声；结尾多用［梅花落］，清脆明快，娓娓动听，令人回味无穷；中间根据剧情的变化，选用不同的板式，表现喜乐时多用［垛子板］、［凤阳歌］等，表现悲哀时多用［二板］、［汉口垛］、［截断桥］等。丰富多样的板式能把起伏跌宕的剧情和各种人物性格表现得淋漓尽致，达到尽善尽美的境界。经常演唱的传统曲目有《韩

湘子拜寿》《孙膑拜寿》《打蛮船》《王天保下苏州》《梁祝姻缘》《八美图》
《薛礼还家》《雷公子投亲》《草船借箭》《回龙传》《水漫金山》《白蛇传》
等。现代曲目有《烈火金刚》《淮海游击队》《南京风暴》《上海风云》《儿
女风尘记》《焦裕禄》《雷锋参军》《王杰探家》等。

有"豫东琴书王"之称的王保聚（艺名王明聚），是豫东琴书第四
代传人，十四岁拜李树德为师学唱琴书，被选拔到民权县曲艺队专攻豫
东琴书。他天生一副好嗓子，音质纯净，洪亮悦耳，以善唱著称；十六
岁就成为曲艺队的台柱子，不但能唱琴书，还能唱坠子、豫剧、大平调、
二夹弦等。王保聚天资聪明，多才多艺，乐器演奏方面主攻软弓京胡和
扬琴，还能拉大坠子、二坠子、二胡、板胡、曲胡等。他在五十多年
的艺海生涯中，苦学苦练，竭力完善肖派豫东琴书的演唱技艺，已达
到炉火纯青的境界。他演唱的《养猪迷》《李二嫂搬兵》《夏胡沾买县官》
《多了愁》《智擒破烂王》《代理厂长》《老罗说媒》《铁面法官》《执法无亲》
《破烂王下乡》和长篇大书《反唐传》《三打雄州》等二十多个曲目曾在省、
地（市）文艺汇演中荣获一、二等奖，有的曲目被音像公司录制成磁带
和光盘在全国发行。2006 年 4 月，在中国民权国际庄子文化节联谊会上，
他演唱的豫东琴书《奇人奇书誉庄周》，赢得了国内外友人的高度赞誉。

2008 年 9 月，豫东琴书列入商丘市第一批市级非物质文化遗产名录。
2009 年 6 月，豫东琴书列入河南省第二批省级非物质文化遗产名录。
参考文献：《河南当代曲艺家辞典》《民权县志》《民权县曲艺志》。

（口述人：朱云阁、刘长水、王保聚

记录、整理人：李树峰、王贵生）

四　清音

清音，又名"曲子经"，有些地方也称"打扬琴"，是由传统的琴书
艺术演变而来。清音的分布以豫东、苏、鲁、皖交界地区为主，东至
苏北徐州、沛县、丰县，西至开封、郑州、洛阳一带，南至皖北阜阳，

北至山东曲阜、枣庄，皆有清音流传。

可考证到最早的清音艺人为万新泰（永城裴桥书案店人），在其少年时期就已有清音这种演唱形式出现在永城，他的演唱曲目有《水漫金山》《梁祝姻缘》《清必正赶考》等小段。1930 年前后，永城地区学唱清音的戏班逐渐增多，演唱曲目也由小段转为长篇。

1941 年，著名清音艺人万化江（1894 年生，裴桥乡万楼村人，绰号"响八县的嗡倒山"），以马桥乡的常集作为科班基地收徒授艺，开创了清音在永城的兴盛局面。万化江一生收徒三百余人，其中较出名的有邹孝君（1924 年生，旦行，唱腔花俏，扮相俊美，绰号"假闺女"）、黄文秀（1920 年生，旦行，表演活泼风趣，声腔甜润，绰号"银铃铛"）、苏丰瑞（生行）、陈万金（丑行）、王子峨（净行）等人。

20 世纪 80 年代是清音的兴盛时期，那时候永城的马桥、李寨是远近闻名的"曲艺之乡"，涌现出一批清音新秀，如孙秀英、苏翠云、何文岭、喜仙、武秀英、贾红霞等人。他们将清音传播到周边县市，又在阜阳、商丘、徐州、南京、北京、上海等地录制了盒式磁带，灌制了唱片，发行到全国各地，甚至流传到新加坡、台湾、香港等地。特别是武秀英，她的唱腔委婉动听，善于抒情，温柔缠绵，动人心弦，成为清音的代表人物，在豫东、苏北、鲁西南和皖北的乡间享誉很高。

清音的唱腔结构，初期是联曲体，后来逐渐演变为板腔体结构，吸收了豫剧、柳琴戏、民歌和其他曲种的曲调。板式可分为［慢板］、［四句腔］、［流水］、［二板］、［垛板］、［快板］、［散板］、［非板］等。尤其是［二板］最后深长起伏的拖腔，婉转花俏、圆润动听，这也是清音唱腔的主要特点。清音演出所使用的乐器主要有扬琴、软弓京胡、二胡、曲胡、坠胡、笙、笛等。清音的曲调很古老，目前所存的仅有［凤阳歌］和［二板］两种，均是用古老的工尺谱记录下来。

清音的演出形式以唱为主、以说为辅、说唱结合。在 20 世纪 30 年代，万化江组织成立了清音戏班，曾把清音搬上戏剧舞台；1958 年解散，化整为零改为曲艺形式演出。1978 年冬，清音改以曲艺和戏剧两种形式演出。故清音又有"敲起锣鼓演大戏，化整为零唱曲艺"之说。演唱形式是文唱（坐地摊，不睁眼），现在演变为武唱（站着边唱边表演），有时也化装后亮相或扎架表演，以进一步表现书中人物的形象和性格。表演时原来是一人操琴一人演唱，伴奏者插话搭腔，后发展为二人对唱，每人各执一件乐器，一唱一和；亦有一人领唱，集体帮腔和合唱的方式。

　　清音唱腔并没有固定的规律，男女同调，张口即唱，腔随心动；唱词多，道白少，内容通俗易懂，贴近生活，乡土气息浓厚。例如唱词中所说"张口唱的口头语，字字句句泥土香"，最适宜演唱长篇曲目。清音的唱句基本上是七字句和十字句，也有特定格律唱法的 [三字崩]、[五字坎]、[六字紧]、[八字闪]、[垛字句]、[大连句]、[小连句]、[贯口句] 等。

　　清音的演出曲目分长篇、短篇和现代曲目三部分，长篇曲目有《王天保下苏州》《龙青海篡御状》《张廷秀私访》《金杯玉簪记》《回龙传》《刘何斗》《彭公案》《打蛮船》等；短篇曲目有《王林休妻》《马前泼水》《三怕婆》《双秃闹房》《大花园》《洞宾戏牡丹》等；现代曲目有《书记算卦》《老公安》《红雁桥》《十里香挑女婿》《接婆婆》《计划生育好》等。

　　清音是流传在豫东地区、为群众所喜闻乐见的稀有曲种之一，历年来在省、市、县各级汇演及调演中多次获奖，在苏、鲁、豫、皖及周边地区享有很高的声誉。

　　2011 年 2 月，清音列入商丘市第二批市级非物质文化遗产名录。

　　2011 年 12 月，清音列入河南省第三批省级非物质文化遗产名录。

（记录、整理人：马勇）

五　渔鼓

渔鼓，又称道筒、竹琴，是比较有代表性的一个曲艺品种，主要分布于河南省的夏邑、永城，安徽省的亳州、涡阳等地。

渔鼓历史悠久，可以上溯至唐代的"道情"，也就是道士们传道或者募化时所叙述的道家之事和道家之情。他们叙述的方式就是打渔鼓，唱道歌。后来"道情"为民间艺人所习用，宗教内容渐趋淡化，改唱民间故事、神话传说和英雄故事，道情唱歌的方式也演变为一种说唱的艺术形式。到了元代，渔鼓已广为传唱。明清时期，渔鼓已形成了有板有眼的完整唱腔。

渔鼓用竹筒制作，筒长65至100厘米，鼓面直径13至14厘米，一端蒙以猪皮、羊皮或猪护心皮。演奏时，左手竖抱渔鼓，右手击拍鼓面。指法有"击"（四指同时拍击）、"滚"（四指连续交替单击）、"抹"（四指击鼓止音）、"弹"（四指屈指连续交替击弹）等。简板用竹片制作，长45至65厘米，宽1.7至2厘米，一端向外弯曲，两根为一副。演奏时左手夹击发音，与渔鼓一起伴奏。

渔鼓的演出形式是以群体坐唱为主，也有单人唱、双人唱。音乐节拍变化十分灵活，4/4、3/4的节拍交替出现，极富特性。其板式包含［慢板］、［平板］、［数板］、［三拔气］、［韵白］、［便白］、［上场引子］、［上场诗］等。渔鼓标准的传统说唱，使用的伴奏乐器为渔鼓和简板。新中国成立后，在对该曲种进行改革时，为赋予它新的风貌，曾有人为演唱附加过木鱼儿和一个小钹来烘托渲染气氛。再后来，有人为演唱附加了大提琴、扬琴、二胡、笛子、笙等多种伴奏乐器。渔鼓曲目大体上分为三类两种形式：一是说教类，无故事情节，将忠孝节义、三纲五常等伦理道德编成唱词进行说唱，用以劝化教育世人；二为故事类，多属传统曲目，包括神话故事、民间传说、社会案例、家庭轶闻等；三为赞颂小事及寓言类笑话等。两种形式：一为小故事，多演唱民歌、小调，内容单一，情节简单；二为中长篇曲目，多为民间故事、传说、历史题材的戏曲改编本等。

渔鼓演唱书目丰富，传统节目有《隋唐演义》《薛仁贵征东》《樊梨

花征西》《薛刚反唐》《郭子仪征西》《杨家将》《济公传》《水浒传》《岳
飞传》《彭公案》《赶黑驴》《打蛮船》等。主要传承人赵平（男，1949
年生，渔鼓第三代传承人），于1967年拜李立信（1912年生，渔鼓第
二代传人，外号"盖三省李疤痢"）为师，从艺四十余年，熟唱多个唱段，
先后吸纳了多个艺术门类的长处，形成了自己独特的风格。他在表演时，
音随字走，腔随情变，运用声音的高低缓急变化，淋漓尽致地描摹曲
目中各种人物的音容笑貌，表达喜怒哀乐等情感；还借助鼓与拍的轻重
缓急来烘托跌宕多变的气氛，令听众恍若身临其境，深受感染。他的
韵白吐字清晰，声调抑扬，语气顿挫，表情丰富。他的唱腔高亢明快、
淳厚质朴、韵律悠扬、节奏优美，慢如行云流水，快如疾风落叶。他先
后多次参加苏鲁豫皖曲艺大赛，并荣获多项大奖。1999年，商丘电视
台对渔鼓艺人赵平进行了专题采访，并将其传统唱段录制成光盘发行，
深受群众欢迎，其本人被誉为"渔鼓大王"。

2011年2月，渔鼓列入商丘市第二批市级非物质文化遗产名录。

2011年12月，渔鼓道情列入河南省第三批省级非物质文化遗产
名录。

参考文献：《夏邑县曲艺志》。

六　河南坠子

河南（东路）坠子源于河南，流行于河南、山东、安徽等地，已有
一百多年历史。因其主要伴奏乐器为"坠子弦"（今称坠胡），且用豫
东语音演唱，故称之为河南（东路）坠子。常见的有演唱者一人，左
手打檀木或枣木简板，边打边唱；也有两人对唱，一人打简板，一人打
单钹或书鼓；还有少数是自拉自唱。其前身是流行于河南的道情和渔鼓
两种曲艺形式的结合。从清末开始，两个曲种的艺人逐渐合流，在音乐
唱腔等方面互相吸收融合，促成唱腔音乐的重大变革，"溜腔"（俗称"哼
弦子"，起腔之前使用）的出现，是河南（东路）坠子形成的标志。在

形成过程中，其以新鲜活泼的特色，促使这一新兴曲种日益成熟，并迅速流传到邻近的山东、安徽等地，成为中国流行最广的曲艺形式之一。此后，豫东坠子表演开始出现了女性艺人。她们的出现，使得表演时又出现了男拉女唱或男女对唱的方式，也扩展了豫东坠子唱腔的音域，改革和丰富了唱腔的旋律，伴奏技巧也有所提高。

河南坠子的唱腔音乐可归纳为起腔、平腔、送腔、尾腔四部分，共十三大韵，即 [知西韵]、[人晨韵]、[宫升韵]、[天仙韵]、[拍灰韵]、[焦骚韵]、[徘徊韵]、[啪塔韵]、[彷徨韵]、[铁血韵]、[雷特韵]、[丑牛韵]、[扑苏韵]。在主体唱腔进行中，根据唱词中不同句式的格律，使用 [三字崩]、[五字嵌]、[七字韵]、[巧十字]、[拙十字]、[大寒韵]、[小寒韵]、[截字韵]、[金钩挂]、[大五板]、[小五板]、[快扎板]、[扬子腔]、[紧板]、[慢板]、[快板]、[飞板]、[垛板]、[散板大过门]、[小过门]、[滚口白] 等板式，产生节奏和旋律上的变异，以表现不同的情感。主要伴奏乐器坠胡独具特色，早期开场时有即兴演奏的"闹台曲"，热烈火爆，以吸引听众。闹台以后向起腔过渡的乐曲，称为"过板"，现代都改为前奏曲。伴奏的主要部分"托腔"，是唱腔进行中的模仿性过门，包括乐句中间的对应性过门、乐汇中间的填补性过门、寒韵（悲腔）中间的吟哦性过门。击节乐器有伴奏者使用的脚梆和演员使用的简板、铰子、矮脚书鼓、醒木等。由道情改唱坠子的多用简板，由三弦书改唱坠子的多用铰子，由大鼓改唱坠子的多用矮脚书鼓，醒木多在说唱长篇书目时使用。演唱方式有单口、双口（或对口）和三口（或群口）三种，并各有适宜的书目。

代表性传承人吴桂莲（女，1949 年生，梁园区河南坠子第五代传人），吴宗俭之女。坠子世家出身的吴桂莲，自幼随其外公（坠琴大师，绰号"盖豫东"）秦世太学习。十二三岁开始随父母演出，深得父亲吴宗俭的真传。吴桂莲根据自身的嗓音特点，学习外祖母刘世红（东路坠子代表人物）的唱腔，在继承其演唱风格的同时，吸收其他不同的唱腔，形成了唱腔俏丽、灵活，能唱文能唱武，集多家唱腔于一身的特点。1964 年，她加入父亲领导的坠剧团，成了团里的顶梁柱。1980 年，三十一岁的吴桂莲独立成团，以其擅长的长篇曲目《响马传》《回龙传》《何文秀私访》《刘公案》《西厢记》等走农村，串集镇，赴码头，进城市，每年演出二百多场，由此蜚声于豫东大地。

代表性传承人毕桂英（女，1953 年生，夏邑县河南坠子第三代传人），夏邑县罗庄乡孟楼村人，十七岁时就登台演出。之后，毕桂英参加了夏邑县曲艺队。1979 年她拜宁陵县"坠子王"于学勤（已故）为师。毕桂英以节奏明快、语句流畅、吐字清脆、唱腔悠扬婉转见长，深受广大群众喜爱。曾多次在商丘地区汇演中获金、银奖，被商丘市曲艺协会吸收为会员。她擅演传统长篇大书，演出的书目有《金鸠记》《龙凤再生缘》《大红袍》《珍珠伢牌记》等二十余部。毕桂英非常重视唱功，讲究吐字清晰，句句进入观众耳中，再加上所演故事有头有尾，情节连贯，唱词通俗易懂，所以在观众中很受欢迎，有"看了坠子，卖了被子"之说。毕桂英注重吸收各个门派的艺术专长，形成了自己的独特艺术风格，演出足迹涉及豫东、砀山、萧县、徐州、淮北等地。

2011 年 2 月，河南坠子列入商丘市第二批市级非物质文化遗产名录。

2015 年 9 月，河南坠子列入河南省第四批省级非物质文化遗产名录。

参考文献：《夏邑县曲艺志》。

（口述人：吴桂莲、毕桂英　记录、整理人：邢伟志、何四海）

七　鼓琴曲

鼓琴曲是河南虞城县民间所独有的曲艺形式，将刚毅铿锵的鼓和柔美悠扬的琴巧妙地结合在一起。它高吟低唱，唱中带说，说中带唱，回味无穷，演绎出扣人心弦的旋律。

相传鼓琴曲起源于北宋末年，当时黄河泛滥，加上金兀术入侵，中原地区处于兵荒马乱的动荡之中，百姓流离失所，四处逃难，各寻生路。有一演唱琴书的柴氏女，偶遇一唱鼓书的高氏男，二人情投意合，结为夫妻，为了生计，他们经常联合演出。二人合作时，如演唱至激情高昂的曲调时，就敲击鼓以烘托气氛；遇到如流水般的殷殷之情时，就击琴以顺应人们的感情流露。久而久之，琴鼓结合，演绎成一种刚柔并济的曲艺形式——鼓琴曲。从它诞生的那天起，就受到观众的赞誉和推崇，民间流传有"九金十八汉七十二寡门，高柴不分"之说。这是一种很难掌握的曲艺音乐艺术，自宋末到明、清，只有少数人掌握这种演唱技巧。

鼓琴曲在虞城以师徒相传的方式，传承了一百多年，至李学永、陈兰英，已是鼓琴曲的第四代传人。李学永出生于鼓琴曲世家，爷爷李行中是鼓琴曲第二代传人、父亲李景亮是鼓琴曲第三代传人。李学永自幼受父亲熏陶，爱上了鼓琴曲这门艺术。高中毕业后，他潜心钻研父亲留给他的鼓琴曲唱词和演唱技巧，跟随父亲在民间演唱鼓琴曲。他嗓音洪亮，表演细腻，吐字清晰，每场演出都能赢得观众的阵阵掌声。后来，李学永结识了琴书演员陈兰英。他们结为夫妻后，共同演出鼓琴曲，经常活动在虞城、夏邑、永城、柘城及皖北、鲁西南、江苏等地，成为当地颇有名气的鼓琴曲艺人。

鼓琴曲演出方便，参加演出的人数不等，一般二或三人即可。演出时琴的右侧放一个鼓，左右两侧各有弦乐伴奏，如二胡、坠胡等。执琴者左手打三叶板，右手执琴或击鼓领唱，左右帮唱或对唱。鼓是按剧情需要烘托气氛时才进行击打。演员服装整齐，台词干净，表演正派，唱琴时有"九腔十八调，七十二哼哼"之说。所谓九腔，有［折断桥］、［打枣落江］、［梅花乐］等。十八调有［上河调］、［下河调］、［娃娃调］、［严油调］等。演唱时既有琴的柔美，也有鼓的刚毅，把曲目中的人物形象表演得活灵活现。鼓琴曲演唱的曲目主要有《雷公子投亲》《双贤传》《孙二娘开店》等。

流传在虞城一带的鼓琴曲具有悠久的历史、鲜明的地方特色和深厚的群众基础，是一项优秀的、稀有的民间曲艺形式，对活跃群众文化生活发挥着重要作用。

2014年11月，鼓琴曲列入商丘市第四批市级非物质文化遗产名录。

（口述人：李学永、陈兰英　记录、整理人：赵玉清、杨凡）

第七章　传统技艺

　　传统技艺是指世代相传的、富于技巧性的工艺、技术等。商丘传统技艺多在民间饮食上有所体现，最有影响力的为夏邑的汤、宁陵的张弓酒、睢阳区大有丰酱菜等，这些技艺不仅为人们提供合口的佳酿美味，背后还有美丽的传说，增加了其文化内涵。有的技艺在申报非物质文化遗产之前，就已成为享誉大江南北的老字号。小吃更是不胜枚举，郭村烧鸡、垛子羊肉、贡麻花等已被豫东民众所接受，成为豫东民俗饮食文化的一个缩影。一方水土养育一方人，豫东地方口味以咸香为主，属北方菜系。另外，农业、林业种植栽培中也传承有传统技艺，如宁陵金顶谢花酥梨的栽培技艺。

第一节　食品

一　膆汤

　　膆汤是河南夏邑独有的适合北方气候特征的秋冬进补风味饮食，至今已有二百多年历史。它是以中医养生理论为指导，用羊肉、鸡肉、牛肉为主料，再加入中草药，熬制出的一种营养丰富、生津和胃、除湿祛寒的具有保健功效的美食。

　　据《程氏族谱》记载：自明清以来，豫东地区天灾人祸不断，百姓流离失所，饥寒常伴着这一带的百姓。到了清康乾时期，这里的百姓仍然处于饥饿之中，每逢大旱之年，更是饿殍遍野。有一位新上任的县令看到这一景象，上报朝廷请求赈灾，然而灾民甚多，朝廷的赈灾粮食杯水车薪，仍有许多人卖儿卖女，甚至饿死路边。有一位大善人叫程景运，是北宋理学家程颢的第二十三代孙，家境殷实，是夏邑、永城交界地的富户，他将自家粮仓所存粮食拿出来施粥。灾民源源不断地从永城、夏邑甚至更远的地方涌来，滞留在程家村附近。眼看粮食即将告罄，如果停止施粥，怕又有许多人饿死在路边；继续施粥，恐有更多的难民蜂拥而来，难以救济。程景运天天愁得睡不着觉，无奈之下，决定在自己院子里盖一座大楼，以工代赈。开工的第一天，由于饥饿，民工体弱气虚，竟拿不动锨，挑不起筐，无法干活。程景运略通医理，便令家人杀了家中所有的牛、羊、鸡，整个放入大锅，加入滋补调料煮汤。汤熬了整整一夜，直到骨酥、汤浓，肉熬成丝状，用面粉勾芡后，让饥民食用。三日以后，饥民个个精神饱满，面色红润，体力大增。不久，程家楼盖好了，新麦也已收仓，一场大饥荒终于熬过去了。程家所盖楼房被当地人称为"程楼"。从此，程家村改名为程楼村，位于夏邑县胡桥乡东南部虬龙沟畔。

灾荒过去，凡在程家饮过此汤者，无不回味，莫不称道。于是有人仿效程家做汤的方法熬制肉羹，久而久之，在夏邑、永城交界地，有人熬制此汤配以地方小吃（水煎包、肉合子、糖糕等）一起摆摊叫卖。但此汤一直没人叫出名字，有人问是啥汤时，摊主就会幽默地用方言说："你说是啥（撒）汤就是啥（撒）汤。"后来，这道营养丰富、味道鲜美的汤就在夏邑、永城一带流传开来。

相传清乾隆皇帝下江南时，途经夏邑，驻跸于按察使李奕畴家。一个地方官献此汤于乾隆品尝，乾隆食后，顿觉味道甚美，神清气爽，便问道：这是啥汤？一句话问得大小官员面面相觑，不知如何回答。还是旁边献汤的地方官机灵，顺口用地方方言回道：还是皇上说得对，这就叫啥（撒）汤。乾隆又问：是哪一个字？地方官一时张口结舌，县令一见便接口回答道：请皇上赐名。乾隆沉吟半晌，没有说话，李奕畴道：不如以啥（撒）字之音称之，其字左边用月令之月，右上为天，下为韭菜的韭字吧。乾隆不解地问：何以用此字？李奕畴答道：此汤为秋冬进补佳品，故取腊月的"月"，今有幸蒙天子品尝，其味鲜如新韭，不如就以"膪"字命名此汤，取"啥（撒）"字之音，使百姓知"啥（撒）汤"为"膪汤"。从此，这道汤便有了正式的名字——膪汤。

膪汤作为民间的风味饮食，其熬制技艺讲究，用料比较复杂。熬制此汤的器具是特制的，用大铁锅接一大约 60 至 80 厘米的木口（木质锅口极易损坏，现多在铁锅上接金属锅口，锅口以铁锅大小而定），置于用砖坯垒成的灶台上，下面火塘内放置木柴点火熬汤。熬制时以当地的整个肥羊、整个土鸡、黄牛肉为主料，加入白芷、小茴香、草豆蔻、高良姜、桂皮、丁香、生姜、大葱、胡椒、面粉、麦仁等，先用大火煮，然后用文火熬一夜，待骨酥、汤浓、瘦肉煮成头发丝一样时，再用面粉勾芡，出锅后洒入香醋、香油、芫荽即可食用。食用时用筷子在汤中轻轻搅动，细若发丝的肉丝绕在筷子上，如玉龙盘柱般，令人馋涎欲滴。

此汤煮制时间较长，汤质浓厚，口味独特，具有补钙作用。用传统中药作为辅料，常食令人面色红润，余香满口，特别适合寒冷地区的北方人民秋冬进补之用。

1979 年，膪汤被载入《河南风味小吃》一书；1999 年，在商丘风味传统小吃评选活动中，被评为"传统风味名吃"，并被编入《商丘风味名吃》一书。

2008 年 9 月，膪汤列入商丘市第一批市级非物质文化遗产名录。

2009 年 6 月，膪汤列入河南省第二批省级非物质文化遗产名录。

参考文献：《夏邑文史资料》第二辑，《夏邑古今》。

（口述人：任峰   记录、整理人：何四海、何世勇）

二　哨子汤传统制作技艺

哨子汤原为嫂子汤，据说创于宋神宗年间，后改为哨子汤，为宁陵县东街范家祖传技艺。在古老的宁陵小城，曾流传着这样一句歇后语："'范猴子'的哨子汤——独门。""范猴子"名叫范训兰，是哨子汤的创始者之一。如今，哨子汤已被辑入《商丘传统风味小吃名录》。哨子汤制作的主要原料是小米，将小米磨成浆以后，配以鲜鸡汤、羊油、粉条，加上茴香、姜、花椒、味精、食盐等熬制而成。食用时，在碗里浇上特制的牛肉精哨子和辣椒油，其味鲜美可口、不腥不膻、香而不腻、余味绵长。

哨子汤不仅可充饥，长期食用还能养胃开胃，对治愈痢疾等肠道疾病有一定功效。哨子汤在宁陵一带颇有名气，有"哨子汤、杠子馍外加卤鸡蛋，着实让宁陵人吃得舒坦、得劲"之说，充分显示了哨子汤在宁陵人心目中的地位。

1958年，在商丘地区商业局举办的地区小吃大比武中，哨子汤作为宁陵地方名吃被评为地区名优小吃。1962年，哨子汤作为地方名吃被《河南日报》报道。宁陵哨子汤从此闻名遐迩，香飘八方。2000年，商丘市再次举办全市名优小吃大比武，哨子汤被评为名优小吃。2008年3月，在宁陵县餐饮行业协会举办的第一届名吃名菜大赛中，哨子汤被评为宁陵名吃。

2011年2月，哨子汤传统制作技艺列入商丘市第二批市级非物质文化遗产名录。

参考文献：《宁陵县志》。

（记录、整理人：郭勇）

三　杠子馍传统制作技艺

宁陵关家杠子馍俗称"馍样子"，意思是杠子馍做得非常考究，其他馍都应该学习杠子馍的做法，杠子馍是馍中的典范。杠子馍之所以冠以"杠子"二字，是因为揉制面团时要用木杠反复翻轧，以代替双手盘面。

关家杠子馍的制作技艺是从长期实践中摸索出来的，有一整套的操作规程。杠子馍选料特别严格，面粉要达到细、干、白、筋、香的标准。杠子馍和面用水上也有自己独到的秘诀，即"冬用滚锅水，夏用井拔凉，二八月里洒手水"。冬天天冷，和面就要加滚开水调出合适的水温，否则面不好发；夏天天热，自然要用井拔凉水调成适宜的水温，和成的面才能及时发好；二八月不冷不热，和面的水要先用手试，调出恰当的温度。杠子馍用的"酵引子"也有独到之处。酵引子又称"酵子"，就是用以发面的"面头"。制作酵子看似简单，其实只可意会不可言传，需要长期经验的积累，掌握好温度、湿度和时间；适宜的水温、高质量的酵子，才能保证面发得透，恰到火候。

杠子馍轧（盘）面繁复。"杠子馍，杠子馍，全凭杠子轧着和"，轧面是既要技巧又要下劲的力气活。杠子长约1.5米，4.5厘米粗细，杠子的一端放在面板靠墙一端的墙洞里，人坐在杠子的另一端，利用杠杆原理，把面团放在杠子底下轧，直到面团发光发亮。每团面都要轧上几十遍甚至上百遍，如此才能使硬面充分盘开。最后在大案子上盘成长条状，用刀切成大小相同的高桩方形蒸馍坯即可装锅。

杠子馍蒸制特别注意火候。先用大火把水烧开，然后慢火紧追，一气蒸透。出锅的杠子馍形状端正，色泽雪白，味道香甜可口，软硬适中，筋道十足，保质期长。这种馍用开水一泡，软如蛋糕，用汤匙一压即成糊状，酷似牛乳，又称"牛奶馍"。

宁陵关家杠子馍制作技艺系家族传承。据传承人关群讲，其祖上在明末时期曾给李自成的义军做过馍，但无文字可考。有文字记载的传承人已有四代，第一代传承人关敬新（1913年生）在继承传统做馍技艺的基础上有所创新，他有一手"捏金鱼"的绝活，同时将两个馒头用两个拇指轻轻一挤放进蒸笼内，待两个馒头出锅后，之间就会出现两个活灵活现、抵头相戏的金鱼形状，很受当地群众的欢迎。1983年，宁陵杠子馍被商丘地区个体劳动者协会评为风味小吃；1989年12月，被商丘地区工商局评为个体饮食优质风味小吃；2007年6月，被商丘市民族宗教局、商务局和餐饮协会评为商丘市少数民族风味小吃；2008年，在宁陵县餐饮行业协会举办的第一届宁陵县名吃名菜大赛中被评为宁陵名吃。

2011年2月，杠子馍传统制作技艺列入商丘市第二批市级非物质文化遗产名录。

参考文献：《宁陵县志》。

（记录、整理人：郭勇）

四 贡麻花传统制作技艺

民权县王桥乡麻花庄的张氏贡麻花，是当地知名度较高的一种特色食品。据《民权县志》记载："王桥乡麻花庄张氏麻花，已祖传七世，始于清乾隆年间，距今二百余年，曾作贡品进献。张氏麻花形状细长，由三股绞合而成，色泽淡黄，爽口无渣，清香酥脆，甘芳适口，食多不腻；遇风则刚，遇水则柔，遇冷则脆，遇火则燃，遇硬则碎。有人食用后，对其进行了形象的描述：'支在桌上能点灯，吃在嘴里咯嘣嘣，掉在地上碎轰轰，放在水里扑楞楞。'"

相传乾隆南巡，行至考城县张庄村（今民权县麻花庄）见路舍一翁烹麻花，芳香四溢，欲食之。随从奉于皇上品尝，香酥味美，赞不绝口。地方官闻之，作贡品进献，受赏，钦封"麻花庄"。从那时起，张家麻花就成为清朝贡品，同时，张庄更名为"麻花庄"沿用至今。

贡麻花经二百多年的沿革、九代传人的传承和发展，制作技艺越来越完善。贡麻花不仅是当地人偏爱的食品，还是人们走亲访友的优选礼品，也是商场超市畅销的商品。第八代传承人张培仁（1949年生）自幼跟随父亲张俊江（1921-2008，贡麻花第七代传人）学习制作麻花，很快掌握了各道工序的技艺流程，并有所创新。他炸制的麻花不仅脆香可口，能当蜡烛点燃，在开水里浸泡四分钟还能不粉不碎，可以用筷子挑起来当面条食用。

《中国食品报》、中央电视台等多家新闻媒体先后刊播了《能点燃的麻花》《李县长题词麻花滩》《民权有个麻花庄》等新闻和图片。

贡麻花的制作用料主要有无增白剂小麦精粉、专用植物油（一级豆油）、经过精挑细选的白芝麻粒、食用碱粉和十多种天然调料。其不含防腐及抗氧化剂，是童叟皆宜的上乘佳品。1998 年，贡麻花参加了中国少数民族用品暨少数民族地区名特优产品展销会，时任国家民委主任的司马义·艾买提为贡麻花题词"物美价廉"；1999 年获京九食品博览会金奖；2000 年被商丘市人民政府认定为传统风味名优小吃；2001 年，经中国技术监督情报协会审核，确认贡麻花为国家监督检测质量十佳放心品牌；2002 年，贡麻花被中国专利博览会组织委员会评为中国专利博览会金奖，并颁发了商标注册证；同年获全国科技博览会金奖；2003 年，贡麻花获河南名吃称号。至今，贡麻花作为豫东土特产中的一绝，成为当地商场超市里的畅销食品。

2011 年 2 月，贡麻花传统制作技艺列入商丘市第二批市级非物质文化遗产名录。

参考文献：《民权县志》，中州古籍出版社 1995 年版。

（口述人：张培仁　记录人：赵凯　整理人：王贵生）

五　景家麻花制作技艺

景家麻花又名贡品麻花，起源于河南省虞城县李老家乡陈店集村，故又被称为陈店集麻花。其制作技艺始于明末，清康熙年间获得盛誉，至今已传承三百余年。

景家麻花主要原料有精粉（小麦）、小磨香油、白糖、食盐、碱面、植物油等。其工艺流程包括兑面、和面、切剂、揉条、烹炸等。兑面：按照比例备好所需原料。和面：配置面水，放入白糖、食盐、碱面，搅拌均匀。再加入面粉、温水，和成面团，放置二十分钟，待用。制面剂：

在板上涂抹香油，将面团搓成条状，揪成大小相同的小面团，然后再把小面团搓成条状，码放好。码放时一定再刷一次香油，避免互相粘连，放置十分钟左右。揉条：将面剂在砧板上反面揉搓，同时向两端拉扯使之延长，然后两端合拢搓成绳状，再反复两次，搓成八股麻花生坯。炸制：新鲜植物油适量，入锅烧至170℃，把麻花生坯双手平放入锅，等炸至色泽金黄时捞出，即为成品。

景家麻花的制作器具有面盆、擀面杖、砧板、地锅。景家用来做麻花的砧板据说已有三百年历史，长 1.2 米，宽 0.6 米，厚 0.05 米，由三块梨木板拼接而成。

景家麻花既可直接食用，也可与其他蔬菜凉拌食用；既可用开水冲食，也可以做汤时使用。在豫东一带很受欢迎，是走亲访友的佳品。

据文字记载，景家麻花制作技艺已经历了五代传人：第一代传承人景幸河（1881—1960），第二代传承人景于运（1905—1976），第三代传承人景龙泰（1931 年生），第四代传承人景福义（1950—1997），第五代传承人景庆辉（1974 年生）。

相传康熙皇帝南巡时曾吃到景家麻花，遂列为贡品。1985 年，国务院副总理万里到商丘视察工作，品尝景家麻花时说："这种小麻花，质量很好，很有地方特色，你们要加以重视，扶持发展，使其更好地为人民服务，让小麻花发挥大作用。"2007 年 10 月，景家麻花经河南省民间文化遗产抢救工程专家委员会评审，被中共河南省委宣传部、河南省文学艺术界联合会授予河南省老字号称号。

2013 年 4 月，景家麻花制作技艺列入商丘市第三批市级非物质文化遗产名录。

（口述人：景福义、景庆辉　记录、整理人：赵玉清、杨凡）

六　魏庄焦饼制作技艺

魏庄焦饼是商丘传统风味食品。相传东汉末年，神医华佗四方云游行医，济世救人。一天，华佗行医至亳（华佗故里）北一百多里处（今商丘市魏庄一带），当地有很多百姓因肠胃不适前来求医。战乱时期药材昂贵，华佗为百姓开出一方，命人杀鸡取出鸡内金，加入面粉在铁锅上烘烤成薄饼，分食百姓，百姓食后肠胃不良症状全无。从那时起，魏家一直用这种方法制作焦饼。到了清咸丰年间"老魏头"这一代，做的焦饼远近闻名，生意十分兴隆。后来"老魏头"的儿子魏老二接手焦饼作坊后，把过去的锅贴焦饼改为吊炉焦饼，焦饼变得色泽微黄，味道更酥。"老魏头"的孙子魏尚立又把过去芝麻和到面里做焦饼的做法，改为把芝麻直接洒在焦饼的表面，这样烤出的焦饼更香。到了魏明祥和魏伟这一代，他们在过去作坊式制作焦饼的基础上，成立了颇具规模的公司（商丘市魏庄糖制品有限公司），并注册了"魏庄"商标，在保持原有风味的同时，改进了技艺，扩大了经营，获得了良好的社会效益和经济效益。

制作魏庄焦饼要经过五道工序：1.和面。用豫东当地小麦，用小磨打成较粗一些的面粉。按照祖传配方添加水、盐、鸡内金等，然后手工和面。2.揪团。在手工揪团时，掌握好每块面团的重量，误差不超过1克。3.搓饼。搓饼时要等面"醒好"，手法要做到"一按、二翻、三转圈"。搓出来的饼要圆如满月，大小一致。4.沾芝麻。搓好的饼要快速用双手拈起，放在芝麻斗内，再迅速提起放在焦饼炉内，整个过程一气呵成。5.烘烤。以锯末为燃料，用土炉进行烘烤，烘烤时要求温度高低误差不超过5℃，时间三分钟。在烘烤过程中，温度和时间要求是不一样的，只有经过长期实践，才能熟练掌握。

几百年来，民间一直把魏庄焦饼当成健胃化食的保健食品，成为当地百姓的一种饮食文化习俗。

2013年4月，魏庄焦饼制作技艺列入商丘市第三批市级非物质文化遗产名录。

（口述人：魏伟 记录、整理人：邢伟志）

七 西关赵家糟鸡制作技艺

糟鸡据传是清代流传下来的一道宫廷养生菜，也叫"养生鸡"，制作技艺是依靠家族传承的方式流传至今。西关赵家糟鸡制作技艺的传承人赵家骥现居住于商丘市睢阳区西关护城河西岸。他自幼随父学艺，制作的糟鸡糟鱼风味独特，味道鲜美，很受当地群众欢迎。

据赵家骥介绍："小时候听我的父亲说，糟鸡制作最早始于清代，至于哪年，父亲也没有讲清楚，只说有个宫廷御厨善于做糟鱼，他做的糟鱼上至皇帝下至文武百官都非常喜爱，他因此也得到皇上的重赏。这位御厨深感皇恩浩荡，在制作糟鱼时更加用心。有一天他突发奇想，既然能把鱼制作成糟鱼，为何不能把鸡也制作成糟鸡呢？御厨立即用制作糟鱼的方法试着制作糟鸡。经过数百次实践，改进配方，终于如愿以偿。自此，糟鸡就成为宫廷内部的又一道名菜。后来，文武官员尝过糟鸡后，纷纷让自家的厨师向这位御厨学习制作技艺。再后来，与官员有来往的富贵人家，也有了专门做糟鸡的厨师。我家制作糟鸡的秘方，就是那个时候传下来的。我爷爷把秘方传授给我父亲，我父亲又传给我，至于谁把糟鸡制作秘方传授给我爷爷的就不得而知了。现在这门手艺年轻人不愿意学，我只好把它传给我儿子的同学赵宝峰。"

赵家糟鸡经过赵家几代人的不断摸索，在传统祖传秘方的基础上，无论是选料、宰杀、整形、糟制等各道工序都更加精益求精，从而深受消费者的喜爱。

赵家糟鸡选用一公斤左右、鸡龄在六个月左右的三黄鸡或农家散养柴鸡，后者为最佳。鸡龄太长或太短都会影响糟鸡的口感。活鸡宰杀后，去毛去内脏，去鸡尖尖端，洗净，整理成型后，将蜂蜜、冰糖按一定比例加水加热使之融化，均匀涂抹于鸡的外表，称为"上色"，上色后挂起晾干。炸制时选用纯正大豆油，油温控制在170℃左右，炸至鸡皮松脆，呈现红黄色时即可出锅。糟制过程是赵家糟鸡最为关键的一道工序。先将锅刷净，锅底铺生葱，然后将炸制好的鸡放在葱上，兑入老汤、各种佐料、食盐、醋、料酒、小磨香油以及赵家秘制祖传的糟鸡料，大火烧开后文火炖制四至五个小时关火，待晾凉后方可出锅。这样制成的糟鸡肉质细嫩，色泽红润，食之糟烂如泥，骨肉皆酥，鸡肉入口即化。并能制成不同的糟鸡口味，如五香味、麻辣味、甜咸口味等。

被糟油融化了的鸡骨，能释放出大量的钙质，很容易被人体吸收，有增强体力、强筋壮骨的作用；鸡肉含有丰富的卵磷脂，适合营养不良、畏寒怕冷、乏力疲劳者食用，可补虚填精、健脾胃、活血脉，对月经不调、贫血、虚弱等症有很好的食疗作用。凡此种种，糟鸡具有较高的营养食用价值。

赵家糟鸡在2004年参加商丘市传统名吃评比活动中获奖。《京九晚报》于2005年、2009年两次对赵家糟鸡的传统制作技艺进行专题报道。

2013年4月，西关赵家糟鸡制作技艺列入商丘市第三批市级非物质文化遗产名录。

（口述人：赵家骥　记录、整理人：沈艳霞）

八　郭村孟家烧鸡制作技艺

郭村孟家烧鸡是河南商丘一带的传统名吃，距今已有三百多年的历史。相传在明末清初时期就颇负盛名，城里城外，无人不知"郭村孟家烧鸡"之名。据传，当时名震大江南北的才子侯方域曾经遍尝各地无数名吃美食，唯独对孟家烧鸡情有独钟。

1924年，孟家烧鸡传人孟昭行、孟昭备，子承父业，加工制作烧鸡，并由孟家庄迁居郭村，孟家烧鸡自此便被称为"郭村孟家烧鸡"。经历几代人的传承发展，风味更佳，很快享誉归德（商丘）、开封、南京等地。

上世纪50年代，孟昭行曾两次出席河南省饮食业技术交流大会，被授予"烧鸡能手"和"烧鸡技师"称号。后将烧鸡制作技艺传于孟献义，孟献义又传于次子孟庆民。孟庆民在继承传统技艺的基础上，对孟家烧鸡的制作技艺进行改良，风味不变，口感更好，成为商丘市睢阳区传统名菜之一。

1991年，郭村孟家烧鸡制作技艺被载入《商丘县志》，后又经商丘电视台多次采访，制作成专题片播出。1984年，郭村孟家烧鸡被商丘地区行政公署、工商管理局和物价局授予个人饮食风味小吃优质名牌称号。

郭村孟家烧鸡之所以深得食客好评，是因为其制作工艺很有讲究。首先选用重量1.5公斤左右、鸡龄五至七个月的农家散养柴鸡为原料，鸡龄太长则肉质粗老，太短则鸡肉风味欠佳；鸡要鲜活、健康，而且要经过动物检疫部门严格抽样检查通过后方可选用。初步加工时要求鸡的体型完整，干净无食物残渣，脱过毛的鸡要将双腿盘起放进腹中，以便于下道工序的加工制作。烧鸡上糖色的原料是纯天然蜂蜜加祖传秘料精心熬制而成的，把饴糖或蜂蜜与水按3∶7比例混合，加热溶解后，均匀涂擦于造型后的鸡外表。打糖均匀与否直接影响油炸上色的效果，打糖后要将鸡挂起晾干，再选用纯天然优质大豆油进行烹炸。油温控制在170℃至180℃，炸至鸡皮松脆，呈枣红色为好。鸡的卤制是烧鸡制作的最后一道工序。首先把油炸后的鸡逐层排放入锅中，上面用竹算压住，然后加上百年老汤及八角、小茴、桂皮、良姜、草果、肉蔻、山奈、陈皮、丁香、花椒、砂仁、白芷、鲜姜、大葱等四十余种香辛料，再加上精盐及祖传配方香料，使鸡淹没在液面之下；先用旺火烧开，再改为微火烧煮，锅内汤液能徐徐起泡即可；香辛料须用纱布包好放在锅下面，鸡肉酥软熟透为止。从入锅汤液沸腾开始计时，煮制时间大约为四小时。停火时再放入小磨芝麻油进行封锅处理两小时左右，以使香气更好地入骨。

郭村孟家烧鸡的特点是色泽红亮，造型美观，香气扑鼻，肉烂脱骨，趁热提起鸡腿轻抖，鸡肉可全部脱落，实为上品佳肴。

郭村孟家烧鸡不仅在睢阳区郭村镇、商丘市区一带比较畅销，还经常被作为走亲访友的礼品带往各地。

2000年之后，孟庆民为了让更多的人能够品尝到"郭村孟家烧鸡"，将制作工艺传授给一批批学徒。其中有数十位成功出师，分别开设了自己的店面，为郭村孟家烧鸡制作技艺的传承做出了贡献。

2013年4月，郭村孟家烧鸡制作技艺列入商丘市第三批市级非物质文化遗产名录。

（口述人：孟庆民　记录、整理人：郭翼龙、江涛）

九　垛子羊肉传统制作技艺

宁陵县垛子羊肉，是当地流传了六百多年的传统风味小吃。据说垛子羊肉起源于明朝初期，开国皇帝朱元璋喜欢吃羊肉，一天至少要吃上一次。宫廷里有御厨专门为他做羊肉，这些御厨都是从全国各地挑选出来的佼佼者，做羊肉人人都有一套——有的蒸羊肉内行，有的炒羊肉拿手，还有的炖羊肉有绝活，朱元璋每天可以吃到不同花样的羊肉。然而时间久了，御厨们也不免"江郎才尽"，再也做不出新花样的羊肉，难免让朱元璋失望。看到皇上吃羊肉的兴趣渐渐淡薄，御厨们诚惶诚恐，生怕有一天朱元璋怪罪下来，他们会受到责罚。

在宫廷的御厨中，有个姓关的中年男子，他本不会做羊肉，是专门炒菜的。当他得知皇上吃腻了大家做的羊肉时，私下里动了心思，悄悄研究起羊肉的新做法来。关姓男子是回民，家住宁陵县城东关，在他老家，人们有用大锅煮羊肉的习惯，煮出的羊肉味道很好。他没事的时候，就煮了一只羊，配上各种佐料，煮熟后取出晾凉，把骨头全部剔除。对着一堆肥肥瘦瘦的羊肉，他苦思冥想，想找一种独特的做法。几天后，他忽然灵光一闪，把这堆羊肉用粗木棒挤压成厚厚的一坨，之后用刀切下薄薄的一片，一尝，竟有一种特别的味道。他大喜过望，又反复试验了几次，并找人帮忙，把羊肉挤压得更结实一些。一次，朱元璋用膳的时候，对着面前的羊肉丝毫没有动筷的欲望，关姓御厨瞅准这个时机，把用烧饼夹着挤压过后的羊肉片呈到朱元璋面前。朱元璋疑惑地咬了一口，细细咀嚼之后，龙颜大悦，赞不绝口，问是什么东西。关御厨把做法详细一说，朱元璋直夸他有心，当即决定让关御厨专门为他做这种羊肉。

关御厨为皇上做了十多年的羊肉，不断改进，增减佐料，使味道越来越地道，也因此屡屡得到朱元璋的奖赏。到了五十多岁的时候，他告老还乡，回到了宁陵县东关老家。闲来无事，他便给家人和亲友做这成垛的羊肉吃，大家吃后齐声叫好，问这羊肉的名字。这一问还真让关御厨答不上来了，这么多年他一直都没给这羊肉起名字。他略一思索，道："既然是把羊肉垛起来吃的，就叫它垛子羊肉吧！"

垛子羊肉的做法是：用一至两岁的山羊瘦肉作主料，加入八角、丁香、桂皮、白芷等八种调味品，和人参、老紫蔻、田大芸等二十余种名贵中药材混合在一起炖煮，煮熟之后，用布包好，上压木板和重物，经过十几个小时挤压即成。垛子羊肉色泽浅红，净肉无杂，质地瓷实，用刀切成薄片即可食用。如果再加上香菜、葱丝、香油凉拌，味道更好。垛子羊肉营养丰富，色、香、味俱佳，不仅老少皆宜，也是适合招待客人的一道美食。

2000年，垛子羊肉被商丘传统名吃评审委员会评为商丘传统风味小吃；2003年，在工商局进行了商标注册；2006年被评为河南省名吃；2009年被评为"中国名菜"。

2011年2月，垛子羊肉传统制作技艺列入商丘市第二批市级非物质文化遗产名录。

参考文献：《宁陵县志》。

（记录、整理人：郭勇）

十　孙家卤肉传统制作技艺

卤肉又称为卤菜，是将初步加工和焯水处理后的原料放在配好的卤汁中煮制而成的菜肴。卤肉制作技艺历史悠久，是豫东饮食文化的重要组成部分。

卤肉制作方法多种多样，配料也各不相同。孙家卤肉的配料最早由第一代传人孙重尧首创，自 20 世纪初他就开始制作卤肉，因用料讲究，对卤肉所用的各种香料了如指掌，制作的卤肉肥而不腻、色泽明亮、味道香浓，在当地很有名气。后来他将技艺传给了儿子孙天中（孙家卤肉传统制作技艺第二代传人）。孙天中自幼跟随父亲学习中医，之后他把卤肉的配方和香料味道的识别方法传给了孙士景（孙家卤肉制作技艺第三代传人）。改革开放后，孙家卤肉开始了商业化经营，80 年代孙士景在夏邑县济阳镇开第一家卤肉店至今，多年来受到了当地及周边县市食客的一致好评。

孙士景制作的卤肉使用"老汤"卤制，现在所使用的"老汤"是 2000 年换店时更新的，已使用了十余年。孙家卤肉所使用的"大料"大多具有开胃健脾、消食化滞等功效。孙家卤肉以红卤为主，色泽自然光亮、肥而不腻、味道香浓，闻着香、吃着香、吃完之后回味香，肉香浓郁持久。

孙家卤肉所选原料均是经卫生部门检验合格的鲜肘子、鲜猪头、猪大肠、猪肚、猪肝、猪肺等。原料要求皮嫩膘薄，色泽白嫩带红。制作时，首先将原料清洗干净，用喷枪去毛，用刮刀把外面的糊皮刮掉，猪大肠、猪肚要去掉淋巴组织和多余的油脂，然后用清水煮八分钟左右，捞出放在凉水里浸泡，晾干后即可放入老汤中卤制。先用大火烧开，然后用小火卤制，两个半小时后卤肉便可以陆续出锅了。出锅后的卤肘子或猪头，用手拿起来稍微一震动，骨头和肉就会自动分离开来。把肉切成大块，装进大盘，放上大葱即可食用。老汤制作以 10 公斤水为基础，所需配料为白芷 50 克、丁香 10 克、山奈 25 克、大茴 50 克、小茴 50 克、肉蔻 20 克、良姜 40 克、花椒 40 克、草果 20 克、香叶 40 片、桂皮 50 克、生姜 100 克、海晶盐 500 克。夏天盐味要重一些，冬天轻一些。主要卤肉产品有：卤肘子、卤猪头、卤大肠、卤猪蹄、猪耳朵、猪肝、猪肺。

代表性传承人孙士景，初中毕业后跟随孙天中学习中医。1982 年从部队复员后，开始学习孙家卤肉制作方法，1984 年开店经营卤肉。2009 年孙家卤肉制作技艺被编入《商丘美食》一书。孙家卤肉供不应求，三十多年来一直受到群众的喜爱。

2014 年 11 月，孙家卤肉传统制作技艺列入商丘市第四批市级非物质文化遗产名录。

（口述人：孙士景　记录、整理人：何世勇）

十一　辛家五香驴肉传统制作技艺

辛家五香驴肉（俗称麦仁滚子肉、麦仁鬼子肉），起源于虞城县站集镇麦仁店刘大庄，是豫东传统名吃。相传，隋炀帝杨广去扬州看琼花，途经麦仁店，地方官把辛家麦仁滚子肉以贡品献于隋炀帝，杨广尝后，连声赞叹："尝驴肉，乃神仙也。"至于把驴肉叫鬼子肉、滚子肉，主要有以下说法：一是驴相貌丑陋，像传说中的牛头马面，故旧称"驴"为"鬼"；二是因为驴劳动后有打滚的习惯，便将加工好的驴肉称为滚子肉，之后谐音为鬼子肉。麦仁店位于虞城县站集镇，明清隶属商丘，新中国成立初期隶属谷熟县，1954 年后隶属虞城县。

辛家五香驴肉呈酱紫色，肉质细嫩、清香鲜美，香而不腻、烂而不散，是一种高蛋白、低脂肪、低胆固醇的肉类。古人称驴肉为龙肉，就是指驴肉不仅鲜香细腻、味美宜口，而且具有较高的营养价值和滋补健身的功效。

虞城县辛家五香驴肉传统制作技艺至清末传至辛氏手中，已有一百五十多年的历史，经历了六代传人。2013 年，主要传承人辛亮德（辛家五香驴肉传统制作技艺第五代传人）和辛道德、辛守德兄弟三人，共同将麦仁辛家正宗五香驴肉在商标局进行了注册，注册后仍采用家庭作坊制作。兄弟三人分工负责，辛亮德负责煮肉，辛道德负责购销，辛守德负责出售。其他家庭成员也都有明确的分工，女性负责宰杀，男性负责购驴、出售等。驴肉是现杀现煮，配制的佐料有元茴、良姜、花椒、白芷、桂皮、小茴等，不加任何色素。佐料选择干鲜、饱满以及无霉坏的果实，保证其味道纯正。俗话说："要想肉味香，佐料配适当。"辛家五香驴肉之所以远近闻名，主要体现在佐料的选配和煮肉的火候上。制作工序主要有四道：一是洗净驴肉，二是切块，三是拆骨，四是地锅煮，劈柴烧，煮八至九个小时，把驴肉的水分煮出来，之后捞出晾干即可食用。在站集镇麦仁店周边加工驴肉的有十多家，但麦仁辛家正宗五香驴肉声誉最高，消费者遍布豫东、皖北、鲁西南、苏北等周边区域，远销北京、上海等地。

2014 年 11 月，辛家五香驴肉传统制作技艺列入商丘市第四批市级非物质文化遗产名录。

（口述人：辛亮德　记录、整理人：钟升堂）

十二　罗阳豆腐干制作技艺

睢县蓼堤镇罗阳豆腐干，又称张家豆腐干，享誉睢县及周边县市，距今已有三百六十多年的历史。据本村耄耋老人张文玉说，在清初顺治年间，张家豆腐干的创始人因生活所迫，外出谋生，学会做豆腐干，回归故里后集百家之长，精心研究配料及制作工艺，逐步掌握了独门技艺，制成百里闻名的豆制食品。

相传顺治皇帝看破红尘，出家为僧，云游四海，落脚到白云寺。康熙为寻父曾经三下白云寺。当时寺院方丈佛定大师预知皇上驾临，早已备下丰盛的菜蔬。因为佛家戒酒肉，不动荤腥，所以准备的均是素菜。罗阳豆腐干则是其中之一。用膳之时，康熙连声赞扬罗阳豆腐干，每餐必点作为御膳菜。至此，罗阳豆腐干被列为御膳贡品，声名远扬。罗阳张氏豆腐干的做法也就固定下来，一直传承至今。

罗阳豆腐干以家族传承，至今不知传了几代。有姓名可考的有张同修（1889—1960）、张文玉（1919 年生）、张天喜（1951 年生）。张天喜现为罗阳豆腐干的主要生产者和传承人。

罗阳豆腐干要经过选豆、泡豆、磨浆、滤渣、熬汁、点石膏、包压、蒸煮、上色、加味、火煮、晾晒、包装等十多道工序，制作过程中还要加入桂皮、良姜、丁香、八角、花椒等佐料，然后加盐和其他调味品，反复蒸煮。其做工精细，块状整齐，色泽深褐，清香宜人，营养丰富。食之味道鲜美，坚韧耐嚼，愈嚼愈香，回味无穷。罗阳豆腐干出自古朴的手工作坊，不加任何化学制剂，为典型的无毒副作用的绿色食品。

制作豆腐干所用的工具也是传统工具，如熬豆汁和煮豆腐干用的烧柴草的铁锅、高粱莛子做的锅盖、用杠杆原理自制的豆腐干挤压机、用来泡黄豆盛豆汁用的陶瓷水缸、晾晒豆腐干以方便下面漏水通风用的高粱箔等。几百年来一直保持着古老的生产方式，每锅用黄豆只限 15 斤左右，一天最多做两锅，其产品始终保持原汁原味。即使每天在市场上被抢购一空，也从不多做。罗阳豆腐干成品可存放半年，且色味不变，是馈赠亲友、招待客人的上佳选择。罗阳豆腐干在睢县蓼堤镇只有张天喜家做的正宗，别家仿做的，在市场上无人问津。难怪当地人都说："豆腐干子都姓张，别家想做没人尝。"

2011 年 2 月，罗阳豆腐干制作技艺列入商丘市第二批市级非物质文化遗产名录。

（口述人：张天喜　记录人：张祖莒　整理人：唐晶晶）

十三　馨远斋五香豆腐干制作技艺

馨远斋五香豆腐干是虞城县贾寨镇任家祖传的老字号名优特吃。它始创于清乾隆年间，现保存有三百年前的"主顾和合"乌木方刻印章。据传，馨远斋五香豆腐干始制于贾寨村任家，清乾隆年间，大臣刘统勋视察黄河至虞县，后带此品入京犒劳治黄功臣。有诗云"锁住黄龙回朝转,任氏腐干宴功臣"。由此可见,任氏豆腐干在清朝就已经很有名气。如今,馨远斋五香豆腐干在豫东、鲁西南、皖北等地都享有盛名。

馨远斋五香豆腐干经三百多年的传承和发展,制作工艺日臻精细,味道日趋鲜美,成为当地人喜爱的美味。食之五香味浓,咸而不涩,香而不腻,皮色黑里透红,内白而发青,软硬适中,咸淡可口,营养丰富,老少皆宜。

馨远斋五香豆腐干至今仍采用传统手工制作,它以大豆为主原料,经过筛选(选择优质大豆)、浸泡(浸泡时间夏季为六至十小时,冬季为十至十六小时)、磨浆滤渣(选择密度较高的上乘罗网,约二百目,进行过滤)、点卤(使用国标卤、石膏进行点制)、加味(精选佐料如元茴、花椒、良姜、白芷、丁香、桂通、草果、肉蔻、砂仁等十几种)、火煮(老母鸡作汤,选择三年以上的老母鸡熬制)、晾晒、灭菌、包装等十几道工序制作而成。

馨远斋五香豆腐干制作技艺独特,味道鲜美,食用方便,老少皆宜。既可以直接食用,也可以和多种凉拌菜合用;保存时间长,易贮存,是走亲访友的上佳礼品。

2013 年 4 月,馨远斋五香豆腐干制作技艺列入商丘市第三批市级非物质文化遗产名录。

(口述人:任玉启　记录、整理人:杨凡)

十四　大有丰酱菜腌制技艺

商丘大有丰酱园始创于清顺治八年(1651),距今已有三百六十多年的历史。

据传,明末清初,李大有的先祖从金陵避战乱逃荒至安徽亳州董人街定居,做染布生意,兼营酱园。清顺治八年,李大有扩大经营,以其名字为号,创办了大有丰酱园。后逐渐发展为春阳斋、紫阳斋、大有丰、大有厚四个商号经营。清嘉庆十五年(1810),李大有之孙将大有丰字号迁至河南归德府（今商丘古城）专营酱园。为了迎合顾客的口味，扩大销路，大有丰酱园不惜重金聘请名师孟春发管理酱园。孟春发大胆创新，吸取了南北方酱腌菜加工技艺的精华，悉心研究，不断改进工艺，形成了一整套的腌制技艺。其制作出的酱菜色香味俱佳，誉满中原。新中国成立后，大有丰酱园收为国有。1953年，大有丰酱园改为商丘县酱醋酿造厂，1956年改为商丘县酿造厂。产品曾出口到英国、朝鲜、柬埔寨等国。

大有丰酱菜有酱油、食醋、酱腌菜、豆腐乳、酱类五个系列八十个品种。大有丰酱曲醅菜传统技艺不同于其他的酱菜制作工艺，其特点是用干酱醅渍，酱与菜同时生产。酱曲吸收菜坯中的食盐和水分，通过微发酵，菜坯又充分吸收酱醪中的各种营养成分，互相渗透，相互作用。经过一定时期的发酵和互补，菜和酱同时成熟，既获得酱香浓郁的优质酱菜，又通过微发酵制成鲜香味美的稀甜酱。酱曲醅菜不仅使菜体色泽鲜艳、晶莹剔透，而且保质期长，风味也优于同类产品。

大有丰酱园的主要产品有白糖豆腐乳、五香大头菜、辣油酱豆、酱瓜、酱笋、八宝菜等。

白糖豆腐乳，采用优质大豆、酱曲面、红曲米，加入食盐、天然酱油、白糖、料酒及花椒、元茴、小茴、肉桂、丁香、陈皮、白果、良姜等佐料，经过制坯、前酵、后酵等工艺制作而成。制成品呈正方体块状，大小均匀，形状整齐，色泽金黄微赤，内外如一，质地细腻，不糟不烂，咸淡可口，味道鲜美。不仅具有五香酥乳之浓香味，还有开胃增食之功效。

酱瓜，采用当地特产瓜菜，用干酱醅制。制成品为圆片状，大小匀称，色泽金黄发亮，口感脆嫩，咸甜兼有，酱香浓郁。

五香大头菜，选当地鲜芥菜，沿袭传统工艺，跨越两个年头，经过六个月才能做成。制成品块似桔瓣，色泽棕褐，柔中有脆，咸度适中，兼有芥菜的鲜味。

油辣酱豆，选用优质黄豆，经过蒸、煮、发酵工序，加入香油、花生仁、白糖、曲酒、辣椒面制作而成。制成品黏稠适度，色泽棕红，油光掠影，稍有辣味，可直接食用，亦可用于烹调。

当地民谣有云：南有紫阳斋，北有玉堂斋，中有大有丰，三家好酱菜。1986 年，相声大师侯宝林来商丘演出，品尝酱菜后赞不绝口，并欣然题词"长江以北独此一家"。1993 年 10 月，大有丰酱园被国内贸易部认定为中华老字号；2006 年 9 月，被商务部重新认定为中华老字号；2007 年 10 月，被中共河南省委宣传部和省文联评定为河南老字号。白糖豆腐乳、酱瓜和归德陈醋等五个产品相继获优质产品称号。

大有丰酱菜腌制技艺代表性传承人马勇（1960 年生，大有丰酱菜腌制技艺第四代传人），1982 年从事这项工作以来，为了能进一步学好酿造专业技术，主动拜刘德润（1932 年生，大有丰酱菜腌制技艺第三代传人）为师，经过刻苦钻研和实践锻炼，成为大有丰酱园的工程师兼副厂长。他研发的用生料发酵法酿造的陈醋获商丘地区科技成果二等奖。先后在《中国酿造》《中国调味品》《上海调味品》《江苏调味副食品》杂志上发表专业论文三十多篇。2002 年，他被全国工业产品生产许可证审查中心聘为国家注册审查员；2009 年，被中国食品工业协会聘为调味品国家评委。

2011 年 2 月，大有丰酱菜腌制技艺列入商丘市第二批市级非物质文化遗产名录。

2011 年 12 月，酱菜腌制技艺［大有丰酱菜腌制技艺］列入河南省第三批省级非物质文化遗产名录。

（口述人：刘德运　记录、整理人：郭翼龙、江涛）

十五　三园斋味合酱菜腌制技艺

三园斋味合酱菜腌制技艺为柘城县城关镇苏家祖传的手艺。据苏氏后人说，其家腌制酱菜的技艺源于元朝初年。苏氏祖上原为内蒙古人氏，宋末元初，苏氏先祖苏宝山随蒙古大军南下，因不愿参加征战而隐居柘城县北关，经营酱菜生意。清朝初年，苏玉堂摸索出豆腐乳（酥制培乳）制作技艺，制作的豆腐乳咸甜可口，倍受欢迎，遂立"三园斋"。民国时期更名为"豫东味合酱菜"，主要出产江南陈醋、潼关酱笋、什锦包瓜、酱胡芹、豆腐乳等。这些酱菜风味独特，曾在柘城民间留下"麻油腐乳配酱笋，胡芹贡酒宴嘉宾"的美誉。清末，三园斋味合酱菜中的一支向金陵（今南京）发展，获两浙江南盐运使封赏，将金陵酱园定为"官酱园"。1915 年，当地政府举办农贸精品博览会，三园斋酥制培乳、组合酱菜获特等奖章。新中国成立后，苏氏酱菜恢复了老字号"三园斋味合酱菜"之名，成为中国调味品协会团体会员企业。1996 至2003 年，三园斋味合酱菜先后在国家工商总局注册"店小二"和"苏佳"商标。

三园斋味合酱菜腌制技艺复杂，包括豆腐乳（酥制培乳）和组合酱菜的制作技艺。

豆腐乳的制作流程为：浸豆、磨浆、煮浆、点浆、压榨、划坯、上笼、接种、培养、淹坯、装缸、发酵、分装、杀菌、冷却、包装、入库。也可分为两部分，一是做豆腐，二是腌制腐乳。

做豆腐 首先是浸豆，时间一般为四至六小时，及至浸豆水表面生成水泡，豆皮胖肿发亮，大豆两片子叶分开，中间有凹膛。磨浆过程中要随时调节磨子松紧度，磨碎的豆糊细碎度平均在 15 微米左右，细而均匀。豆糊需在滤筛布上过滤四次，按次进行套洗。即四浆套洗三浆，三浆套洗二浆，二浆套洗头浆，洗涤后的豆渣含残余蛋白质 1.6% 至1.8%。煮浆时火要旺，气要足，迅速把浆煮至 100℃，然后用盐卤凝固成豆腐。比例为 100 公斤黄豆磨成 1000 公斤豆浆，用 4 公斤 25°Bé盐卤。

腌制腐乳 每斤大豆制豆腐坯约十六块。采用自然培养，室内温度应保持 25℃ 至 27℃，三至五天后豆腐坯上长出一层乳白色的菌丝，待菌丝长至 1.5 厘米左右长时，出现自然倒伏现象，即可腌制。将豆腐坯置于柱形缸内，每千块豆腐毛坯加食盐 15 至 16 斤（碎盐），自缸底四至六层开始，中间留空（15 至 16 厘米），周围紧排，腌制五至七天后，把腌好的豆腐毛坯从缸中取出，逐块用盐腌卤水洗净，晾干至不滴卤水，即可装坛。装坛时用酱黄面拌和。酱黄面以面粉为原料，每百斤加水 25 斤捏和均匀，蒸熟后放入室内天然制曲，待表面生长黄绿色曲雾，在晒场上晾干，用粉碎机粉碎成酱黄面。同时混合元茴面（茴香粉碎），每千块豆腐坯用 25 斤酱黄面、二两茴香面，逐层逐块拌匀，配料装坛后，先在车间保存四至五天，温度以 27℃ 到 30℃ 为宜，然后加热盐水（18° Bé 盐水中，加元茴 0.4%，草果 0.1%，桂皮 0.1%，良姜 0.4% 等香料加热煮沸）。每千块豆腐坯加热盐水十五斤，每日一次每次五斤，分三次加完。同时每千块加黄酒半斤，亦分三次兑入。加盐水及酒适宜程度，以坛顶二层乳坯以下呈现水面为宜（由于乳坯逐渐下沉，其后液面基本与乳坯相平）。最后用酱黄面严密封于面层，每千块用酱黄面 5 斤，置于露天晒场上，日晒夜露，雨天加盖，严防进入生水。一百二十天即得成品，成品再分装于瓶内待用。

组合酱菜的制作流程为：鲜瓜—减坯—脱盐—酱曲—酱渍—成品—分装—杀菌—冷却—入库。将黄瓜用盐腌制，按层瓜层盐，用盐下少上多的方法腌制，装缸至满，每天转缸一次。待食盐全部融化，改为二到三天转缸一次，十天后并缸压紧，灌入原卤，贮存待用。

腐乳、酱菜所用的工具为石磨、压榨机、制坯板、发酵笼、制曲用的笈子、腌缸等。

柘城三园斋味合酱菜在传统工艺基础上加入了科学配料和深加工，加入党参、桂圆、黄芪、枸杞等多种中草药。近年以来，其酥制培乳又创造了"明缸腌制法"，优化了生成工艺，缩短了培制周期，成品味道更加咸甜可口。

三园斋味合酱菜腌制技艺第二十八代传承人苏永明（1948 年生），在《中国酿造》《中国调味品》《上海调味品》《四川食品工业科技》《江苏调味副食品》等刊物发表论文六十余篇。其中《利用复合发酵剂酿制食醋新工艺研究》获河南省优秀论文奖、省科技成果奖。2003年,《店小二牌豆腐工艺研究》获河南省科技成果奖。《店小二牌组合酱菜腌制工艺研究》获国家优秀成果奖。《店小二牌豆腐乳的发酵机理与前景》在香港国际交流活动中荣获国际优秀奖。

2011年2月,三园斋味合酱菜腌制技艺列入商丘市第二批市级非物质文化遗产名录。

2011年12月,酱菜腌制技艺〔三园斋味合酱菜腌制技艺〕列入河南省第三批省级非物质文化遗产名录。

（口述人：苏永明　记录、整理人：李树峰）

十六　九龙口香醋传统制作技艺

睢县九龙口香醋,据说源于清朝理学大师汤斌后人汤若思在睢州东关建起的"仁和居"香醋作坊。传承了四代后,仁和居掌柜汤原性在继承前辈酿造工艺的基础上,改白醋为熏醋,使醋的风味更加纯正可口,并以本地盛产的红薯为原料,试酿红薯醋成功,此工艺至今仍在沿用。因仁和居香醋在睢州及周边地区享有很高的声誉,老百姓曾编顺口溜赞道："进东门,往里观,仁和居香醋味道鲜。"

民国初年,汤氏家族因兄弟分居,把仁和居香醋作坊又迁至城东北四里老院村。当时,村东有一所大庙,大庙四周有九条大路,在百步以内交叉,在九条路交叉地带正中(即大庙东南角)有一口水井,故名九龙口,于是仁和居香醋更名为九龙口香醋。

九龙口香醋历史悠久,在睢县以家传的方式,传承了九代。代表性传承人汤本安(1964年生,九龙口香醋传统制作技艺第八代传人),住睢县城郊乡老院村,1983年跟随父亲汤其升(1934—2009,九龙口香醋传统制作技艺第七代传人)学习制作九龙口香醋。其所采用的原料以优质、无污染的红薯为主,砻糠为辅料(有别于其他醋用玉米、高粱),

全固态发酵，无任何防腐剂和添加剂。生产工艺可分为五步：一是原料处理。将红薯制成红薯干，洗净放入锅中煮熟，焖三至四小时。二是糖化。糖化和酒精发酵同时进行，要封闭，不断打耙。三是醋酸发酵。将发酵好的酒醪拌加砻糠，放入醋酸发酵缸中进行发酵，每天要翻拌一次，温度要低于 40℃，否则影响醋的质量。四是醋醅熏蒸。将成熟的醋醅拌盐放入熏缸，用火保温熏蒸，使醋香浓郁。五是淋制陈酿。将熏好的醋醅放进淋缸中用杀过菌的开水进行淋制，后放入陈酿缸陈酿一个月。这样做出来的醋色泽棕红，醋香浓郁，酸而不涩，香而微甜，久放不霉。产品销往豫、皖、苏等地，成为当地群众馈赠亲友的佳品。

2014 年 11 月，九龙口香醋传统制作技艺列入商丘市第四批市级非物质文化遗产名录。

（口述人：汤本安　记录人：唐秀丽　整理人：张传美）

十七　焦馇传统制作技艺

保庙焦馇历史悠久，源远流长，是睢县颇具特色的纯手工制作的一种素菜。

相传清康熙年间，康熙到白云寺寻找父亲顺治，方丈佛定在招待康熙皇帝的菜肴中，就有焦馇这样一道素菜，康熙食后倍加赞赏。自此，睢州的地方官向皇宫进贡，焦馇是必备贡品之一。

制作焦馇的主要原料是优质绿豆，用手工水磨磨成浆，先加工成饼，再均匀切割成条块，用油炸即成。睢县城郊乡保庙村为睢县焦馇、豆腐、豆腐干的主要产地之一。特别是焦馇，在全县首屈一指。据王本立（1946 年生，焦馇传统制作技艺第三代传人）回忆，因焦馇是当时红白宴席上的必备品，需求量大，他的祖父王荣先（1880－？，焦馇传统制作技艺第一代传人）抓住这一商机，专门从事焦馇的制作。原来保庙村做焦馇的有郑、王两家，后来郑家改做别的行业，技艺已失传，只有王家坚持下来，一代一代传承至今。王家生产出来的焦馇味鲜可口，清香酥脆，慕名前来购买者络绎不绝，每天销量达三百斤左右。

近年来，保庙焦馇不但销往周边县区，还远销全国各地。有来睢县探亲的港、澳、台侨胞，也都特意将家乡的这一特产带回，馈赠亲朋好友。

焦馇的原料主要是绿豆，也有加小米的。但是，王家的焦馇从来不加小米，而是专用绿豆。先把精选的绿豆用皮芯分离钻分成两瓣，放入水缸浸泡去皮。夏天需泡三小时，冬天要泡十二小时。把浸泡透的去皮绿豆用小石磨磨成浆，磨成的绿豆浆一定要起泡，否则，做出的焦馇味道不鲜。绿豆浆起不起泡，与石磨有很大关系。石磨要自己锻，自己用，把握准磨口的松紧程度。成浆以后，再用平底鏊子煎成薄饼，四边折起，打成方块，在鏊子上炕成黄色，即为焦馇。

焦馇食用方式多样，可将其切丁过油，或淡、或甜、或咸、或糖烧、或醋溜、或袋装，口味不一，用途多样。淡者下汤，其余均作拼盘用之，拼盘时可摆成各种造型。入口脆香不腻，爽口宜人。

主要传承人王本立，十二岁开始学习包豆腐干，中途从军。复员回家后便开始向父亲学习制作焦馇。现在，王本立又将这一手艺传授给了儿子王东雨（1975年生，焦馇传统制作技艺第四代传人），并对慕名前来学习的外地人也毫无保留、一丝不苟地精心传授，使这一传统技艺在社会上广泛流传。

2014年11月，焦馇传统制作技艺列入商丘市第四批市级非物质文化遗产名录。

（口述人：王本立　记录人：唐晶晶　整理人：张传美）

第二节　酒类

一　张弓酒传统酿制技艺

张弓酒酿造历史十分悠久。相传,商代葛伯国(今宁陵县)有一村寨,有勇士张弓,忠勇侠义,时逢战乱,主动戍边。家中新婚妻子忠贞贤惠,因惦念夫君,逢饭时盛一碗,置于桌上,以示眷念。后不忍弃,置于瓮,时久,积攒一大瓮。张弓抗敌得胜,荣归故里,夫妻团圆。张弓视瓮中饭食,被妻厚意所感,欲尝瓮中食。妻下厨蒸煮,笼里流水,散出浓郁香味,张弓尝之,甘爽清洌,醇香可口。近邻得尝之,均称美物,后如法炮制。地方官吏以珍稀贡品进贡商王,商王赐名"张弓酒",赐该村为"张弓村"。

此外,相传西汉末年,刘秀未称帝前,曾至张弓镇,于张弓镇北"二柏担一孔"桥下藏身避险。脱险后,沽张弓酒,酒后策马东行三十里至落虎桥,酒力泛胸,余香盈口,不禁勒马回望张弓镇,连赞好酒。刘秀称帝后,将张弓酒定为宫廷御酒,其藏身脱险的小桥赐名为"卧龙桥",其勒马回头处建起了"勒马镇"。张弓酒自此声名更盛,流传至今。

从宁陵丁固堆遗址发掘出的陶片、酒器可以看出,张弓酿酒的历史可追溯到四千年前的龙山文化时期。后经历代更迭,张弓酿酒由过去的浊醪(发酵酒)逐渐演变为烧酒(蒸馏酒)。至清末民国时期,张弓酿酒业渐趋衰落。上世纪40年代,全县酿酒作坊尚余三十多家,主要集中在张弓镇的周围。1957年,宁陵县人民政府在张弓镇曹家糟坊和张家酒号的基础上建立了地方国营宁陵县张弓酒厂,保留了传统张弓酒的酿造工艺。

宁陵县自古就盛产谷、黍、蜀秫等适于酿酒的农作物,张弓镇(旧称张弓集)自古以来既为水陆两栖码头,又是豫东著名的货物集散地。张弓酒酿造区域主要分布在宁陵县张弓镇周围五十公里内,这里地处豫东平原,属典型的温带季风气候,酿酒资源和条件得天独厚。

1974 年，张弓酒厂应用低温冷冻技术率先研制出 38 度张弓酒，引起了中国白酒行业的轰动，各厂家纷纷效仿。1989 年，在国家级白酒评比中，张弓酒有十多个低度白酒被评为国优产品。21 世纪初，宁陵县组织学者收集已发表的"张弓酒酿制法"的各种学术论文及相关资料，出版了一套"张弓酒文化丛书"。2007 年，张弓酒厂与中国酿酒工业协会在张弓酒故乡联合主办召开了"中国低度白酒高峰论坛会"，国内外学者共同研讨张弓酒酿制技艺。"东西南北中，好酒在张弓"，经相声大师演绎而传遍大江南北。

由于气候、工艺、用料等方面的不同，张弓酒的浓香风味与其他浓香型白酒有着质的区别。

工艺特征 传统的张弓酒酿造工艺，从原料加工到成品酒的近百道工序，全由人工完成。主要有人工踩曲制拖板曲（原料中添加酒糟），原窖法，排排双轮底，中高温曲混用，量质截酒，圆木桶或方木箱贮酒。长期以来，张弓酒酿造技艺全靠父带子、师带徒，口授手演，世代传承。

水质特征 张弓镇地处豫东平原，属黄淮流域，淮河水系。此地生态自然，方圆百里内无污染源。地下水资源丰富，水质甘甜、清澈，适于酿酒。

原料特征 张弓酒酿造用粮十分考究，精选当地产的蜀秫（高粱）、冬小麦为主要原料。因所用原料（高粱）中含有一定量的单宁、芳香族酚类和香兰素等成分，加入用纯小麦培制而成的中高温大曲后，经发酵、蒸馏而进入酒中，因而张弓酒有特殊的粮香和酒香。这也符合麦阴秫阳、中和得酒的规律。

张弓酒属典型的中原浓香型白酒，具有"窖香幽雅、香味谐调、绵甜爽净、尾净味长""高度酒高而不暴，低度酒低而不淡"的特点，38 度张弓酒是低度浓香型白酒的标杆产品。用传统酿造工艺生产的张弓酒倍受世人青睐，方圆百里婚庆嫁娶、生儿育女、丰收喜庆、重大节日、亲朋相聚等都必有张弓酒。

2008 年 9 月，张弓酒的传说列入商丘市第一批市级非物质文化遗产名录。

2009 年 6 月，张弓酒传统酿制技艺列入河南省第二批省级非物质文化遗产名录。

参考文献：《宁陵县志》。

（记录、整理人：郭勇）

二 王贡酒传统酿造技艺

王贡酒传统酿造技艺流传于河南柘城县老王集一带，据说该技艺起源于唐代中期，至今已有一千二百余年历史，是柘城知名度较高的酒文化品牌。

"幸有车马临门第，胡芹贡酒宴嘉宾"，这副古老的对联，据说在柘城一带流传了近千年。对联中所说的"贡酒"，即指柘城县老王集一家王姓酒厂酿造的向皇帝进贡的酒。该酒厂和鹿邑的枣集、亳州的古井同属一个水系，从古井的泉水追溯源头，经过酿造河南名酒"宋河粮液"产地的鹿邑县枣集古井，再上溯数十里，就能到达王贡酒的产地——柘城县老王集。

相传老王集上有一家王姓富商，他家开酿酒坊，所淘的井泉水清澈，水质甘醇，加上酿造技艺高超，酿出的酒犹如琼浆玉液，味道纯正，香气浓郁，时人以"十里香""王酒"美称而赞之。"王酒"即酒中之王，四方客商路过老王集，均在此地歇脚宿夜，为能畅饮一杯"王酒"而津津乐道。当时有"喝了王酒十里香，胜似夜宿歇一晌"的顺口溜，至今仍在当地民间流传。

传说宋真宗曾驾临柘城，听人盛赞"王酒"之美，特意品尝，大加赞赏。从此之后，"王酒"就成为"王贡酒"，即向皇帝进贡的酒。因为当时柘城县向皇帝进贡的除王贡酒之外，还有知名特产胡芹等，所以，民间用胡芹、贡酒招待嘉宾，已成当地席上必不可少的风味。

　　王贡酒的糟坊毁于清朝乾隆年间。据《柘城县志》卷三记载："乾隆五十年,城东胡家村人王立山纠白莲教匪为乱。正月焚掠老王集一带。归德府官兵与战不利。南阳镇督军亲剿大梁集南(大梁集距老王集南数华里),擒王立山斩之,余党皆散。"这场战乱使王家酒坊变为一片废墟,仅留下一个古老的泥池。十年后,王贡酒糟坊酒师刘兴林在王家酒坊遗址重建酒坊,再酿王贡酒,方使王贡酒酿制技艺得以传承。

　　1981年,为恢复地方特产,柘城县人民政府在王贡酒老作坊遗留下来的三个酿酒泥池基础上开办了王贡酒厂,聘请刘兴林的后世传承人刘新端为酒师,酿造大曲酒,注册商标为"王贡大曲"。该酒问世以来,省、市酒业专家和广大群众均给予较高评价。目前,王贡酒厂已扩大生产规模,在保护传统酿制技艺的基础上研发王贡酒系列产品。

　　王贡酒传统酿制技艺一般分两个流程,一是制曲,二是酿酒。制曲的工艺流程为:麦粉→踩曲→卧曲→翻曲→潮火阶段→出房→成品曲入库。

　　王贡酒酿酒的传统工艺流程为:稻壳清蒸→原粱除杂→粉碎→润料→配料→装甑→蒸煮蒸馏→质量摘酒→贮存→勾兑→过滤→包装出厂。

　　王贡酒以传统工艺酿造,从制曲到蒸馏出酒,共有三十多道工序。尽管如今酿酒业为增加出酒率而大量引进现代酿酒技术,但王贡酒依然保持着传统工艺。因此,该酒厂所酿制的王贡酒清澈透明,窖香浓郁,纯正柔和,绵甜爽净,诸味协调,回味悠长。适量饮用后不上头、增食欲、去疲劳,实为馈亲宴友之绿色健康饮品。

　　2013年4月,王贡酒传统酿造技艺列入商丘市第三批市级非物质文化遗产名录。

(口述人:刘文涛　记录、整理人:李树峰)

三　王记酒曲传统制作技艺

酒曲是以小麦、谷类等为原料，通过中温发酵制作而成的发酵酶，它是我国传统酿酒技艺的基础和精华。从汉代以来，麦曲一直是北方酿酒的主要酒曲品种，后来传播到南方。

王记酒曲采用祖传制作方法，所制成的酒曲代谢产物丰富，使用王记酒曲生产的传统浓香型大曲白酒，芳香浓郁，清洌甘爽。相传其制作技艺起源于清朝末年，当时王氏太祖王学珠在祖上低温酒曲酿酒的基础上，首创中温酒曲，后全家迁移至夏邑会亭集西七里处官道旁，创建酿酒作坊，用独特的王记中温酒曲酿酒，酒质醇厚，享誉四方。

王记酒曲以本地所产的优质小麦、谷子、豌豆为原料，经中温培养而成。其制作流程大致为：润料→簸→碾碎→筛→拌料→加水混合→拌曲→团曲→荷叶包裹→麻绳捆扎→入缸培养→三次翻曲→吊挂培养→晾曲→入库。将制作原料经润料、簸、筛、捣、碾磨后，按比例拌料加水，混合适量的水分进行拌曲。团好的曲用荷叶包裹，把曲缸清扫干净，撒上新鲜稻壳，缸内四周一层环绕荷叶。入缸保温培养，将曲团层层排列，排满一层后，铺上竹条，再排第二层。排满曲团后，在缸口上面盖上棉被保温培菌。三天后翻头遍曲，七天及十五天后翻第二、第三遍曲。二十一天后，曲团温度升到53摄氏度左右，曲胚表面布满白色菌丝体，闻有甜香气，应揭开棉被出曲。出曲时，将捆扎好的曲团挂入曲房，继续吊挂培养。约经七天后，打开曲房门窗，晾曲，将质量检验合格的成品曲团运到干燥通风防虫的曲库储存三个月左右。待表面呈现均匀一致的白色斑点和菌丝，断面整齐成灰白色，有生长良好的白色菌丝，皮薄心厚无异色时，便可制成王记成品曲。成品曲曲香纯正，气味浓郁，发酵力高，不但能用于酿酒，还可应用于馒头发酵、酱制品发酵、制糖等。

王记酒曲制作技艺第五代传承人王玉东（1969年生），夏邑县会亭镇王酒店村人，高级酿酒师，自幼随父亲学习酿酒技艺。王酒店村自古就有酿酒的传统，这也是王酒店村村名的由来。王家从制曲到酿酒，每一道工序均采用传统的手工制作工艺，用料考究，所生产的曲酒芳香纯正，绵甜可口，享誉四方。为更好地传承发扬祖传的制曲技艺，王玉东1992年创建夏邑县会亭镇三龙酒厂，后新建了厂房，扩大了规模，更名为商丘市卓越酒厂，沿用至今。

2014年11月，王记酒曲传统制作技艺列入商丘市第四批市级非物质文化遗产名录。

（口述人：王玉东　整理人：何世勇）

四　冷谷红葡萄酒传统酿造技艺

民权县冷谷红葡萄酒（原名黄河故道窖藏葡萄酒）传统酿造技艺流传于黄河故道民权县一带，据说起源于清光绪十八年（1892）。当时，家住黄河故道南岸内黄集的胡金顶从西域经商归来，在黄河故道上栽培了葡萄，办起了酿酒作坊。经过多年摸索总结，形成了自己独特的葡萄酿酒技艺，至今已有一百二十余年历史。

清宣统元年（1909），耿万生（1876—1946，冷谷红葡萄酒传统酿造技艺第二代传人）改陶瓷瓮为木桶发酵，提高了产品质量，扩大了生产规模。后经历代传人的发扬光大，酿造的窖藏葡萄酒绵甜爽净，果香浓郁，成为当地人喜爱饮用的佳酿。抗日战争爆发后，酿酒作坊关门停业。新中国成立后，耿春云（冷谷红葡萄酒第三代传人）在民权城关镇赵庄村重操旧业，进行小范围的葡萄栽植和小规模的葡萄酒生产。1958年，民权县人民政府将耿春云的葡萄酒作坊收为国有，成立了民权县葡萄酒厂，整修原有酿酒设施，新增储酒罐四十六个，并聘请耿同德（冷谷红葡萄酒传统酿造技艺第四代传人）为酒师，招收工人一百多名，新建厂房二百多间。与此同时，在民权县大面积推广种植葡萄。据《民权县志》记载："民权葡萄酒厂建于1958年，是全国葡萄酿酒的骨干企业之一，该厂酿造的红、白葡萄酒，曾获得国家级酒类大赛的一个金杯、六个银杯奖。民权葡萄酒国内畅销29个省、市、自治区，外销五大洲

16 个国家和地区，被列为国宴佳品，受到国内外顾客赞誉。全国人大常委会原副委员长、全国政协原副主席费孝通视察民权时曾题词：'黄河故道何所有，林果禾麦绿油油。树树泡桐吐紫花，累累葡萄酿美酒。'"

研究发现，葡萄酒中含有较多的抗氧化剂，能消除或对抗氧化，具有抗老防病的作用。当地流传一首打油诗：葡萄酒，泡洋葱，饭后喝一盅，越活越年轻。2000 年，冷谷红葡萄酒传统酿造技艺第五代传人耿红伟、耿红玲创建了冷谷红葡萄酒股份有限公司，系列品牌有远翔牌干白葡萄酒、远翔牌窖藏干红葡萄酒、亿得利牌赤霞珠干红葡萄酒、亿得利牌霞多丽干白葡萄酒、冷谷红葡萄酒年产葡萄酒一万多吨。

2014 年 11 月，冷谷红葡萄酒传统酿造技艺列入商丘市第四批市级非物质文化遗产名录。

参考文献：《民权县志》。

（口述人：耿红伟　记录、整理人：王贵生、赵凯）

第三节　手艺

一　王氏坠胡制作技艺

王氏坠胡制作技艺由清光绪年间的司俊品始创，其一生从事三弦、坠胡制作，所做的乐器音色纯正、用料考究、装饰精美，令人赞叹。

当时在河南、山东等地流传一些伴奏乐器为小三弦的曲艺，慢慢地，曲艺艺人发现在用小三弦拨弹演奏时，不能与演员的拖腔很好地结合。为顺应新的需求，司俊品便对小三弦做了改进，在小三弦的一二弦之间加了一根马尾弓，变为拉弦乐，这就形成了坠胡。后来，为了提高坠胡的音区，完善音色，王氏艺人又对坠胡的发音箱进行了改造。根据琴筒的不同，分为曲胡和坠胡。

曲胡，琴筒直径 0.08 米，长度 0.14 米，琴身全长 0.88 米。琴筒前边蒙蟒皮，张两根弦，琴身琴筒用硬木制作，如紫檀木等。它的低音区淳厚略带沙哑，中音高音清脆洪亮。声音穿透力强，音色接近人声，主要用于戏曲伴奏和独奏，四度定弦，演奏技巧与二胡近似，擅长滑奏。

坠胡，琴筒直径 0.11 米，长 6.8 厘米，前口蒙蟒皮，共鸣箱较三弦的琴鼓略小，两面蒙以梧桐木薄板。使用江苇竹制作的马尾弓拉奏，它的音色纯净柔美，适宜表现优雅抒情的曲调。这两种乐器在琴头、琴杆、指板、弓子等部位，基本上还保留着小三弦的形制。

王氏坠胡制作分为八道工序：

一、制作琴杆。原材料多选用乌木和红木。首先进行烘干，等到木料中的水分小于 2% 时方可加工。其次将加工好的琴杆黏接定型，黏接用的黏合剂为大鳔（鱼皮熬制）或水胶。

二、制作琴筒。琴筒的用料多选用杂木，高档琴筒选用紫檀木。按比例做成长方体后，再细凿成空。

三、蒙皮。根据琴的不同用途为琴筒蒙皮，或蒙蟒皮或嵌桐木板。传统的方法是选用热带雨林中的蟒蛇皮。现在，蟒蛇已经属于国家二级保护动物。王凤银独辟蹊径，经过多次反复试制，最后采用兰考县的泡桐来代替蟒皮。将这种桐木做成厚度为 2 毫米左右的薄板，然后在 40℃ 左右的温水中浸泡二十四小时，再用特殊的黏合剂粘贴在琴筒上。

四、挂弦调音。在琴杆的两端（琴头和下面的底端）安装上螺钉，在两端螺钉之间安置两根琴弦。传统的琴弦选用特殊工艺制成的蚕丝弦，现多采用银弦和铜弦。银弦发音柔和优美，铜弦韧度大，发音清脆悦耳。琴弦四度定弦，大体分四个音区，多用"do""fa"和"sol""do"定弦，但无明显标志。根据弦的张力和演奏者的指法来调节曲调。原来是凭感觉来定弦，现在为了演奏的需要以及要和其他乐器配合，用校音器来定音，更加准确。

五、做琴弓。首先选用竹节稍长，直径 1 厘米左右，长度 90 厘米左右的实心竹（一般是半年生的新竹，江西产的最好）作为弓杆，经过蒸煮后两头打弯定型，在一头钻孔，另一头设置自动调节弓毛长短的螺钉（无螺钉也可直接拴在上面），然后将六十根左右的马尾安装在弓子上。马尾的多少也可以按照坠琴的功能要求来定数量。

六、制作琴把。琴把也叫琴轴。原是选用同琴杆一样的优质木料，在琴杆上打好孔，将制作好的琴把放入。现在多选用机械铜轴，因为机械铜轴可以调节琴弦的张力，不但更加精细美观，而且在调节曲调时能进行微调，弥补了木质琴把只能粗调的缺陷。

七、制作琴头。选用与琴杆同样的木料，制成各式各样的琴头。传统的琴头为直板式，比较简单。现在可以根据顾客的要求变换图案，主要有龙凤、如意、马头鱼等传统的吉祥图案。

八、组装。把所有部件依次组装在一起，一把完整的坠胡就大功告成。

制作王氏坠胡所需的工具有蜈蚣刨子、磨床、钢锉、砂纸、钢钻、钢锯、凿子等。蜈蚣刨子为专门制作坠胡的工具，手柄长 12 厘米，刨身长 18 厘米至 25 厘米不等，刨身嵌钢刀片，用于成型粗加工，其他工具为一般木工用具。

王氏坠胡（琴）主要有六种规格：

1 号坠胡，也是最大的坠胡。长度在 140 厘米左右，琴筒直径在 14 厘米左右。这种坠胡发音清脆婉转，比较适合模仿女声唱腔或鸟叫的声音。

2 号坠胡，也叫小擂胡。长度在 110 厘米左右，琴筒直径在 12 厘米左右。这种坠胡发音粗犷、深沉，比较适合模仿男生唱腔或猛兽的吼叫，如老虎、雄狮等，还可以模仿打击乐器演奏的声音。

3 号坠胡，也叫专业坠胡。长度在 92 厘米左右，琴筒直径在 10 厘米左右（一般是 10.4 厘米），琴筒长度 6.8 厘米，适用于专业的艺术团体演奏。

4 号坠胡，也叫作高音琴。长度在 70 至 80 厘米。发音清脆，适宜在阴雨天使用。

5 号坠胡，也叫儿童坠琴，长度在 50 至 80 厘米，适合儿童演奏。

6 号坠胡，属于欣赏坠琴，长度在 30 至 50 厘米，用料考究，做工精细，装饰华美，一般用来收藏。

王氏坠胡制作技艺第三代传人王凤银（1963 年生），是夏邑县李楼村人。他自幼喜爱曲艺，对乐器制作情有独钟，高中毕业后跟随舅父司华民（1942 年生，王氏坠胡制作技艺第二代传人）学习坠胡制作。他制作的坠胡音域宽广、音质悦耳，受到艺人们和业余爱好者的喜爱，在豫、鲁、苏、皖一带颇有名气。

2013 年 4 月，王氏坠胡制作技艺列入商丘市第三批市级非物质文化遗产名录。

2015 年 9 月，坠胡制作技艺（王氏坠胡制作技艺）列入河南省第四批省级非物质文化遗产名录。

（口述人：王凤银　记录、整理人：何世勇）

二 刘腾龙毛笔传统制作技艺

刘腾龙笔庄，是豫东唯一一家毛笔制作老字号。咸丰八年（1858），英法联军攻陷大沽，京津罹遭兵祸。为了避难，刘腾龙携全家移居归德府宁陵县城。刘氏以制笔为业，开庄设店，立号为"刘腾龙笔庄"。

清光绪元年（1875），刘腾龙之子刘东楼接管笔庄。清宣统二年（1910），归德知府万本端为刘腾龙笔庄题写门匾和笔幌。现门匾遗失，仅存"笔幌"和"笔笼"，成为刘腾龙笔庄在宁陵立业行商的历史见证。

1921 年，第三代传人刘汝震掌管笔庄，与二哥刘汝汉、四弟刘汝卿、长侄刘家贵（刘汝洪长子）共谋其业，生意兴隆。刘腾龙毛笔以质优物美赢得社会各界人士的青睐，在全国制笔行业中享有"南湖（湖笔）北刘"之美誉。

新中国成立前后，刘腾龙笔庄由第四代传人刘家祥掌管，与二弟刘家骥、三弟刘家庆共同经营。笔庄原在宁陵老城区大隅首北 50 米路东，后搬迁至大隅首南 40 米路东。笔庄制笔师傅有刘纪贤、刘炳正、刘景星等。土地改革时期，宁陵县委书记兼县长索天桥指示刘腾龙笔庄："要在半月内赶制两千支小楷笔，以供全县土改填证之用（当时规定须用毛笔正楷填写）"。由于时间紧任务重，除笔庄全体人员和家人齐上阵外，又从老家请来堂叔刘汝卿、堂兄刘家贵和刘家奇等帮手。选上等毛料，精工细作，夜以继日赶制。当两千支"纯紫尖"小楷笔如期送到县政府时，索天桥连声说："好！好！刘腾龙笔庄及时赶制了毛笔，满足了全县土改需要，你们为宁陵的革命事业做出贡献啦！"宁陵是土改试点县，等周边县市土改时，刘腾龙笔庄数万支小楷笔又销售一空。据刘家祥回忆："全国解放为笔庄带来了大运气。"

1955年，全县工商业改造，刘腾龙笔庄被合并到宁陵县商业服务公司，刘家弟兄仍以制笔为业。后来随着社会的变迁、书写工具的更替，传统制笔业需求减少，刘氏一家一度迁回了祖籍项城。上世纪六七十年代，刘汝卿、刘家庆、刘好善（刘家贵之子）、刘好仁（刘家奇长子）先后回到宁陵，重操笔业。后有第五代传承人刘兰亭（刘家骥之子）携刘好友（刘家祥长子）、刘好荣（刘家庆长子）分别到周边县区销售毛笔。第六代传承人为刘应璋（1975年生）。

一个多世纪以来，刘腾龙笔庄在继承祖传工艺的基础上，不断精研技艺、开发新产品，所制毛笔以得心应手、经久耐用的优良品质被书画界及社会各阶层认可。

毛笔的原料非常考究，常言道："分毛如分金。"刘腾龙毛笔用料在特定区域内选购，如江浙一带的山羊毛、东北三省的辽尾（黄鼠狼尾毛）、东南福建的石獾、云贵两省的紫尖（野兔脊背的颖毫）、山东（青岛）的猪鬃等。

刘腾龙毛笔的制作工艺相当复杂，从选毛到成品需要八十二道工序，全凭手工制作。每一道工序环环相扣，前一道工序不合格，下一道工序就无法进行。

制笔器具有材料刀、牛骨梳子、护笔石、护笔刀、牛骨齐板、垫笔折子、切板、择笔刀等。工艺流程为：选毛，把原料选出高、中、低三个档次，以供制笔技师使用。脱脂，取新石灰面入水，把毛料在灰水中浸泡三至五天左右，目的是把毛质本身的油脂脱掉。去绒，把毛料中含的绒去掉。齐毛，把毛尖根根上顶，整齐锋平。修笔，保证笔锋整齐、拢抱不散，无虚毛、无秀锋、无弯毛，笔身不膨胀。圆笔，笔头成型，逐个修圆，要求大小一致。护笔，护盖毛（群毛）时要均匀，圆直光亮。栽笔，笔头插入笔杆内，深浅适宜。

用不同种类的动物毛做成的毛笔有不同的性能，一般按毛的弹性分为软毫、硬毫和兼毫，按毛质的长度分为长锋、中锋和短锋。刘腾龙毛笔共分六大类一百多个品种。

莲蓬斗笔是刘腾龙笔庄的新款产品，其在传统工艺上加以改进，别的笔是一支笔杆栽一个笔头，可莲蓬斗笔一支笔杆栽十七个笔头，形似莲花，故名为"莲蓬斗笔"。著名书法家魏启后用了此笔，更觉挥洒自如，与众不同，随手提笔疾书："笔精墨妙，人生一乐。"

"纯紫尖"小楷笔个头不大，却是刘腾龙笔庄的当家产品，用料为三分羊毫、七分紫毫。上世纪80年代，书法大师欧阳中石使用刘腾龙"纯紫尖"小楷毛笔，深感得心应手，惊叹不已。"刘腾龙笔庄"乃是中石先生所题。

刘腾龙毛笔笔锋锐利、饱满圆润、吸墨性强，使用起来柔而不软、婉转流畅、富有弹性，具有"尖、圆、齐、健"四大特点。

为了发展壮大、保护传承这一传统手工技艺，刘腾龙笔庄第五代传人刘兰亭创立了刘腾龙笔庄有限公司。所制作的当家产品，由笔庄创始人刘腾龙制作的"小羊毫（大小由之）"、第三代传人刘汝震制作的"纯紫尖"、刘兰亭制作的"莲蓬斗笔"等，发展成为羊毫、紫毫、狼毫、獾毫、胎发、灰尾等高中低档七大系列一百多个品种，畅销北京、辽宁、江苏、山东、陕西、浙江、安徽等二十多个省（市），远销港、澳、台、新加坡等地。"刘腾龙"牌毛笔商标已在商标局成功注册。

2009 年，刘腾龙"笔墨"套笔被我省当作礼物赠送给台湾亲民党主席宋楚瑜。二十套精制"天地"套笔，2010 年春节前销售到北京中南海。

2010 年，刘腾龙笔庄荣获河南省老字号称号。2011 年 5 月，刘腾龙毛笔被评为商丘十大文化产品。2013 年，在中原旅游商品博览会上，刘腾龙毛笔荣获技术设计银奖。

2011 年 2 月，刘腾龙毛笔传统制作技艺列入商丘市第二批市级非物质文化遗产名录。

2011 年 12 月，毛笔制作技艺（刘腾龙毛笔制作技艺）列入河南省第三批省级非物质文化遗产名录。

参考文献：《宁陵县志》。

（记录、整理人：郭勇）

三　传统老土布制作技艺

老土布是我国劳动人民几千年来世代沿用的纯棉手工纺织品。虞城县站集镇民间纺织业兴盛，至今仍有当地群众自办纺布厂，生产老土布。

老土布的传统制作流程多，从采棉、纺线到上织布机织出布匹，共有十六道主要工序，分别为轧花（将摘下的棉花晒干后脱籽粒，轧成皮棉）、弹花（将皮棉弹松，成团状棉絮）、搓棉絮条（把弹好的团状棉絮搓成棉条）、纺线（用纺车将棉絮条纺成细线）、打线、染线、络线、整花型、整经做纬、闯杆、掏综、栓机、织布、了机、修布、成品布。

在以上工序中，最重要的是织布。在织布过程中，手脚的配合最为重要，双手轮流操作，双脚轮换踩踏板，溜子在手中来回穿梭，脚下踏板上下交替，让经线和纬线交替交织，织布机发出"咯吱咣——咯吱咣——"的声音，布就一点一点织成了。

如果用一只梭子织，纬线为单色，织成的布即为单色布；用两个以上的梭子织，纬线颜色多，横向即为彩色。最多可用六只梭子。如经纱时用彩色纱线相间，织成的布就为彩条布，多为红绿蓝等颜色。如经纬线都用彩纱，土布纹为方格状。彩色鲜艳的布多用作青年妇女服饰，色彩单调的多用作老年服装。

老土布制作工具有沙木弓、牛皮弦、柳芭椽、枣木槌子、梃子、纺车、锭子、打车子、线轴子、浆线杆、浆线椽、拖线棒、旋风车、络子、织布机、杼、梭子。

老土布的图案可由二十二种色线变幻出近两千种绚丽多彩的图案，老土布做出的被面床单柔软舒适，肌肤亲和力强，具有透气吸汗的特点。老土布冬暖夏凉、不易起褶、不褪色、不起球，耐水洗、不起静电，属环保产品，很受消费者欢迎。

传统老土布制作技艺在虞城站集镇已传承二十四代，代表性传承人辛昌仁（1950 年生）、班秀勤（1955 年生）、郭爱芝（1959 年生），她们是传统老土布制作技艺第二十三代传人，从小因生活所迫学习纺织，以维持生计。为了将这一传统技艺保留下来，他们创建了东方民间文化收藏馆，对外免费开放，并成立了东方手工艺品店。从 1999 年至今共收徒二十七人，传授纺织技艺，同时还教授制作头巾、布兜、虎头鞋、毛衣褂、手工帽等的方法。

2013 年 4 月，传统老土布制作技艺列入商丘市第三批市级非物质文化遗产名录。

（口述人：辛昌仁　记录、整理人：钟升堂）

四　老田家金银首饰制作技艺

金银首饰是以金银为主要材料制成的一种手工艺品，品种繁多，大小齐备。我国金银首饰生产历史悠久，在销金、铸造、鎏金、纹饰等方面技法纯熟，产品造型多样，工艺精湛。明代嵌宝盛行，清代极重华丽，历代名作迭出，显示出精深的工艺水平，且反映出不同时代的美学情趣。

清同治年间，在梁园区王楼乡小坝集有一田姓人家，为生活所迫外出学习金银首饰加工，肩挑担子、走街串巷，为村民加工金银首饰以维持生计。经过几代人的不断传承和发展，逐渐形成了田记独特的金银首饰制作技艺，以制作金银首饰、宝玺徽章、珠翠钻石、精制礼券等工艺品为主。其工艺流程为称重下料、熔化、拉丝、制型、抛光、成品，视情况间用钣金、拗丝、镶嵌、雕琢等各种技法。老田家金银制作技艺所涉及的锤揲、錾刻、旋切等工艺都来自传统的细金制作技艺，但以其精湛的手工制作和匠心独具的造型创意，制作出来的金银首饰更加精致美观。

田桂章是老田家金银首饰制作技艺第三代传人，他跟随父亲学习金银首饰的加工制作，全面继承了老田家传统的金银首饰制作技艺，精通于戒指、耳环、手镯、项链等传统工艺制作，保存有钢模、皮老虎、抽丝板、抛光器具等传统工具。后来他又遍访名师，精心揣摩，不断钻研，在自家小院开办了一个珠宝首饰加工作坊，主要加工戒指、耳环、项链、头饰等首饰。因手艺精妙，经他加工的金银首饰广受欢迎。

田海磊（老田家金银首饰制作技艺第四代传人），1998年跟父亲田桂章学艺，至今已全面继承了父亲的衣钵，而且根据社会的潮流和时尚，不断摸索学习和创新，打造出来的制品精细美观，具有鲜明的艺术个性。

老田家金银首饰制作技艺，依靠过硬的技艺、新颖的款式、良好的信誉得以有效地传承和发展。2013年在国家工商总局注册了"老田家"商标，并被工商局授予"消费者信得过单位"。

2014年11月，老田家金银首饰制作技艺列入商丘市第四批市级非物质文化遗产名录。

（口述人：田海磊　记录、整理人：邢伟志）

五　豫东虎头鞋虎头帽制作技艺

虎头鞋是童鞋的一种，因鞋头呈虎头模样，故称虎头鞋。

虎头鞋做工复杂，虎头、鞋底、鞋面需用多种针法，搭配多种颜色，以蓝、红、紫色为主。制成品色彩鲜明，针法细腻，活灵活现，栩栩如生，具有浓郁的乡土气息和民族风情。穿虎头鞋的幼童一般在一至二岁间，此时的儿童跃跃欲试，想要走路，但又离不开大人的搀扶，父母给孩子穿双虎头鞋，利于孩子脚踏实地。更重要的原因是，人们认为虎是百兽之王，穿上虎头鞋可以避邪保平安，呵护孩子结结实实、健健康康地成长。

虎头鞋制作技艺流传于民间，通常在母女、婆媳之间代代相传，在豫东农村，普遍都有在孩子出生前做虎头鞋的习俗，不同的颜色及样式代表不同的寓意。男孩穿上绣了虎头的鞋子，暗寓"无病无灾长大当官"之意。如果生了女孩，改用绿色染布做成虎头鞋，穿戴起来，谓之"绿娘子"，同样有望女成凤之意。在商丘流传着这样一首民谣：摸摸虎头，吃穿不愁；摸摸虎嘴，驱邪避鬼；摸摸虎身，万事顺心；摸摸虎背，荣华富贵；摸摸虎尾，十全十美。

做一双虎头鞋，要经过刻帮、沿边、纳底、上鞋、绣花等几十道工序，需先打袼褙、褙子。袼褙用于制作鞋底，褙子用于制作鞋帮。袼褙、褙子打好后就根据鞋样子剪下来做鞋底和鞋帮的内衬。然后开始纳鞋底，再挑选一种或几种花色面料做鞋帮。鞋帮做好后，另用一块棉布在上面绣上虎眼、虎嘴、虎鼻子和胡须等镶在鞋帮的前面，两边再用红布、黄布缝个小耳朵，用各色毛线、棉线制成虎嘴及护缨子，鞋的后边另缀块布作为尾巴，又名鞋拽把，也正好当成提鞋的工具。

鞋面的颜色以红、黄为主，虎嘴、眉毛、鼻、眼等处常采用粗线条勾勒，夸张地表现虎的威猛。还常用兔毛在鞋口、虎耳、虎眼等处镶边，红、黄、白间杂，轮廓清晰，大方美观。孩子穿上虎头鞋后，兔毛随风飘动，虎头也有了动感。虎头鞋鞋底肥大，插空纳上九个菱形破花，九个破花称为九颗圆子，意为"九子十成"。

主要传承人有：张玉英，女，1946年生，夏邑县火店乡张庄村人。1958年小学毕业后，跟着姥姥、母亲学针线活，十几岁就掌握了民间手工布艺的基本技法。婚后，张玉英又从婆婆那里吸纳了不少范式，逐步掌握了豫东虎头鞋的制作技艺。她收集、整理、创作豫东虎头鞋样、花样几十种，制作的虎头鞋样式新颖美观，舒适耐穿。王彦荣，女，1936 年生，是豫东虎头鞋虎头帽制作技艺第四代传人，十二岁就能独立完成一双虎头鞋的制作，后来又掌握了多种样式的帽子（虎头帽、凤帽、凉帽、葵花头帽、扎角帽、倒角帽、兔头帽、老婆帽等）的缝制技艺和儿童衣（板凳腿、枣核、扒裆棉裤，对襟、大襟棉袄，马褂、五毒肚兜等）的裁剪和制作，并会做民间流传的各种鞋子，尤其擅长虎头鞋的制作。她铰的样、剪的花、做出的鞋子都成为邻里的范式。她还喜欢剪纸，各种图案熟记于心，拿起剪子就剪，花鸟草虫便活生生地跃然纸上。

2012 年，王彦荣制作的七件作品参加首届河南省民间艺术展，其中一顶虎头帽、一顶老婆帽、三双虎头鞋共五件作品获奖并被省馆永久收藏，其中虎头帽荣获手工布艺一等奖。

2014 年 11 月，豫东虎头鞋虎头帽制作技艺列入商丘市第四批市级非物质文化遗产名录。

参考文献:《中国工艺美术大辞典》《美在民间》《中原民间工艺美术》。

六　金顶谢花酥梨传统栽培技艺

宁陵县石桥镇的金顶谢花酥梨是国家级名优水果之一，在商标局注册为"金顶"牌。该品种系白梨和沙梨的自然杂交种，从外观上看萼洼广而浅，周围有一片放射状黄褐色锈块，故得"金顶"美名。

宁陵县石桥镇位于县城北 6 公里处，盛产名优特产金顶谢花酥梨，有酥梨之乡的美称。单果平均重 300 克，最大可达 1000 克以上。成熟后色泽金黄，果形美观，皮薄肉嫩，脆甜无渣，汁水多，含糖量高达 15% 。并含有磷、铁、维生素 C 等多种微量元素和维生素。酥梨已有700多年的栽培历史，早在明孝宗年间就颇有盛名，被列为上等贡品。

1958年8月，当地政府将金顶谢花酥梨敬献给毛泽东主席，毛主席吃过之后评价说："吃了宁陵梨，不思他乡果。"1992年，金顶谢花酥梨在首届全国农业博览会上获得优质证书，被评为国家名优产品；1995年，在林业部举办的农林特产品博览会上被评为金奖；1998年，通过农林部专家考察鉴定，宁陵县石桥镇被定为全国唯一的优质酥梨生产基地，同时命名石桥镇为"中国酥梨之乡"。1999年4月，基地又被河南省旅游规划局定为万亩梨园旅游景区，石桥乡被商丘市政府定为全国农村改革商丘试验区试验点。全镇酥梨种植面积3.5万亩，年产酥梨4000万公斤，现已建成保鲜窖3000座，保鲜量达3000万公斤。产品畅销上海、广州、武汉等全国各大、中城市，而且还销往加拿大、港澳及东南亚等10多个国家和地区。现有的产品远远不能满足国内外市场的需求，当地政府在原汁原味保护金顶谢花酥梨的同时，采取了嫁接、选地等措施扩大种植规模。根据《地理标志产品保护规定》，国家质量监督检验检疫总局组织了对宁陵金顶谢花酥梨地理标志产品保护申请的审查。审查合格，批准对宁陵金顶谢花酥梨实施地理标志产品保护。按照宁陵县人民政府《关于界定宁陵金顶谢花酥梨地理标志保护范围的函》（宁政函〔2005〕13号）文件，宁陵金顶谢花酥梨地理标志产品保护范围为河南省宁陵县的石桥、孔集、柳河、逻岗、阳驿、张弓、程楼、城郊、乔楼9个乡镇现辖行政区域。并制定了严格的质量技术管理措施：

1. 立地条件。选择符合无公害梨产地土壤及水质环境条件的沙壤土，土壤ph值7.5至8.5、土壤有机质含量0.6%以上的土地建园。

2. 栽培管理。种苗：采用杜梨做砧木，利用嫁接法培育苗木。授粉树品种的选择与配置以红蜜梨、雪花梨、明月梨、荏梨等品种为授粉品种；授粉品种与金顶谢花酥梨的配比是1∶8至1∶10。栽植密度：根据技术水平等条件，每667m²（亩）定植不超过83株。施基肥：

每 1 千克梨果需施 2 千克左右优质有机肥，混入适量磷、钾肥，于采果后落叶前施入。土肥水管理：采用树冠下覆草、果园种草、果园清耕等措施进行土壤管理；第一次追肥在萌芽前后；第二次在花芽分化及果实膨大期（6 月中下旬）；第三次在果实生长后期。第一次追施尿素 20 至 25 千克，第二次追施三元素复合肥 40 至 60 千克，第三次追施硫酸钾 30 至 50 千克。每年于萌芽前、幼果膨大期、果实膨大期、土壤封冻前，灌水 4 次，采收前 15 天禁止浇水。树形与结构参数：按照生产优质高档梨果的要求，采用疏散分层形或开心形等树形。树冠覆盖率达到 80% 以上，树冠高度 4 米以下，冠幅 4 米左右，每 667m&sup2；（亩）留枝量 4 万至 6 万个左右，叶面积指数 3 至 5。生长枝、育花枝、结果枝的比例基本稳定在 1：1：1。产量指标：每 667m&sup2；（亩）产梨果 2500 至 3000 千克。

3. 采收与果实分级、包装。根据果实成熟度、用途和市场需求在盛花后 135 至 165 天开始采收，按照 GB10650-89 的要求进行分级、包装。

4. 质量特色。外观特征：果实为近长圆形，果皮黄而微绿色，梗洼附近果点较大，周围间有突起，有放射状金黄色锈斑，果皮光滑，皮质较厚，果梗中粗，萼洼广而浅，萼片脱落或宿存；果肉白色、多汁、味甜。理化指标：果实硬度 3.8 至 $4.0kgf/cm^2$，可溶性固形物含量 ≥ 10%，总酸含量 ≤ 0.10%，固酸比值 ≥ 100：1。

2013 年 4 月，金顶谢花酥梨传统栽培技艺列入商丘市第三批市级非物质文化遗产名录。

参考文献：《宁陵县志》。

（记录、整理人：郭勇）

第八章　传统体育、游艺与竞技

　　传统体育、游艺与竞技在我市非物质文化遗产项目上占的比例不大，民间流传的如小弘拳、娥眉拳、大红拳、秀拳、忠义门拳、梅花拳等拳种，有的何时传入或创立已不可考。但这些拳术的流传与我们豫东特定的历史和地理环境有一定的联系。这些拳术在套路上简单易学，动作上大开大阖，讲究后发制人。作为中原的门户，豫东在历史上频遭战乱，强身健体、保家卫乡应该是豫东人朴素的想法，这也是这些拳术流传的一种原因吧。此外,在农耕社会时期存在的一些民间游艺如今已逐渐消失，如丢沙包、踢毽子、打苏等，这些项目还需进行系统的挖掘整理。

一　忠义门拳

　　忠义门拳是宁陵回族融合了红拳、查拳、炮拳所独创的一门拳术，自明末传承至今，已有三百多年的历史。宁陵县东关、东街回族群众习武之风盛行，习练者众多，代有高手辈出，在全县及周边地区有较大影响。

　　1977 年 3 月，宁陵县举办了首届武术表演大会，忠义门拳受到同行拳师的高度赞誉。1979 年，东关忠义门拳拳师赵德堂、赵传振参加河南省武术运动会，荣获男子对练第三名。1983 年，宁陵县被河南省体委定为武术工作重点县，城关回族镇被省体委评定为"武术之乡"，该镇东街村被商丘地区体委评为"武术之村"。东关忠义门拳拳师赵西祥被评为"全国千名优秀武术辅导员"，关景云被评为"河南省优秀武术辅导员",县体育局忠义门拳传人丹华章（回族）被评为全国优秀武术裁判员。1985 年后，忠义门拳运动员在省武术运动会上共夺取金牌 2 枚，银牌 6 枚，铜牌 2 枚。

忠义门拳架势端正，姿势优美，身步灵活，招法巧妙，劲道外柔内刚，劲力以脆快为主，兼有长劲、柔劲，突出一个"巧"字。在套路的结构上讲究大开大合，开合相间；演练时讲究手到眼到，神形兼备，走如风、站如钉、动如涛、静如岳，快速有力，干净利落；技击上讲究先发制人，闪展腾挪，"手是两扇门，全凭脚打人"，既讲究"一力降十会"，又讲究"四两拨千斤"。忠义门拳的技击内容主要有徒手搏击、踢打摔解和各种器械的攻防技巧。现常用的功法有硬气功、盘功、抓功和铁指功。套路有五十套，其中拳术七套、器械十六套、对练二十七套。

硬气功　每天清晨，在清静无异物异味之处，侧对风向站立，并步两齿轻叩，吸气要深，呼气要轻，然后用手抚摸全身，至一月左右浑身发痒时，可以用软东西全身排打，第二个月可用木棒等硬物排打；第三个月可用铁器击打，约四个月功即练成，可承受钝器击打。

盘功　准备石锁一个，重量因人而异，逐渐增加。将石锁抛起，肘、背、膝依次接锁抛锁，高度要适当，经常练习可增加力量和上述部位的承受击打能力。

抓功　每天早晚两次，五指自然伸开，缓慢抓握至手发酸时为止，经常练习，可增加指腕力量。

铁指功　室内设坛子两个，分别放入绿豆和大盐，每天早晚入室内，两手交替插入两个坛子几十次，至绿豆成黄，盐成碎末，功即练成。

忠义门拳十分重视基本功的教学和训练，对初学者大体有以下几个教学步骤：1. 讲解拳掌的基本要求，进行冲拳、推掌等各种拳法、掌法练习；各种屈伸、直摆性腿法练习，压、搬、耗腿；活腰及各种滚翻跳跃练习。2. 学习十路弹腿和拳术套路。3. 学习各种器械和对练套路。4. 各种功法练习。

总之，按照由浅入深、先易后难的原则，循序渐进，进行教学训练。拳术主要有西洋掌、三路架、四路架、五趟叉、狮子头、醉八仙、十路弹腿七种。器械主要有三义刀、八义刀、五虎断门刀、杜家枪、六合枪、十三枪、二十四枪、玉仙剑、齐眉棍、六路双刀、十八刀、二路刀、两节棍、九节鞭十四种。对练主要有徒手对练、器械对练、徒手器械对练三种。其中，徒手对练分为对打花拳、介拳挂画、狮子滚绣球三种。器械对练分为单刀破枪、双刀进枪、扑刀进枪、大刀进枪、两节棍进枪、三节棍进枪、牛角拐进枪、风火轮进枪八种。徒手器械对练分为白手夺刀、白手夺枪两种。

忠义门拳在实战中讲究胆壮、眼明、耳聪、步快、手疾。要审时度势，"勾搂粘挂打，闪截八卦托"，里勾外挂、左闪右跨、虚虚实实、扬己之长攻彼之短，方能百战不殆，稳操胜券。

2013年4月，忠义门拳列入商丘市第三批市级非物质文化遗产名录。

2015年9月，忠义门拳列入河南省第四批省级非物质文化遗产名录。

参考文献：《宁陵县志》。

（记录、整理人：郭勇）

二　张氏十三势秀拳

张氏十三势秀拳发源于民权县北关镇张道口村，创始人张瑢，敕封授登仕郎，附监生，任贵州省黄平州分州。张瑢生而英异，少与翟景愚学拳于少林法清禅师，尽得其术，遍游四海，被誉为"脚踢黄河两岸，拳打南北二京"。后于诸拳中吸收其精华，自创张氏"十三势秀拳"，招式有"阴阳五行、八步登空、仙人挂画"等。张氏十三势秀拳经过几百年的发展完善，集诸家之长，自成体系，已有三百多年的历史，传承十二世，拳谱完整。发展到民国年间，十三势秀拳在当地颇有影响，到张道口学练秀拳者络绎不绝，特别是农闲季节，周边村镇如北关、王桥、林七、褚庙、闫集、顺河等都有练武场，弟子数千。抗日战争时期，有八个日本兵抢掠老百姓的财物后从张道口经过，张氏十三势秀拳第十一代传人张增治，带领弟子将这八个日本兵打死，将财物归还原主。

张氏十三势秀拳的特点是套路多，实战性强，出拳快捷，动作灵活，能在较短的时间内制服对手。主要套路有十三势：炮拳、佛案拳、猴拳、金刚捶、飞手捶、小阳掌、自捶、西阳掌、二红捶、大红捶、八卦捶、梅花捶、飞虎捶。主要器械有十一种：枪矛、齐眉棍、大刀、剑、镗镰、铜、钢鞭、三节棍、戟、双钩、金刚圈。

张氏十三势秀拳是张氏家族的先人所创立的一门拳术，并以家传的方式流传至今，代代传人在张氏家谱中都有详细的记载，传承谱系非常清晰。从第一代传人张瑢首创张氏十三势秀拳以来，已经历了十二代传人。第一代传人：张瑢（1623—1708），第二代：张宏远（1690—1763）、张永昇（1686—1762），第三代：张士中（1718—1794）、张士伦（1709—1784），第四代：张心典（1722—1791）、张心智（1721—1795），第五代：张克犹（1758—1836）、张克超（1765—1840），第六代：张良聚（1816—1860），第七代：张良松（1845—1913），第八代：张良勇（1869—1943），第九代：张本正（1876—1949）、张本笃（1887—1922），第十代：张盛伟（1840—1923）、张盛芦（1901—1942），第十一代：张增治（1887—1970）、张增绪（1926—2007），第十二代：张玉坤（1956年生）、张昌仁（1954年生）。

1983年11月，代表性传承人张玉坤、张昌仁参加河南省武术表演，荣获三级铜狮奖章。

2011年2月，张氏十三势秀拳列入商丘市第二批市级非物质文化遗产名录。

参考文献：《民权县志》《张氏十三势秀拳拳谱》。

（记录、整理人：王贵生、赵凯）

三　娥眉拳

娥眉拳是流行于豫东一带的拳术。由于"千载共一师"的特殊门规，加上创始者不自称师道，还有"技而晦之，自可全身"的理念，娥眉拳师秉承"不言市，不在人前演艺，不与人竞技"的传统，所以在拳谱中无历代拳师的记载。娥眉拳有完整的拳谱，分为外手拳法卷一、外手拳法卷二和外手拳法卷三。

外手拳法卷一　内容包括：1. 刚柔。与敌交手，未发手时，宜松柔灵活，不用一丝一毫之强劲，即松肩沉肘，虚领顶劲，外松内聚，飘然轻灵，若即若离、若假若真，寓随时变化之机而以意示形。出招时，则迅雷不及掩耳，极刚极强，手在何处便从何处击人，霎时集全身之力于一拳，有雷霆万钧之力。2. 神形。意者，内也，不可见之神也，形者外也，可见之身形也。欲得力整，先须形整，欲得形整，先须意整。习技之初步功夫，一曰调身，体松则神顺；二曰调神，神顺则形顺；三曰调形，形顺则力顺。有此三顺，则身自松，神自灵，形自顺，力自整矣。3. 歌诀。站式方圆，探让互参，顶随相用，逼闪相连。存乎一心，骗为至关，有勇有智，变化无端。师承十分古未无，能接七分即高徒。要想十分艺，三分须自积。人站门户莫轻进，四方变化奥妙深。动中取胜尔须记，不欲胜人方胜人。

外手拳法卷二　招式主要有：1. 一路基本式，弓步冲拳（挑帘式）、马步冲拳（袖箭式）、搂推、劈山靠、横肘掸拳（霸王鞭）、倒肘、分花拂柳、顺插针、一面花、倒十字。2. 三五合演，包括肘法和膝法两类。肘法有横肘、肩撞倒肘、拦门肘（化拧臂）、直顶肘（化抓胸折腕）、崩搂拦门肘、转身横扫肘、进身斜砸肘、倒步倒挂肘；膝法有顺提撞（前抱膝）、重搂膝（上式不中，搂颈上身撞另一膝）、闪顶膝（闪顶裆）、崩搂手拦撞膝、撕撞。3. 三手：抵胸掌、后蹬腿、送手。解脱法有凤点头（撕臂额击）、汉女术（臀击）、醉踏花（坠身术）、倒撤针（解身后锁喉）；摔法有凤还巢（旋力）、倒踩莲（沙弹）、单插花、顺插针。

外手拳法卷三   娥眉枪歌诀：娥眉剑法有妙方，也有枪法堪称强。素娥守门人难识，玉女抽身势难当。斜插梅花大拂面，双鬟扣门小试枪。圈拿点扎莫管他，避青入红不用忙。更有分花拂柳式，纵是神仙也难防。其式有：素娥守门、玉女抽身、避青入红、素女掸尘、小鬟扣门二式、倒步迎进分花拂柳式、大开门迎进分花拂柳式、分花拂柳式一步三枪、拦路枪、分花拂柳对劈枪、分花拂柳分杆枪。

娥眉拳以主动进攻为防，在实际应用中不招、不架、不格、不拦。不注重对方的位置移动和变化，瞅准空当，一招制敌。

娥眉拳师承关系不清晰，传承人韩静波师从于民间拳师孟宪超（1943 年生），孟宪超师从于吴光绪（1910 年生），再往前追溯就出现断代现象。韩静波，1964 年生于河南省虞城县刘店乡，现任河南省娥眉拳学术研究会会长，虞城县武术协会主席。2005 年 9 月，他应邀参加内蒙古自治区武术比赛，获男子传统武术第一名。2006 年 2 月，应邀参加第四届香港国际武术节，获男子传统套路一等奖。2007 年 11 月，应邀参加四川峨眉国际武术节"峨眉功夫论坛"，其论文《娥眉拳在训练中的要求》获一等奖。2008 年 10 月，应邀参加"光电杯"第二届中国武术搏击精英赛暨首届世界搏击论坛，被长春理工大学光电信息学院聘为客座教授。

2013 年 4 月，娥眉拳列入商丘市第三批市级非物质文化遗产名录。

（口述人：韩静波　记录、整理人：任建设）

四　梅花拳

梅花拳属于少林门派，内含文道、武道、医道三大部分。梅花拳特别强调以武济文，文治武功，以达到文武合一的境界。

梅花拳也叫五式梅花拳，第一式丁架，第二式大架，第三式挎架，第四式七星架，第五式败式架。

梅花拳主要器械有单刀片、双刀片、梅花剑、梅花枪、梅花棍、九节鞭等。主要套路有单捶、八捶、十六捶、三十二捶、蹿山、二郎捶、狮子滚、文棒等。

梅花拳传入民权县王窑村已有一百三十多年的历史，经历了五代传人。主要传承人王华峰，1954 年生，为梅花拳第三代传人。他自幼喜爱武术，十二岁时拜王德山（1919-1985，梅花拳第二代传人）为师，学习五式梅花拳。王华峰表演的梅花拳遵循大道至简、先备先用、文武双修、以德立人等要义和精神，以及文场、武场、医场三部分的丰富内涵，有益于现代人的健体、修身、处事、为人。

1969 年 10 月，王华峰参加民权县首次武术表演，表演了五式梅花拳、梅花枪、梅花棍等，受到同行的赞许。1972 年 9 月，王华峰应野岗公社之邀，赴黄刘庄作武术表演。1983 年 3 月至 1988 年 10 月，应同门师兄陈其俊之邀，在民权县西粮店开办武术班，授徒三十六人。2010 年 8 月，王华峰曾在深圳市国术馆表演梅花拳。

2013 年 4 月，梅花拳列入商丘市第三批市级非物质文化遗产名录。

参考文献：《民权县志》。

（记录人：王贵生　整理人：赵凯）

五　鞭陀

鞭陀是在河南流传已久的一种民间体育活动。陀螺在豫东一带又叫的喽，鞭陀就是用鞭子抽打陀螺，使陀螺处于不停的旋转状态，从而达到健身娱乐的目的。鞭与陀其实是两项民间体育竞技运动。鞭为短兵器，是古代十八般兵器中的一种，后被人们演变成甩响鞭的健身器械。甩响鞭的主要技法有正鞭、反鞭、挑鞭、快鞭、重鞭等。陀，又叫陀螺，传统陀螺大致是木或铁制的倒圆锥形，现有不同材质的陀螺，大致分为铜钱陀螺、线轴陀螺、木制陀螺、塑胶陀螺、金属陀螺、重金属陀螺等。鞭陀的打法主要有直打、斜打、对打、左右手翻转打等。鞭陀在夏邑得到了长足发展，成立有鞭陀运动协会和鞭陀运动俱乐部，全县的鞭陀爱好者人数众多，多次在全国重大赛事中获奖。

2013年9月28至29日，夏邑县举办了首届夏邑鞭陀文化节，来自全国各地的两千余名鞭陀爱好者参加了比赛，大家欢聚一堂，展示了不同流派、不同风格的鞭陀技法和鞭陀绝活。在此次鞭陀大赛中，中国鞭陀联合会决定把总部设在夏邑，并把每年一届的中国鞭陀文化节也放在夏邑举办，成为固定的鞭陀文化节会。

鞭陀从古代发展到今天，玩耍的技巧日渐完善，鞭和陀的种类越来越多，陀螺的样式更是丰富多彩。它也成为一项长盛不衰的、深受群众喜爱的传统体育健身项目。鞭陀玩起来比较简单，掌握技巧后很容易上手，不仅可以锻炼身体、活跃身心，还可以减肥，防治肩周炎、颈椎病。

代表性传承人代玉东（1968年生，夏邑鞭陀第四代传人）与鞭陀有较深的渊源，他的祖父和父亲均是豫东一带知名的鞭陀高手，技法娴熟，花样新颖。代玉东从小受长辈熏陶，对鞭陀产生了浓厚的兴趣，他在继承传统鞭陀技法的基础上，又融合了现代元素，把美感融入到鞭陀之中，使人观后心情更加愉悦。代玉东被誉为"夏邑的喽第一人"。

2008年10月，夏邑县鞭陀运动协会成立，代玉东任主席。2009年，河南省鞭陀爱好者表演赛中，夏邑县鞭陀运动协会组团参赛，获第一名。2011年，在洛阳举办的鞭陀运动会中，代玉东带领的夏邑县参赛队荣获大赛第一名。2012年，在郑州举办的全国第一届鞭陀大赛中，夏邑鞭陀代表队取得多个奖项，代玉东获一等奖。2013年9月28日，在河南申利实业有限公司举办的"2013全国第二届鞭陀大赛暨夏邑首届鞭陀文化节"中，代玉东获得申利杯金奖。

2014年11月，鞭陀列入商丘市第四批市级非物质文化遗产名录。

（口述人：代玉东　记录、整理人：何四海、何世勇）

六　小弘拳

小弘拳是由虞城县黄冢乡秦楼村的刘峰、赵景周在小洪拳的基础上创立的一种拳术。清末民初，军阀混战，民不聊生，盗匪猖獗，为谋生计，一些贫民在当地恶霸地主的鼓动下，开始种植让人深恶痛绝的罂粟。赵景周看到昔日健健康康的父老乡亲，变成了面黄肌瘦的大烟鬼，有的卖儿卖女，倾家荡产，有的妻离子散，家破人亡。为改变这种状况，赵景周到嵩山少林寺当了俗家弟子，专门学习武术，以期练成后带动乡亲一起习武健身，远离鸦片。他在少林寺学习了六年，后来和自己的师傅刘峰一起开创了一种出手速度特快，用力迅猛的拳术。为了纪念自己曾经学过的小洪拳，也为了将拳术弘扬下去，将新拳术定名为小弘拳。他们逐步招募一些学员教他们习武健身，以感化那些吸食鸦片之人。

小弘拳是一种刚柔并济的拳术，不仅男女适用，还能强身健体。小弘拳的基本要求是手、腿的速度要快，特别是练习轻功时行走的速度要快。练习行走时要在脚部、腿部绑上不同重量的沙袋，达到一定速度后，沙袋全部去掉，行走的速度就会更快。

北伐战争时期，山东有一名自称天下第一的武术高手在开封立擂百日，全国各地的武林豪杰纷纷前去挑战，没有一人取胜。被这位山东武士打伤的各路豪杰不计其数，眼看要成为全国第一高手，这时，小弘拳第三代传人赵世敬（1914－1948）跳上擂台，用自家独创的小弘拳把这位山东武士打得一败涂地。从此，赵世敬在武术界享有很高的声誉，人们送他一个名号"全国武状元"。前来向他拜师学艺的武术爱好者络绎不绝。后来，他把小弘拳的绝技传给了他的弟弟赵世训（1923－2006，小弘拳第四代传人）。20世纪七八十年代，赵世训的弟子遍及河南、山东、安徽、湖南等地，武功较高的弟子有三千余人，这个时期是小弘拳的鼎盛时期。

主要传承人赵崇锋（1956年生）、赵善先（1968年生），为小弘拳第五代传人，自幼跟随赵世训学习小弘拳，得其真传，有扎实的童子功，出手快捷有力，拳法精进，威猛无比。

2014 年 11 月，小弘拳列入商丘市第四批市级非物质文化遗产名录。

（口述人：赵善先、赵崇锋　记录、整理人：赵海港）

七　大红拳

大红拳据说始创于宋太宗赵匡胤，至今已有一千多年历史，历代名人辈出，遍布全国各地。清代后期传至山东与河南交界地区，习练者颇多，常子敬、张景文、道士李然（1825—1917，大红拳第一代传人）皆为著名大红拳拳师。李然经过多年修习及实战充实完善，形成了本门大红拳流派。1860 年，李然传艺于山东东平人唐义兴（1825—1917，大红拳第二代传人），后唐义兴收王永福（1894—1976，大红拳第三代传人）为徒，潜心授艺。王永福尽得其真传，由于武功出众，弟子众多，名声大振。王永福收王正典（1937 年生，大红拳第四代传人）为徒。王正典六岁练武，尽得大红拳精髓，功力纯正，曾到河北沧州、淮南及豫东各地传授大红拳，培养了大批弟子，成为当地一代名师。民权县张胜利（1964 年生，大红拳第五代传人）慕名拜在王正典老师门下，精习大红拳，王师尽授其艺。张胜利在民权开门授徒，并开办了民权县精英武术学校，培养了一批批大红拳弟子。

主要传承人张胜利，河南省优秀教练员，民权县武协主席。1986 年 9 月 4 日，在湖南南岳杯武术比赛中获男子棍术第一名；1989 年 8 月在河南省传统武术比赛中获拳术第一名；1990 年 10 月 1 日，参加河南省国际少林武术节获 52 公斤级散打第二名；1995 年 5 月在湖北武当山武术比赛中获男子短兵第二名；2009 年 10 月，被授予国家级武术一级裁判。他的弟子张欣欣（女，1986 年生，大红拳第六代传人）系国家一级武术裁判、武术套路国家一级运动员、武术散打国家二级运动员、中国武术六段，多次在省级和国家级武术比赛中荣获大奖。

大红拳主要套路有五路架子、五路盘捶（对练）、五路扳打式（对练)、三六九手（对练）、就地十八滚（对练）、贴身靠、擒拿对练 78 式、擒拿散打 118 式、盘龙棍、齐眉棍、空手夺刀、空手夺枪、空手夺匕首、大梢子破枪、三节棍破枪、双刀破枪、对花枪、棍破枪。

所用器械主要有刀、枪、剑、棍、九节鞭、牧羊鞭、双刀、双枪、双钩、双锤、双剑、朴刀、春秋大刀、扇子、拐棍、达摩杖、双九节鞭等。硬气功绝活有铁砂掌、排打功、龙形爪、阴阳指、金枪刺喉、飞针穿玻璃、腹卧钢叉、头开钢板、身断木棍、铁掌断砖、刀山钉床等。器械对练有朴刀对单枪、双刀进枪、六合枪、六合棍、六合拳、徒手对练、空手夺兵器、三人对棍等五十余项功夫绝技。大红拳内外兼修，刚柔并进，踢打摔拿，招连步紧，结构紧凑，快速勇猛，既可放长击远，又可贴身短打，并可一招变三招，三招变九式，变化无穷。具体技法有滚、拦、插、点、拿、扣、斩、砍、闪、按、截、绞、蹬、踹、摆、勾、扫等。

2014 年 11 月，大红拳列入商丘市第四批市级非物质文化遗产名录。

参考文献：《民权县志》。

（记录人：王贵生　整理人：赵凯）

八　解家大洪拳

宁陵县解家大洪拳起源于明代洪武年间，明确的文字记载见于《解氏族谱》，上面记录解家大洪拳传人解崌乔（1654–？），为解家大洪拳第一代传人。

解氏族人男女老幼皆习练武艺，在传习演练过程中，逐步形成了一套既可强身健体，又可技击实战，二者完美结合的传统武术——解家大洪拳。解家大洪拳技击性强，主张以快打慢、以长制短、横拦正击、闪进攻取，着眼于实用，不练花架子，具有较强的实战特色。实战中要求出拳滚出滚入，力要顺达，劲要活用；眼要明，审其势，观其义，做到你一动我先动。身法要求身正步稳，着重掌握重心，身体灵活；步要稳健，适可而取，恰到好处。招法要求心内清静，外要刚猛。散打讲究截手、偏闪打等招法，主张以静制动，借力打人，虚实相间，刚柔相济，击其要害。既主张以长制短，也善于近身、贴身搏斗，如利用头、肩、肘、膝等部位的撞击法。且善于结合摔跤、擒拿、点穴等招法，将敌制服。解家大洪拳所用的器械主要有大刀、朴刀、双刀、双剑、双枪、双钩、双戟、两节棍、三节棍、拐子、九节鞭、绳鞭、流星锤、匕首等三十多种长短软硬兵器。

　　解家大洪拳自创立以来，深受广大习武者的热爱，发展迅速。曾广泛流传于河南、山东、安徽一带，并出现了许多名师高手。新中国成立后，在解家大洪拳传人解传渊、解传让、解远涛等拳师的组织带领下，门徒日盛，曾多次参加市、县武术表演和比赛，并取得较好的成绩。20世纪七八十年代，弟子达上千人，主要分布在宁陵县、民权县、睢县等地，也有来自四川、甘肃的青少年前来学习解家大洪拳。解家大洪拳具有强身健体、搏击、防身等特点，声誉渐高。

　　解家大洪拳攻防严密，招式多变，套路结构紧凑，以踢、打、摔、拿等为技击格斗招式。从有文字记载开始，已经历十四代传人，如今已成为当地知名度较高的一门拳术。

　　2014年11月，解家大洪拳列入商丘市第四批市级非物质文化遗产名录。

　　参考文献：《解氏族谱》。

（记录、整理人：郭勇）

第九章　传统医药

　　传统医药是经过数千年的总结与发展，在我国逐步形成的一套独立的医学体系；其中优秀的、能在民间代代传承的传统医药，构成了非物质文化遗产的主要组成部分。

　　商丘市传统中医药偏方、验方存量广，种类多。就申报项目上看，多集中在喉科。喉科疾病是我市的常见病、多发病，一是与我市所处的地理位置有关。商丘地处北温带，属典型的大陆气候，降水少、气候干燥，夏季炎热，冬季寒冷，易发咽炎、扁桃体炎。二是与当地饮食习俗有关。豫东人喜食汤面，咽喉易受灼伤和刺激而感染。另外，豫东人也喜爱饮酒。商丘传统中医方药多为民间偏方、验方，多数没有经过正规医院的验证或临床实践，还需进一步科学分析论证，以治病救人，造福人类。

一　史家传统中医药组方

　　史家传统中医药组方是商丘市睢阳区新城办事处史家延续四代的祖传验方。创始人史先烈（1840-1928），祖籍河南淇县，自幼喜爱医学，年轻时自立门户应诊。他乐善好施，救困济贫，名扬乡里。史先烈熟读医书，博采众家之长，结合家传验方，创制口溃灵、烧烫伤速宁等组方。第二代传承人为史刘氏，她嫁到史家后，协助公公史先烈治疗病人，掌握了史家中药组方的精髓，成为远近闻名的女郎中，求医者络绎不绝。

第三代传承人王长荣毕业于卫校，在医院为助理中医师，注重学习医典名著。她医德高尚，诊治热情，虚心学习各家之长，旁及民间验方，兼取并蓄，并结合临床，在长期辨证施治中继续完善史家中医药组方。第四代传承人史弘千自幼聪明好学，就读于河南中医学院，他潜心钻研中医理论，注重医学实践，在国家级、省级中医刊物上发表论文五篇。在继承和发展史家传统中医药组方"口溃灵"和"烧烫伤速宁"的同时，他又创制了足爽、止痒酊等组方，解除了许多疑难杂症患者的痛苦。

"口溃灵"组方为牛黄、辰砂、硫苦、珍珠粉、冰片等。将以上药材按比例配好后，放入药碾中碾成粉状，放在芝麻油中拌成糊状，即可使用。用法：用医用棉签在患处涂抹，每隔五分钟一次，连续六次，即可止痛，而后患部愈合。

"烧烫伤速宁"药物组方为凤凰衣、紫草、黄芩、人中白、冰片等。将上述药材按比例配好后，投入63°高粱酒中浸泡一个月即可使用。轻度烧烫伤，用棉签涂抹，每隔五分钟涂一次，一般五至六次即愈；中重度烧烫伤视病情而定。

史家传统中医药组方以天然无公害的中药材配伍，使用独特的传统加工工艺，确保功效。其注重药物配伍的主从关系，通过有机组合成方，增强综合药物的作用，提高原有疗效。体现出针对性强、方义明确、少而精要的特点，且治疗费用低廉，周期短，治愈率高，无禁忌和毒副作用。

2013年4月，史家传统中医药组方列入商丘市第三批市级非物质文化遗产名录。

2015年9月，史家中医药组方列入河南省第四批省级非物质文化遗产名录。

（口述人：王长荣　记录、整理人：李月英）

二　张氏喉科

柘城县慈圣镇塔坡村中医张氏喉科，其治疗方法主要是使用祖国医学濒临失传的珍珠散加破皮针法。该治疗方法于清咸丰年间开始在张家以家族式传承，至今已有一百五十多年的历史。

张氏喉科为慈圣镇塔坡村张世海所创。张氏祖上原在直隶（今河北省）经商，家境富庶。咸丰十年（1860），第二次鸦片战争爆发，张世海之父张开服返回原籍慈圣镇塔坡村，让儿子弃商从医，跟随当地名医学习治疗喉疾，以济世救人，为民造福。

长期以来，张氏喉科借鉴《伤寒论》中治喉疾用"苦酒汤"以及唐代孙思邈的《千金要方》《千金翼方》中的"吹药法"，结合清代《重楼玉钥》中的"破皮针法"，创立了以散面药物治疗为主，内服汤剂为辅，再辅以破针法的治疗方法。其疗效十分独特，使张氏喉科脱颖而出，享誉柘城、宁陵、睢县等广大地区。

张氏喉科历代传人注重医术传承，且十分注重医德培养。第二代传人张传易熟读中医典籍，未及弱冠，就能单独诊治喉科疾病。他把百姓看作衣食父母，把行医视为"济民"，教育后人树立民本思想，并立"扶伤济世，德能高远"为张氏医训，世代传承。

张氏喉科以"四诊汤"辨证施治，经典方有四君子汤、四物汤、八珍汤、龙胆泻肝汤、代赭旋覆汤、银翘散、二陈汤、养阴清肺汤。这些方剂均为煎服。此外还有部分散方剂，常用的有小儿珍珠散吹喉，主治单腭、双腭、婴儿咽喉肿痛等。

张氏破皮针法，针刺部位多为患部及其附近。操作方法主要有刀切法、针刺法和针挑法。在以上针法进行完之后，需结合珍珠散进行吹药治疗，经临床实践证明效果显著。注意事项为：一是刺宜浅。二是强调放血。张氏认为，出血不仅能增强疗效，且能判断预后，"喉风针诀""若针刺无血，乃风热滞塞，郁邪日深，最为险症"。三是禁忌症，有些情形不可妄针挑破，或不能在喉内用针刀挑破。

中医张氏喉科采取传统中医中药治疗，特色鲜明，自成一家，是祖国传统中医药领域的瑰宝。其所使用的"珍珠散"加"破皮针法"，更是中医学濒临失传的治疗喉疾的方法。

张氏喉科所用中医中药取材方便，价格低廉，辨证精确，疗效确切，服用方便，无副作用，治愈率高，自有其医学价值和实用价值。

2011年2月，张氏喉科列入商丘市第二批市级非物质文化遗产名录。

2011年12月，口腔咽喉疾病疗法［张氏喉科］列入河南省第三批省级非物质文化遗产名录。

（口述人：张艳伟　记录、整理人：李树峰）

三　丁胡同吴氏喉科

出自民权县双塔乡的丁胡同吴氏喉科主治咽喉、口腔部位的七十多种疾病，尤其擅长治疗慢性咽喉炎、口腔生疮、口腔溃疡等常见病。丁胡同吴氏喉科的历史可追溯至清朝中叶，第一代传人吴赣鼐（生卒年不详），虽说是位乡村土医生，医术却很高明，最擅长喉科疾病的治疗，如咽炎、白喉、扁桃体炎等。后来吴赣鼐发明了用刀针治疗慢性咽炎的中医外科疗法，成为吴家的独门绝技。到清朝末期，丁胡同吴氏喉科在方圆数百里已很有名气。第二代传承人吴立贤（1857-1934）熟练掌握了吴氏喉科的祖传秘技，如望诊是吴氏一绝，通过望诊，观其表而知其里，不用任何仪器，就可以诊断出咽喉病和许多消化道疾病的轻重缓急。吴氏喉科在吴立贤行医时声誉达到高峰，方圆百里前来求医者接连不断。

丁胡同吴氏喉科的主要医疗器具有手术刀、止血钳、药碾子、手术剪、冲锤、冲筒等。

刀针治疗慢性咽炎属中医外科范畴，吴家已传承八代。代表性传承人吴新强（1971年生）、吴志威（1973年生），兄弟二人是丁胡同吴氏喉科第八代传人，自幼随吴献斌（1947年生，丁胡同吴氏喉科第七代传人)学医。吴献斌潜心钻研,经过无数次临床实践,成功发掘整理了"刀针治疗慢性咽炎"的治疗方案,荣获河南省科技进步三等奖。他撰写的论文《刀针治疗慢性咽炎》在《河南中医》和《中原医刊》上发表后,引起较大反响。国家级喉科专家、湖南中医学院教授谭敬书评价此法"具有先进性、科学性,有重要的临床使用价值和较高的理论意义"。吴献斌还将祖传的"吴氏喉症散"适当调整药物配伍,向专利局申请了专利。河南省卫生协会授予他"名医世家"的称号,人民日报出版社出版的《中国专家人才库》、中国人事出版社出版的《中国专家大辞典》和河南医科大学出版社出版的《河南民间名医大全》都分别介绍了吴献斌的事迹。2009 年 11 月 14 日,中国特色医疗学术研究会将吴献斌认定为"中国民间优秀名中医",并颁发了证书。吴献斌主编的《刀针治疗慢性咽炎》由解放军出版社出版并在全国发行。

2011 年 2 月,丁胡同吴氏喉科列入商丘市第二批市级非物质文化遗产名录。

参考文献:《中国专家大辞典》《河南民间名医大全》《杞县志稿》《民权县志》。

（口述人:吴献斌　记录人:赵凯　整理人:王贵生）

四　李氏喉科

李氏喉科起源于河南省商丘市梁园区,为清朝中期的李彦梅所创,历代名医辈出,经李灿武、李保身、李春一、李本全、李恪贤、李忠烈、李肃超、李月霞、李娜等八代传承,至今已有近三百年的历史。

李氏喉科有两个组成部分,一是李氏喉科治疗手法,二是李氏喉科治疗药物。李氏喉科治疗手法分为内治法和外治法,内治法即通过望、问、闻等手段,运用表、里、寒、热、虚、实、阴、阳八纲对病位外内、病势浅深、虚实属性等进行分析辨别,内服中药以辨证施治。外治法即根据疾病种类、病情发展情况、患者身体状况,分别采取吹药、含漱、外敷、探吐、针刺、针灸等方法予以治疗。李氏喉科的主要治疗药物为珍珠散，通过精选珍珠、冰片、朱砂、牛黄等十余味中药，用药碾、粉碎机将药物粉碎，细筛过滤，去粗取精，放入研钵，按照不同疾病科学配比加工成粉末。珍珠散具有解毒、止痛、止血、去腐、生肌等功效，能够在口腔内患处形成一层防水的薄膜，不影响患者进食,减轻患者病痛。

李氏喉科能有效治疗慢性梅核气、慢性口腔溃疡、慢性喉癣、慢性裂舌、慢性声带炎等慢性喉科疾病和悬旗风、飞扬喉、喉风、喉痈、蛾口等喉科急性疾病，尤其对治疗手足口病有独特疗效。李氏喉科治疗时间短，一般当天即可见效，三天左右痊愈。其治疗费用少，比西医治疗方法大约节省三分之二的医疗费用；且治疗效果好，治愈率能达到 95%-98%，病人承受的病痛少，治愈之后复发率低，在治疗喉科疾病的同时还能对其他脏腑进行调理。尤其是第八代传人李月霞和李肃超（中华全国中医儿科学会会员），医德高尚，医术高超，擅长治疗儿童喉科疾病和喉科疑难杂症，从医四十多年，治愈患者十多万人，患者遍布河南、山东、安徽、江苏、河北、北京、海南、上海、陕西等地，在广大喉科患者中享有较高的声誉。

李氏喉科在传承中体现了以下三个特征：一是独创性。李氏喉科的历代传人在继承前人经验的基础上，结合自身实践，对现有的治疗方法和治疗药物不断发展完善，独创了一系列能够有效治疗喉科疾病的药物和方法，在实际治疗过程中疗效显著。二是包容性。李氏喉科创始人和历代传承人从中国传统中医理论和实践中汲取养分，积极借鉴喉科名医的治疗理论和方法，融各家之长，提高治疗效果。三是人文性。历代传承人注重医德医风修养，秉承治病救人、泽惠苍生的行医理念，免费治疗贫苦百姓，主动开展上门服务，待患者如亲人，这种济世救人的人文情怀在群众中享有很高的声誉。

2013 年 4 月,李氏喉科列入商丘市第三批市级非物质文化遗产名录。

（口述人：汪晓辉　记录、整理人：邢伟志）

五　李氏百年喉科

李氏百年喉科主要是针对因病毒、细菌侵入口腔而导致的咽喉病变，在祖传针法及独特配药的基础上，吸收现代医疗的理论和方法，探索研究出的一套安全有效的中医疗法。

李源祥之父是李氏百年喉科的创始人，其初为一御医家的佣工，由于为人诚恳又勤奋好学，深得御医喜欢，逐步传授给他一些治疗常见疾病的验方，日积月累，渐渐精通医道。后来时局动荡，李源祥的父亲离开京城，回乡行医，在喉部疾病的诊治方面形成了自己的一套疗法，并传于李源祥。李氏喉科薪火相传，目前已传于第五代传人李学明。

李学明，医学专业毕业，深得家传，又通过勤奋努力、刻苦钻研，博览古今医学典籍，融汇中西方药理，加上亲身实践，医疗技法更为娴熟，所用方剂更为科学，疗效更为显著。之后，李学明又把这一疗法传给了自己的儿了。李氏百年喉科外无传人，均由子孙传承。

李氏百年喉科在传统针灸和中草药方剂的基础上重新设计、调整方剂，其选材地道，药物遵循古炮制技法，疗效非常显著。经过数代的临床实践，李氏百年喉科的传承人先后发明了麝黄天鹅散、锡冰散、珠麝散、八味散、珠黄散、三仙丹外用药、咽炎1号、咽炎2号等特效方剂。

李氏百年喉科针法独特，快速简便，无疼痛感，无毒副作用。几针过后，会感到舒适通畅，心静气定，男女老少均可适用。用药后，口腔、咽喉部疾病能很快得到缓解，再加上所选用的精制中草药最大限度地去除了苦味，使患者服药舒畅，深得群众好评。

李氏百年喉科历经几代人的传承和发展，已由原来的村卫生室扩大为社区卫生服务站，站内注册人员十余名，每天接诊口腔喉科患者近百名，治愈率达95%以上。

2013年4月，李氏百年喉科列入商丘市第三批市级非物质文化遗产名录。

（口述人：李学明　记录、整理人：王坤松、许影）

六　治疗扁桃体炎验方

史后田治疗扁桃体炎的祖传验方已有一百一十多年历史，经历了四代传人：第一代史培兰（1886-1979），第二代史培祥（1918-2008），第三代史后田（1944年生），第四代史红星（1971年生）、史永红（1973年生）、史洁（1979年生）。经过历代传人发展和完善，逐步研制出扁桃体消炎液。主要治疗扁桃体炎，扁桃体增生肥大，扁桃体炎引起的疼痛高烧、吞咽困难、急慢性咽炎和风湿病等，有效率达90%以上，治愈率达80%以上。此验方以见效快、药价低、治愈彻底不复发而闻名。

史后田自幼受家庭熏陶，研习医学。1963年7月，他从商丘卫校毕业后去农村当赤脚医生，用自家祖传的治疗扁桃体炎验方为群众消灾除病。五十年来，使数千名扁桃体炎患者摆脱疾病的折磨，成为当地颇有名气的乡村医生。1974年，史后田被调到林七乡卫生院口腔科，求医者络绎不绝。1984年至1988年，史后田在民权县人民医院口腔科行医，后在城关镇赵沙沃卫生室干个体门诊至今。

史氏扁桃体消炎液的主要配方是牛黄、珍珠、冰片、马勃。如果炎症严重，再服中药金银花、紫花、地丁、蒲公英。同时在扁桃体消炎液中加入聚维碘溶液，效果更佳。

目前治疗扁桃体炎的一般方法是打针消炎，严重的动手术把扁桃体切除。史后田的治疗方案非常简单，一不打针，二不手术，用他配制的扁桃体消炎液喷洒两侧扁桃体隐窝，就可取得满意的疗效。这种方法见效快，成本低，病人无痛苦。

2013年4月，治疗扁桃体炎验方列入商丘市第三批市级非物质文化遗产名录。

（口述人：史后田　记录、整理人：赵凯）

七　刘氏鼻喉疗法

刘氏鼻喉疗法起源于清康熙三十一年（1692），距今已有三百多年的历史，经历了七代传人。

当时商丘一带，鼻、喉类疾病多发。刘氏鼻喉疗法的创始人刘瑄（1692- ？），借鉴《本草纲目》《内经》《伤寒论》等中医名著，用一些土方、单方配制成药为群众治病，形成了有效、实用的中医配方。他乐善好施，为患者免费治疗，在当地有口皆碑。此后，刘家几代人不断努力，逐步研究出"刘氏鼻喉疗法"。第四代传人刘恒吉（1856- ？），医术高超，医德高尚，当地民谣有"黄河上下堤，谁不知道刘恒吉"之说。

刘氏鼻喉疗法提出"升提"的炮制理念，用独特的瓷罐泥封烧制，用纯天然中药材升提出精细的粉末，通过针刺特定穴位，外敷药粉，内服汤药三位一体的方法，直达病灶。此法具有入药深、见效快、痛苦小、治愈彻底的特点。

刘氏鼻喉疗法经过三百多年的传承发展，在中医问诊技术上日渐成熟，形成了自己独特的中医理念和医学特色，研制出多种中医药良方和针灸技艺；尤其在治疗小儿毛支肺炎、消化道和妇科疾病等方面疗效最为突出。其疗法结合传统理论知识，吸收了《黄帝内经》针灸术的精髓，独特的升提炮药法也运用了现代物理学的原理，因而疗效显著，治愈率高。刘氏鼻喉疗法作为一种传统医学资源，历史渊源悠久，有基础理论，有方药临床，有整理考校，有注释阐发，充分体现了博大精深的中医理论体系。

主要传承人：刘桂勋，刘氏鼻喉疗法第五代传人，在商丘县中医院中医专科坐诊，根据祖传中药验方，采取绿色疗法，创新配制了刘氏中药膏、咽炎贴、鼻炎贴、小儿毛支肺炎贴、疼痛、骨刺及面瘫神贴，并创立了"三清、三调"治疗方案和"十步"疗法，疗效独特，使脏腑机能自然康复。用量随症变化，灵活加减，变通运用。2009 年 4 月特邀参加中国中医骨伤针刀人才论坛；2012 年 12 月被评为"中华特色医疗专家"。他留下了祖辈传下的极为宝贵的书籍和中医药用品，培养了继承人刘祖领(1962年生，刘氏鼻喉疗法第六代传人)。刘祖领子承父业，继承了刘桂勋老中医的喉科辨证论治、内外兼治的传统经验。他不断挖掘创新、总结经验、深入临床，对喉、鼻疾病采用针灸、外贴、内服"三位一体"的治疗方案，取得了显著成效。在祖传方剂基础上对小儿毛细支气管炎、外伤、烫伤外敷的治疗效果特别显著，使数千名患者在较短时间内摆脱疾病的折磨。

2014年11月，刘氏鼻喉疗法列入商丘市第四批市级非物质文化遗产名录。

（口述人：刘祖领　记录、整理人：邢伟志）

八　雷火神针（脐灸疗法）

雷火神针（脐灸疗法）流传于虞城县及周边地区。其主要机理是在神阙穴（肚脐）给药达到治疗疾病的目的。脐部为人体经络百脉的总枢，是人体先天之本源。它也是腹壁最薄的地方，没有皮下脂肪，血管非常丰富，皮肤敏感度高，易于药物的渗透吸收。加上药物不受胃酶的干扰破坏，用药量少，见效快，特别适合肝脏、胃肠疾病患者。药物经脐部吸收，极少通过肝脏而被破坏，可减少毒副作用，是一条理想的给药通道。

雷火神针的灸法不同于常见的艾灸，是把萃取提纯的中草药有效成分沉浸在特殊的纸张上，卷成普通手电筒粗细状，一端扣稳固在肚脐部位的底座上，另一端点燃。纸筒在燃烧时废气上升外排，持续燃烧后，肚脐部位就会沉积一层药物。药物成分在烟气的压力下，加上烟气的温度扩张了皮肤毛孔，得到了充分的吸收，从而达到调理气血、疏通经络、平衡阴阳、祛除疾病的作用。

雷火神针的器具有特制针座，吸药筒特制黄表纸。常用中草药有党参、黄芪、郁金、木香、半枝莲、茯苓等二十多种。

雷火神针（脐灸疗法）独特、费用少，患者在治疗过程中无痛苦，治愈率高。先后在 1996 年和 2007 年被专利局批准为国家实用型专利。

雷火神针专治肝病的方剂能使患者气血畅通、疏肝理气、和胃健脾、退黄祛湿、软坚散结、活血化瘀、清肝利胆、固肾滋阴、增强患者的免疫功能，从而达到治愈的目的。

胃病灸适用胃胀、胃痛、呕吐、反酸、厌食、乏力、神疲等症状，使用后增加胃蠕动功能、养胃气、增强胃黏膜的再生能力，整体提高消化系统功能。

肠炎灸适用排便次数增多、粪便稀薄、时有黏液或脓血、腹痛、腹部寒冷、隐痛痞满等症，使用后可达到健脾和胃、固本止泻、温肾补阳、收涩固肠的治疗效果。

心脏灸适用于心慌气短、胸闷乏力、气喘、严重心律失常者，使用后能滋阴补气，增强耐缺氧能力，达到灸疗目的。

强肾灸适用肾炎、慢性肾炎、肾盂肾炎、肾小球肾炎、尿频、尿急等症，使用后可达到补肾健脾、温补肾阳、通经活络、壮腰强肾的效果。

第七代传承人杨成杰，1954 年生于河南省虞城县城郊杨善庙村。1980 年毕业于安阳医专，1982 年师承于第六代传承人杨葛氏。杨成杰在祖传疗法的基础上创立了雷火神针新疗法——脐灸疗法。他所著的《药物神针治肝病初探》《药物神针治疗晚期肝癌临床观察》《关于药物神针内病外治绿色疗法的研究及在肝炎等疾病治疗中的作用》等论文被《当代专科专病研究精要》《亚洲医药》《中医药临床》《世界杰出医药论文选编》等中外学术专著收录。2009 年 11 月，杨成杰在传统医药国际科技大会暨全国中医外治论坛上获得"全国中医外治先进工作者"称号。中华中医药学会外治分会专门设立脐灸疗法专家组，研究推广雷火神针。2010 年 1 月，在第四届中医药发展论坛上，雷火神针获"2009年度中医药继承和创新奖"。雷火神针先后被中央电视台、《法制日报》等多家媒体报道。鉴于杨成杰在中医药研究与临床特别是攻克世界性医学难题的肝病顽疾中做出的重大贡献，1998 年 1 月，卫生部中国医疗保健国际交流促进会授予杨成杰"中国特技名医"荣誉称号。1998 年 8 月，国家科委信息中心聘请杨成杰为中华华佗医药研究会高级研究员。

雷火神针（脐灸疗法）具有物理刺激穴位、经络传导和药物有效成分直接发挥双重功效，能促进血液运行，调节人体肺腑功能，协调人体阴阳平衡，起到温元固本、扶正祛邪的功效，适应症广泛。其对消化、呼吸、泌尿、生殖、神经系统均有作用，应用于内、妇、儿科，并适用于养生保健。为使中医药文化遗产得以传承和发展，虞城县政府专门成立雷火神针研究会，培养传承人，更好地造福人类。

2011 年 2 月，雷火神针（脐灸疗法）列入商丘市第二批市级非物质文化遗产名录。

（口述人：杨成杰　记录、整理人：杨凡）

九　张八卦中医外科

张八卦中医外科是张八卦村李家延续七代的祖传疗法，起源于清朝中期，由第一代创始人李先保在长期的医疗实践中自创，是一项用中医治疗外科疾病（皮肤疾病）的独门绝技，长期流传于河南、山东、安徽等省的许多地方。为了体现李氏中医外科的特点，群众称它"张八卦中医外科"。

清乾隆年间，黄河泛滥，痈、疽、疖、疔、丹毒等外科皮肤病在当地多发。李先保科举未中，遂买来医书，按照书中所说的配方，采集一些中草药为百姓治病。经过一段时间的医疗实践，治好了很多外科病患者，李先保也就成为一个颇有名气的乡村土医生，登门求医者甚多。后来为满足群众的求医需求，李先保就开了一家以治外科病为主的医疗诊所。经过李氏历代传人的继承和发展，逐步研制出专治脱疽、火丹、流注的特效中药良方。

脱疽是一种筋脉被寒湿或火毒侵犯，引起趾（指）节坏死脱落的慢性疾病。始发于四指末端，尤以下肢更为多见。本病多发于男性，女性极为少见。主要是由于气血运行不畅、脉络受阻而发生，其原因有气血素亏、肾气虚损；长期受寒受湿；烟酒过度，膏粱厚味；服用药物过多中毒等。脱疽分五型（虚寒型、气滞血瘀型、寒湿型、热毒型、气血两虚型），治疗方法各有不同。

火丹，又名串腰龙、火带疮或蛇串疮，是生于腰胁部的疱疹性皮肤病，有生在其他部位的称蜘蛛疮，此病发病较急，疼如火燎，因有火丹之称。这也是民间发病率较高的疑难病症，病因病机多为肝胆两经湿热凝结而成。此病初起病变部，先有带索状刺疼，不久痛处皮肤发红，发出成群如绿豆大小的水疱，聚集一处或数处，排列成带状，疱之间间隔正常皮肤，水疱中内容物开始为透明液，约五六天后转成浑浊，十日左右结痂。若水疱破裂，可呈糜烂现象，需两周左右结痂脱落，一般不留疤痕。本病常伴有局部剧烈疼痛，若老年患者，往往留有后遗症，数月不能消失。治疗方法：1.内治。宜清肝火，泻湿热，先用龙胆泻肝汤加减，或柴胡清肝汤加减；若疱疹糜烂者为湿热盛，宜服除湿胃苓汤；若疱疹愈后持续刺疼者，宜服仙方活命饮加柴胡、白芍、郁金、川楝子、元胡。2.外治。疱疹小宜用金黄散，疱大用妙占散。

流注是发生于肌肉深部的多发性脓疮，并有此处未愈，他处又起的现象。此病又分为暑湿流注、余毒流注、瘀血流注三种。病因病机：夏秋之间，经烈日暴晒，先受暑湿，继而露卧乘凉，寒邪侵入，阻于肌肉之内而成者为暑湿流注。先患疔疮，毒气走散，流于经络而发或外感风寒，表散后余邪未尽，流走经络所致者为余毒流注。跌打损伤，瘀血停留，或产后恶露不尽，流注经络而成者为瘀血流注。

针对以上病症，张八卦中医外科研制了一整套中医组方，如仙方活命饮、柴胡清肝汤、神授卫生汤、透脓散等，基本上都能达到药到病除的疗效。代表性传承人李坤恒（1968年生，张八卦中医外科第七代传人），自幼随父李在其（1928-2004，张八卦中医外科第六代传人）学医，三十多年来，用自家的祖传验方为群众消灾除病，使数千名外科病患者摆脱恶疾的折磨，受到当地群众的高度赞誉。

张八卦中医外科是流传已久的民间医疗验方，历经二百多年的发展沿革和临床验证，见效快、药价低、治愈彻底不复发，得到了专家的认可和群众的青睐，具有较高的科学价值和实用价值。

2011 年 2 月，张八卦中医外科列入商丘市第二批市级非物质文化遗产名录。

2011 年 12 月，中医外科［张八卦中医外科］列入河南省第三批省级非物质文化遗产名录。

参考文献：《河南省志》。

（口述人：李坤恒　记录人：赵凯　整理人：王贵生）

十　刘氏中医正骨术

刘氏中医正骨术起源于清代中晚期，距今已有近二百年的历史。当时有一位姓刘的武举（1840 年生），常年习武强身，刀棍损伤、跌打损伤时常发生，但当时经济落后，缺医少药，伤者常常痛苦不堪，激发了他对医药的关注。他每到一处都打听民间治疗跌打损伤的验方，并利用民间验方反复在自己身体上试验，不断筛选、去伪存真，形成了一整套疗伤、止痛、救急和治疗骨伤的疗法，即刘氏正骨术。

后来刘武举的儿子刘占鳌（1863 年生），在继承正骨术的基础上，结合自己的实践，进一步整理医方，总结经验，逐渐把单一的治疗创伤、跌打伤延伸到腰膝颈痛等骨病领域，从而开创了刘氏中医治疗骨伤及骨病的先河。

第三代传人刘乾章（1885 年生），创制了刘氏活血膏药，刘氏骨科疾病的治疗经验更趋成熟和完善。

新中国成立后，第四代传人刘仁洪（1906—1982），在商丘市西郊赵庄开办刘氏中医正骨诊所，继承前人的医术，努力解除百姓痛苦。

第五代传人刘玉佩（1927 年生），年轻时即从事中医正骨，治愈了无数骨病患者，经常参加全国性的骨科学术研讨。至今上门求医者络绎不绝。

第六代传人刘志林（1955 年生），一直跟随祖父行医，对刘氏正骨术及刘氏活血膏研究至深，于 1986 年调入商丘市西郊医院，创办骨科专科，并将医术传授给闫海燕。

第七代传人闫海燕（1970 年生），毕业于医科大学，精于理论研究及骨科学术探讨，全面继承了刘氏中医正骨术，配合中医康复、理疗、光疗、热疗等现代医疗手段，使刘氏正骨术这一传统医疗技术得到了延伸。2003 年担任平原医院院长，于 2006 年创建了治疗骨病的专科特色医院，使刘氏正骨术得到了发扬光大。

刘氏正骨术有两个组成部分：刘氏活血膏药与刘氏正骨手法复位及小夹板固定，其疗程既周密又复杂。

1. 刘氏活血膏制作工艺：精选地道中药材如当归、红花、川芎、海龙、海马、三七、元胡、牛膝等数十味名贵中草药；炮制；科学配比；加工成药末；进一步过筛成为精细药末；地锅加入适量医用油，文火加热至冒烟雾；加入精细中药末及辅料；充分搅拌熬至成形；降温池消火毒。

2. 刘氏正骨疗程：定位或者是正位→膏药平摊患处→夹板固定。

刘氏活血膏可活血化瘀、通络止痛、舒筋续骨、祛风消肿。治疗范围：刀枪创伤，跌扑损伤，风湿腰腿疼，各种骨伤骨病，比如各种关节炎、骨质增生、腰椎间盘突出、股骨头坏死等。

刘氏正骨术历史悠久、药源广泛、疗效确切、病人痛苦小、伤病恢复快、毒副作用少，且价格低廉，患者易于接受。

2011 年 2 月，刘氏中医正骨术列入商丘市第二批市级非物质文化遗产名录。

（口述人：闫海燕　记录、整理人：邢伟志）

十一 黄氏正骨法

黄氏正骨法始于清雍正年间，距今已有二百年的历史，发源于河南省虞城县刘店乡肖黄村。

黄氏正骨法在严格遵循传统中医望、闻、问、切四诊法的基础上，创造性地探索出望、问、触疗法。望：就是通过观察患者受伤部位的局部淤血、肿胀情况，与健肢进行比较，来判断骨伤的程度。问：就是通过与患者和家属交谈，了解患者的年龄、体质、受伤原因及伤后的痛苦情况，来推断骨伤发生的部位。触：就是在没有透视拍片的情况下，通过触摸患者的受伤部位，诊断骨伤的类型和骨伤程度，讲究触其外，知其内。

治疗过程为骨伤复位、动静固定法和内外用药。骨伤复位和动静固定法严格遵循先师传下来的手摸心会原则。骨折整复前，医者用手触摸骨折部位，要求手法先轻后重，由浅入深，从远到近，两头相对，真正了解骨折端在肢体内移动的具体方位，在头脑中构建一个骨折移位的立体形象，以达到良好的治疗效果。

黄氏正骨法分为拔伸、旋转、屈伸、横挤、分骨、折顶、回旋、纵压、分筋等。施行手法时，通过和患者交谈以转移患者注意力，达到让患者消除恐惧、减轻痛苦的目的。每个手法皆有其适应症，如拔伸可纠正短缩和成角，横挤可纠正侧移，折顶可纠正成角或用于折骨等。每种手法均视骨折的具体部位、具体情况而灵活地选择应用。由于绝大多数有移位的骨折不是孤立存在的，而是复合移位，所以采用正骨手法进行闭合复位时，单用一种手法难以奏效，必须同时采用几种手法才能获得满意的复位。

在进行正骨时，手法的选用有一个主次和先后配合的问题。如肩关节前脱位，在进行足蹬法复位时，单用患肢外展位作牵引不易成功。若是将上臂外展拔伸，在足蹬的配合下，内收患肢并做患肢旋转活动，则能立刻复位，这里以拔伸牵引为主，内收和旋转手法就是配合。

动静固定法，应用竹片或小夹板固定骨折或脱位部位，固定不跨越临近关节，固定后鼓励患者肢体远端等部位活动。小夹板固定方法有效、方便、时间短，因为它灵活轻便，适合全身各部位骨折及不同年龄段的骨折病人使用。

运用黄氏正骨手法治疗时，辅以内服和外用药物，效果更好。内服药物有汤剂、丸、散，外用药物以膏药为主。

黄氏正骨法已历经十一代传人，有文字记载的从第五代开始。第五代传承人黄天祥（1811—1883），第六代传承人黄忠胜（1852—1930），第七代传承人黄厚德（1863—1944），第八代传承人黄传行（1878—1954），第九代传承人黄家相（1912—1994），第十代传承人黄久长（1952年生），第十一代传承人黄诗伟（1986年生）。

代表性传承人黄久长在潜心研究祖传技法的基础上，融历代名家之长，使黄氏正骨法有了新的突破，技法更加成熟，更广泛地应用于临床，如对严重移位的儿童肱骨、脚踝的治疗，能避免手术治疗后带来的部分功能不佳的问题。黄久长还经常为家庭贫困的患者、孤寡老人免费治疗，凭借高尚的医德和精湛的医术享誉豫、鲁、苏、皖等周边地区。

2013年4月，黄氏正骨法列入商丘市第三批市级非物质文化遗产名录。

（口述人：黄久长　记录、整理人：赵玉清、杨凡）

十二　史家热药包

史家热药包是流传于柘城县陈青集镇史庄村的一种民间土单验方，该方起源于清宣统年间，距今大约有一百余年历史。据史家后人追忆，清末，史庄村青年拜一位游方道人为师，学会了热药包等一系列方剂，用于治疗颈肩腰腿痛、乳腺病等常见疑难杂症。后来，史家人将热药包等系列方剂作为祖传秘方世代相传，现已传承三代。

史家热药包的方药组成有麝香、乌梢蛇、穿山甲、川芎、乳香、铁棒锤、祖师麻等。其配制方法是将以上药品晒干、碾碎，装入长 25 厘米、宽 20 厘米的布包内备用。

史家热药包具有较强的除湿、镇痛作用，适用于治疗风湿病、骨质病变引起的疼痛、乳腺疾病、骨及软组织损伤疼痛等。

热药包的应用需按照如下十一个步骤：

1. 每次使用热药包前先把五十克鲜姜砸碎成泥备用。（如果疼痛部位面积大，鲜姜可增加到一百克。）

2. 把中药粉放在塑料布上，再加入鲜姜泥用手与药粉和匀，再加少量食用醋，使药粉潮湿而不流水。

3. 将潮湿药粉装入布袋内，将布袋直接覆盖在患病处，用塑料薄膜完全覆盖药袋。如果是手部、腿部、胳膊及周围能包扎的部位，药粉全部摊匀后，用塑料薄膜包扎周围，以便加热时发汗，效果更好。

4. 塑料薄膜外要加一层毛巾或棉布防止加热时将塑料薄膜烫坏。

5. 用热水袋每天加热外敷两次，一次一小时三十分钟，防止热水袋烫伤皮肤。

6. 一袋药粉可用七天，可连续使用十四次，每次用后把药粉摊在通风处晾干，防止药粉发霉变质。

7. 每次使用必须加入五十克鲜姜泥，要使药粉潮湿而不流水，还必须加入少量的醋或酒。

8. 第一次加醋适量，第二次加酒适量，第三次加醋适量，以此类推。醋、酒交替使用十四次。

9. 少数患者治疗后会出现症状加重，属正常现象，一周左右症状消失，二十天一个疗程。

10. 如皮肤有过敏反应，立即停用，如皮肤潮红、发痒，可用皮炎平止痒。

11. 热药外敷身体部位后，要重点保护，防止受风、受凉，更不能雨淋或凉水洗。

史家热药包的特点主要有：一是方药配伍独到，采取传统技术加工，疗效可靠。二是每个热药包可热敷七天，疗效持久，适用于广大痹证患者使用。三是止痛迅速，90% 的患者可在热敷十分钟后缓解疼痛。四是适合不能服用中药汤剂的患者使用。

经过百年的传承和使用，史家热药包日臻完善，治愈了一大批颈肩腰腿痛患者，在柘城县东南部享有较高声誉。2005 年，史家第三代传承人史国明将此药深加工后，申请了生产许可证及销售营业执照，近年来已批量走向市场。

2011 年 2 月，史家热药包列入商丘市第二批市级非物质文化遗产名录。

（口述人：史国明　记录、整理人：李树峰）

十三　王氏打火酒

商丘市睢阳区深厚的历史文化孕育了"王氏打火酒"这一朴素的民间传统疗法。生活在这片土地上的先人在与疾病作斗争的过程中，偶然发现通过火烤或火烫可以治疗特定疾病或者缓解特定症状，这也就是后世"火疗"的起源，后来的艾灸也由此演变而来。随着酒的发明，人们又发现通过喝酒或擦酒也可以养生保健并治疗一些特定疾病，这也是后世"酒疗"的起源，故而有"酒为百药之长"之说。随着时间的推移，人们逐渐发现将酒点燃后在身体上拍打擦拭所产生的效果要远远大于"火疗"或"酒疗"，于是产生了将火疗与酒疗结合在一起的"打火酒疗法"。王瑞祥在祖辈的实践经验基础上，奠定了"王氏打火酒"疗法的理论基础，并与中药疗法进行有机结合；根据不同病症配以不同的药酒复方，集火疗、酒疗、中药疗法于一体，进一步提高了该疗法的治疗效果。正是由于王氏历代传承人孜孜不倦的努力，才使这一民间传统疗法传承至今。

王氏打火酒疗法是将高度白酒点燃后，用手前掌沾火酒反复拍打人体某个部位。它将酒疗和火疗结合在一起，利用酒的辛温之性，火的热灼之力，火挟酒势，酒借火力，再加上施术者拍打手法的共同作用，直接快速透皮入里，作用于人体肌肤、穴位、经络，起到快速通经络、活气血、温经散寒、平衡阴阳、调理人体脏腑功能之疗效。长期实践证明，王氏打火酒疗法对于人体免疫功能低下、脏腑功能失调，虚症、寒症、胃肠功能紊乱及一些妇科、儿科疾患具有独特疗效。该疗法有病治病，无病强身，正常人若每年春夏之际打一次火酒，能恢复人体阳气，增强抵抗力，防病强身，可以帮助人体祛除寒、热、淤、滞等邪毒之气，是广大民众比较乐意接受的一种保健方法。

王氏打火酒疗法经过王家一代又一代人的临床实践，如今已更加精湛、成熟。目前该疗法已传于第五代传人王国强、王文博、王玉林。

王氏打火酒疗法的器具很简单，一是盛水的盆，二是盛高度粮食酒的瓷碗，三是用于擦拭的毛巾，四是用于引火的草纸、一枚金饰或者铜钱。该疗法以快、闪、拍、打为主，辅以捏、揉等手法。所谓快，是指施术者用手沾酒火要快，拍打要快。所谓闪，是指施术者在沾酒火拍打中，酒火随手掌灵活闪动，随时要掌握酒火的大小和时间停留长短。拍打分轻重，轻重的程度要根据患者老幼、病情轻重而灵活运用。操作最佳状态是酒火在肌肤如"浮云在飘、火球在跳"同时配以捏、揉，则效果更好。

该疗法适用于内科杂症、寒症、小儿食积、寒积、厌食、痢疾、咳喘等症，效果立竿见影。这是一种自然疗法，作用于人体表面，无创伤，无痛苦，无副作用，是一种非常安全的治疗方法。

2013 年 4 月，王氏打火酒列入商丘市第三批市级非物质文化遗产名录。

（口述人：王国强　记录、整理人：王坤松、许影）

十四　杨氏针灸

清朝末期，归德府东门里有一家远近闻名的"四春堂"中药铺，店主是武秀才杨怀琚。他一边开店，一边广招门徒，习武强身。习武过程中，经常出现跌打损伤，杨怀琚就用正骨、针灸的方法为他们治疗伤痛，逐渐形成了一套独特的针灸疗法。

杨怀琚之子杨瑞林，自幼聪慧，从小便随父亲习武行医，得其真传，医术精湛，成为杨氏针灸的第二代传承人。

20 世纪 30 年代末，由于战乱，杨瑞林关闭了经营多年的"四春堂"，回东关外老家，继续坐诊行医，潜心研究《针灸大全》《针灸甲乙经》等古籍医书，并对父亲的针灸法进行了系统整理，逐步形成了杨氏针灸的四大疗法：一是治疗面神经麻痹的五透针法，二是治疗小儿惊吓的奇穴，三是治疗腮腺炎的"釜底抽薪"和药物贴敷法，四是治疗三叉神经痛的针柄敷药法。这四种治疗方法被当地人誉为杨氏针灸四绝。

治疗面神经麻痹的五透针法是杨氏针灸第一绝，其主要方法是：取自然风干的芦苇一节，去除两头，留其中间，剪一鸭嘴状的斜口，将全虫、僵蚕打成粉末，掺在艾绒中置于斜口处，再将芦苇的另一端插入患者耳孔。然后点燃药艾绒，使其燃烧，燃烧后的青烟通过芦苇进入患者耳内，以达到祛风活血的治疗效果。同时，辅以五透针法针刺患者穴位，针灸并用，从而提高了疗效。

治疗小儿惊吓是杨氏针灸第二绝。杨氏经过多年钻研，找出了治疗这种病症的三个经典穴位：二间、三间、耳尖穴。在这三个穴位上施以针法，几针下去，立竿见影。百余年前，杨家立下规矩，治疗这种常见病的多为穷人患者，不收费用。这一家训保留至今，为方圆百里成千上万的家庭减轻了痛苦，节省了费用。

治疗腮腺炎是杨氏针灸第三绝。它不是将药物贴于患处，而是将板蓝根、大青叶、银花、连翘、公英碾成碎面，用醋调和，贴于患者的涌泉穴，只需数日，病症消除。故将此方法命名为"釜底抽薪"。

治疗三叉神经痛是杨氏针灸第四绝。三叉神经痛通常给患者带来巨大的痛苦，往往吃不下饭，睡不着觉。杨氏针灸的治疗方法是先施以针法，将银针刺入患者的穴位，针不拔除，再将白芍、白蒺藜、白附子、白僵蚕、白芷碾碎以葱须为引敷在针柄处，药劲通过银针进入患者体内发挥作用。二十四小时后，即可让患者疼痛消失，恢复如常。

杨瑞林长女杨德贞，20世纪50年代毕业于商丘卫校，成为杨氏针灸第三代传人。毕业后，先后在毛堌堆卫生院、商丘市商业职工医院等单位工作。除了利用杨氏针灸为患者解除病痛外，还精心研究，利用针灸治疗其他病症。20世纪60年代，小儿麻痹症是常见病症。杨德贞进行了大量的临床治疗并总结了一套非常有效的针灸治疗方案，使无数患者受益。至今，经她治愈的患者逢年过节还到家中探望她。20世纪90年代，杨德贞退休，在卫生局的支持下，在商丘市北站路成立了商丘市第一家针灸专科门诊，周边地区及山东、安徽等地前来就医的患者络绎不绝。同时，她将自己的医术传授给了儿子菅立、儿媳黄伟。2007年又收睢阳区勒马乡张建群、侯圣贤为徒，向他们传授杨氏针灸的治疗方法。

如今，杨氏针灸第四代传人菅立、黄伟在不断完善杨氏针灸的基础上，又分别在白求恩医科大学、中医研究院进修学习，引进了埋线、浮针、针刀、银质针等与针灸相关的治疗方法，吸收众家之长，更好地提升治疗效果，为广大患者服务。

多年来，杨氏针灸代代相传，为无数患者解除病痛。尤其是针法治疗小儿惊吓，百余年不收患者费用，为方圆百里数以万计的患者减轻了病痛，赢得患者家属的良好口碑。

2013年4月，杨氏针灸列入商丘市第三批市级非物质文化遗产名录。

（口述人：菅立　记录、整理人：邢伟志）

十五　付氏膏药

付氏膏药承传于曹氏膏药，曹氏膏药据说起源于清道光年间。当时，在商丘县勒马集（现商丘市睢阳区勒马乡）有一户曹姓人家，世代行医，是远近闻名的中医世家。曹家祖传的特效膏药配方多达数十种，尤以治疗疮疖、疖腮、腰腿疼的膏药最为神效，一贴即愈。曹氏膏药因其疗效显著而闻名，慕名前来求医问诊的人络绎不绝。曹氏膏药的祖传配方传到曹允清这一代已经是第三代了。

付连杰，1930年生，十二岁开始在曹允清开设的勒马中药房当学徒。他一边刻苦学习中医药知识，一边把药铺打点得有条有理，深得药房师傅和曹家一家人的厚爱。后来，付连杰成了曹家的女婿，曹允清把曹氏膏药的祖传配方毫无保留地传授给付连杰。通过几年的刻苦学习和实践，付连杰掌握了曹氏膏药的加工技巧，同时也积累了许多验方。

新中国成立后，付连杰参加了工作，他一边工作，一边潜心研究中医药文化，并免费为亲朋好友诊病。退休后，他把珍藏一生的膏药秘方进行了重新整合，并结合现代中医药技术作了改进，制作了专门治疗颈、肩、腰、腿疼和流行性腮腺炎的特效膏药。2001年，付连杰被中国药文化研究会吸收为会员。

为大力弘扬传统中医药文化，让沉睡多年的祖传秘方重放异彩，付连杰倾尽家财购置了名贵中药，经过精心炮制和调配，免费为患者治病长达十余年。为了方便患者诊病，付连杰在商丘市睢阳区毛堌堆乡开设了付氏诊所，正式挂牌营业。1995年付氏诊所迁入商丘县城北关（现商丘市睢阳区）至今。

付氏膏药代表性传承人：付建修，男，1958年生，1990年以来，一直致力于付氏膏药的传承与发展，积累了丰富的临床经验。付建梅，女，1967年生，自幼跟随外祖父曹允清学医，在诊断治疗疮疖、腮腺炎及膏药配制等方面具有丰富的经验。付勇，男，1977年生，曾就学于商丘医专、河南中医学院，一直在付氏诊所从事诊疗工作。

付氏膏药的品类有：专门治疗疮疖的拔毒膏，治疗腮腺炎的千锤膏，治疗关节炎、骨质增生、椎间盘突出的骨刺膏，用于活血化瘀、消炎止痛的消炎膏等。付氏拔毒膏的主要成分有金银花、连翘、大黄、栀子、黄柏、赤芍、川芎、木鳖子、蓖麻子、蜈蚣等。付氏千锤膏的主要成分有杏仁、大麻子、铜绿、松香等。付氏骨刺膏的主要成分有川芎、三七、乳香、没药、元胡、骨碎补、蜈蚣、全蝎等。付氏消炎膏的主要成分有大黄、白芷、黄柏、苍术、甘草等，具有清热解毒、通络止痛、消炎之功效。

付氏膏药的制作过程全部采用传统的制作工艺，主要工序有五步。

第一步是去渣。取植物油浸泡的药置锅中进行加热，加热期间不断搅拌，直到药料炸至表面深褐色内部焦黄为止，此时锅内温度大约220℃。炸好后可用金属丝筛子捞去药渣，锅内余下的即为药油。

第二步是炼油。取上述药油继续熬炼，待油温上升到320℃左右时改用中火。在炼油过程中一定要把握火候，观看油烟的颜色，开始为淡青色，逐渐变为黑而浓，此后变为白色浓烟，无风时白烟直上。其次是看油花，开始沸腾时，油花多在锅壁周边附近，当油花向锅中间聚集时取少许药油滴于水中，不散开成珠状为度。这一关最难把握，一定要炼油到滴水成珠，这时是最佳下丹火候，把握得当则膏药又黑又亮。

第三步是下丹成膏。药油炼成后，离火下丹，下丹时油、丹比例为1∶0.3，膏药推之不移，拉之不掉，贴身上不跑膏，膏质上乘。这时继续用微火熬油，把炒丹缓缓放入沸油内，用木棍不断顺时针搅拌，油上会溢气泡，冒出浓烟，待烟气稍尽，则急用竹筷点油滴到凉水上三四滴，稍成珠不散，拿珠擦净水，用干手试捏，以粘手而离手时不腻手为度（此过程一定不能用铁器搅拌，一旦铁器与锅底相碰，一锅膏药就会起火而毁）。搅成黏稠的膏体，膏药不粘手，拉丝不断，过硬则老，过黏则嫩。

第四步是去火毒。膏药熬好后缓缓倒入水中，趁热在水中拉扯膏药并换水数次。此法可快速去除黑膏药中的火毒，继之浸泡，每日换水，十五日后膏成。

第五步是摊涂。将黑药膏置小铁煲中用文火融化，搅匀，用竹筷团起，随牛皮纸或膏药布，以竹筷点牛皮纸或膏药布之中心，顺时针摊涂一周，厚薄需适度，则膏药已成。

付氏膏药由付氏家族根据祖传秘方，秉承中华传统中医理论，精选纯天然中药材，经过多道工序精心配制而成。具有绿色环保、疗效显著、标本兼治的特点，深受老百姓的信赖。

2014年11月，付氏膏药列入商丘市第四批市级非物质文化遗产名录。

（口述人：付建梅　记录、整理人：苏峰、赵梦星）

十六　刘氏百草膏

刘氏百草膏在虞城县张集镇林堂村流传了数百年，在治疗各种皮肤病尤其银屑病方面颇有建树，使众多患者摆脱了各种皮肤顽疾的折磨，在当地享有较高的声誉。

刘氏百草膏的创始人刘东峰（1856—1916），是一名民间的老中医，当时他自己得了一种皮肤病，用尽了各种名贵药物也没有治愈。于是，他潜心研究治疗这种皮肤病的配方，采用当地的草药综合治疗，经过一段时间的医治后，他的病痊愈了。又经过十余年的潜心钻研，终于研制出了一种"简、便、廉、验"的刘氏百草膏。

百草膏的制作大致可分为五道工序：

1. 将熬制百草药膏的所有器皿清洗干净、消毒备用。

2. 按一定数量将公丁香、蜈蚣等十多味粗料中药碾碎后，加入适量高度粮食酒，浸泡十五天，将粗料药捞出，浸泡的药液倒入瓦罐内备用，捞出的粗料药加水再煎煮，煎煮后的药液和浸泡的药液掺在一起搅拌均匀，将紫草、大黄等十多味根茎类的草药在粉碎机上粉碎后，在水中浸泡两日，先用大火烧开，再用文火慢慢煎煮，将煎煮的草药提取药汁，放入瓦罐中备用，捞出的药渣再加入水进行第二次煎煮，提取药汁。将两次提取的药汁混合在一起拌匀，备用。将浸泡的药物提取液和水煎煮药物提取液经过沉淀，产生絮状物，再经过搅拌、去渣、过滤，将药液放在锅内加热，使其挥发，除去水分，浓缩成膏，其膏状如芝麻油油渣状为最佳，取出晒干研粉备用。

3.细料药物的制取。将血竭、冰片等十多味细料药物在研钵内研细后，过一百目筛，筛成细粉后装瓶备用。

4.将巴豆等特殊成分的精料药物装在玻璃瓶内，备用。

5.百草药膏的合成。将制作台（青石板）消毒后，把称好重量的公猪膘油放在青石板上，用枣木棒进行捶打，捣成糊状泥膏后，按治疗各类皮肤病的不同处方定量称取，先加入粗料药物进行捶砸，再加入细料进行捣捶，最后再加入精料药物制成制剂，捶均匀后合成糊状泥膏即可，用蜂蜡密封，备用。

主要传承人：第二代刘沧溪（1877-1932），第三代刘维一（1896-1959），第四代刘世卿（1916-1973），第五代刘锡铜（1936-2007），第六代刘汉义（1960年生）。

第六代传承人刘汉义遵循祖训，在继承刘氏百草膏传统制作工艺的基础上，运用现代科技进行了创新，减少了药膏对皮肤的刺激和对衣物的污染。经临床验证，疗效显著，备受患者欢迎。他研制的百草香袋，能有效地预防青少年儿童患皮肤病，于2013年获得了国家专利。

银屑病是一种严重威胁人体健康的顽疾，刘氏百草膏是银屑病的克星，疗效好、费用低、治愈彻底不复发。经刘氏百草膏治愈的患者遍布周边地区，来自河南省的虞城县、夏邑县、永城市，山东省的曹县、单县、济宁市，江苏省的丰县、沛县，安徽省的萧县、砀山县及淮北市等地。

2014年11月，刘氏百草膏列入商丘市第四批市级非物质文化遗产名录。

（口述人：刘汉义　记录、整理人：杨凡）

第十章　民俗

　　民俗包括人们的消费习俗、人生礼俗、民间信仰等方面。民间信仰多表现在庙会文化活动中，商丘地区较著名的有阏伯台庙会（火神祭祀）、梁园区朱台庙会、民权县白云寺庙会、民权北关火神庙会和永城市芒砀山庙会。人生礼俗多表现为婚礼、葬礼方面的习俗。如宁陵县的"大搬亲"就是一种世代相传的婚礼习俗，距今有一千多年的历史，带有明显的地域特征。

一　火神祭祀

　　火神祭祀是人们对火神崇拜和仰慕的一种表现形式。所谓"火神"，即指阏伯，《左传·襄公九年》记载："陶唐氏之火正阏伯居商丘，祀大火，而火纪时焉。相土因之，故商主大火。"传说阏伯还观察日月星辰的四时变化，编订历法，指导农业生产，尤其注意观察火星的运行规律。并为当地人保存火种，让人们随时取到火并能吃上熟食。因此人们将阏伯誉为"火神"。

　　火神祭祀以祭拜阏伯为主，祭祀形式随着时间的推移也有所不同。最初，参加祭祀的人们用敲打木棒石块、吟诵悼念之词等多种古老的方式来祭祀阏伯。后来，人们杀猪宰羊，摆放贡品，叩头祭拜。现在人们多以水果鲜花作供品，以烧香、放炮为主要祭祀形式。人们的祭祀活动多以部落、村、组为单位，吹奏唢呐，燃放鞭炮，上供品，敬香，击鼓，撞钟，奉上功德礼，磕头，敲磬，给火神爷换袍还愿等。当地人叫它"朝台"，又称"台会"。

按照当地民俗，商丘每年都要组织两次大型的祭祀火神阏伯的活动。第一次是农历正月初七，相传这天是阏伯生日；第二次是农历六月二十三日，相传这天是阏伯忌日。每年此时，方圆数百里的民众、商家、民间艺人纷纷涌来祭拜火神、易物购物、听戏赏曲，人流络绎不绝，香火日夜不息。大家对朝台都十分认真和虔诚，朝台时各带团队，敲锣打鼓、吹弹起舞、焚香拜祭，既热闹非凡，又肃然有序。庙会上，有各地的地方戏、曲艺、杂技、魔术及高跷、鬼会、竹马、旱船、肘歌、花棍、拉秦桧、武术、龙灯等各种民间艺术；有各路能工巧匠制作的泥老虎、布老虎、布娃娃、花枪、花剑、花刀、泥狗、泥鸡、面人、糖人、花灯笼、琉璃蹦蹦、泥响儿、竹响儿等民间手工艺品，造型美观，色彩鲜艳，琳琅满目。

同时也流传着许多神奇的传说，如：阏伯台前香炉里的香灰烧出来的鸡蛋可以治病；各种手工艺（如捏面人、吹糖人、剪纸等）制作出的阏伯神像，供奉在家中可保全家平安、五谷丰登，等等。

商丘人基于对火神阏伯的崇拜，一直保存敬火、爱火、崇火的习俗。特别是在用火时非常讲究，对火绝不容许玷污、亵渎。做饭的炉灶、烧香的香炉都看得十分尊贵，任何人不能随意跨越。就是烧火做饭的干柴，都要顺着放整齐，烧时先从一头烧起，不能前后颠倒。用过的火需要熄灭时，不能打散火堆，不能用脏水灭火，否则就是对火神阏伯的不敬和冒犯。如今，火神台已发展成4A级旅游区，规模逐年扩大，周边环境有了很大改善。火神庙会也逐渐成为物质和文化交流的重要场所，对当地的经济发展、文化繁荣起到了促进作用。

2007年2月，火神祭祀列入河南省第一批省级非物质文化遗产名录。

2011年2月，火神祭祀列入商丘市第二批市级非物质文化遗产名录。

（口述人：胡献良　记录、整理人：郭翼龙、江涛）

二　大搬亲

大搬亲是宁陵县南部一种世代相传的婚礼习俗，流行于华堡乡、张弓镇、黄岗乡，距今有一千多年的历史。主要包括男方迎娶新娘的各种仪式规程，戴花去新娘家迎娶新娘，具体如下：

男方家迎亲习俗：

早晨：谢厨（磕四个头），铺床，请主，新郎学四先礼。

中午：按现在的一般规矩，盒子车、嫁妆车、礼盒先走，相隔二十分钟。喜总准备好开盒礼、开坛礼、认亲礼、披红礼、托盘礼、洗尘礼、鸣炮礼、唢呐礼、火药礼、扫车礼、焚香礼、焚烛礼、新人车礼等，全用红包装好，开车启动，鸣炮奏乐。

车到女家后，有八项迎娶仪式和十九项搬亲仪程。

八项迎娶仪式：

1. 下车（红毡铺车门口），女方喜总说：迎亲来到家，新人把车下。陪拜上前，两人对面躬身作揖；女方喜总在旁说请进客屋，陪拜前领，新人后跟，双方喜总在左右；到大门口，陪拜往左叉出，新人往右叉出，相对作揖，在客屋的迎门入座。

2. 男方喜总和新人客屋落座以后，女方喜总安排响炮落座，送烟茶、用托盘封礼，一般十元钱，两盒烟。

3. 洗尘：浇脸水端至门里，新郎洗手净面。

4. 谢步：女家长辈出场（女方喜总说）。

5. 认桌拜盒：盒子架在当院桌子旁，女家长站在盒边等候，男方喜总说：新人出门认亲拜盒（新人作揖磕头）。礼毕以后，男方喜总说：今天是大喜，开盒验礼（家人开盒，男喜总递红包）。

6. 佩红：一条红被面放在托盘里，搁在桌子上，嫂子旁边站，男方喜总：新人拜红施礼，新人作揖，回客屋，朝里坐下；两个嫂子跟着端盘人进客屋把红被面给新人斜披好，新人起立，作揖叩谢。

7. 开坛：酒坛放在桌子上边，厨房师傅手掂菜刀站在旁边。男方喜总说：新人真孝顺，美酒敬老人，躬身作个揖，感谢开坛人。厨师用刀在坛上划一下，新人作揖，男方喜总递红包给师傅，回客屋。（现在焚香、焚蜡一般都是找人代替，给红包。）

8.开拜，包括请主、行祖先礼、拜老，新人出屋桌前站好，陪拜人在左前方，面对新人，主和相片在桌上放好。男方喜总说：新人请主施礼。女方喜总说：主已请好，免礼。男方喜总说：看一看，比一比，新人在行祖先礼。夫妻对拜，各就各位。四先礼行完后又谢新人，谢男方喜总（现在一般都是免礼）。男方喜总说：新人四先大礼已毕，下面叩谢诸位老人。女方喜总说：人生在世孝为先，尊老爱幼记心间。

十九项搬亲仪程：

1.迎新人上客厅，新人先拜座。

2.女方给响炮、压车小孩和开车的司机封礼，一般都是两盒烟，小孩五十至一百元。

3.端水给新人和喜总洗尘。

4.岳父给新人作揖谢风寒，给喜总提出谢风寒。

5.男方喜总提出给主叩喜。

6.女方喜总领着岳老提出二次谢步。

7.客厅设小宴，摆茶桌、糖盘、酒等。

8.新娘的长辈给新郎和喜总三次敬酒，响炮奏筵席，封礼。

9.女方喜总安杯、稳座，男方喜总封端盘礼。

10.撤宴，拜红，披红。

11.给披红人、端红人封赠红礼，钱用红包封好，一般都是十元。

12.拜主、拜坛。

13.焚香明蜡后即可以祖先拜主。

14.祖先前双方喜总商量，新人行哪样大礼。

15.祖先后新人与陪拜人叩四个头，各立本位受拜开始。

16.祖先受头后，新人转入客厅，女方提出叩喜。

17. 岳父再次谢步。

18. 领亲于归，新郎给新娘作领亲揖上车回府。

19. 新郎给新娘作揖领亲的时候，要放下竹帘子，新娘上车、鸣炮奏乐。

大搬亲最具特色的是新郎在新娘家的二十四拜：

新人与陪拜人迎面作揖各自就位。新人从东南角起首作揖一个，叩头三个；去到中间作揖一个，叩头四个，动左脚前去三上香酒。从东北角起作揖一个，叩头三个，再上西南角作揖一个，叩头三个。去中间位置作揖一个，叩头四个，前去三上香酒。从西北角作揖一个，叩头三个，到中间位置作揖一个，叩头四个，前去三上香酒，礼毕。等候受头人。三遍叩成，每角叩三个头，四角十二个，中间叩三次每次四个又十二个，共二十四拜。

（九揖九拜）祖先一上香礼（起九拜）：

就位，鞠躬拜、平身、鞠躬拜、平身、鞠躬拜、平身、鞠躬拜、平身、进前上香鞠躬、上罢香酒拜、退位。鞠躬拜、平身、鞠躬拜、平身、鞠躬拜、平身、鞠躬拜、平身。

三九香礼（十三拜）：

就位，鞠躬拜、平身进前上香，鞠躬拜、退位。鞠躬拜、鞠躬拜、平身进前上香，鞠躬拜、退位。鞠躬拜、鞠躬拜、鞠躬拜、进前上香，鞠躬拜、退位。鞠躬拜、鞠躬拜、鞠躬拜、鞠躬拜、礼毕。

（三揖九拜）祭奠一上香礼（懒九拜）：

就位，鞠躬四拜，平身进前上香鞠躬、上罢香酒拜、退位。鞠躬四拜、平身举哀。

说明：

就位：就是中间位置。鞠躬：就是作揖。拜：就是叩头。退位：就是退到以前的原位。举哀：就是哭。平身：就是站起来。

要是在农村，礼毕以后新郎到上房门口作揖施礼，出院上车，新娘打扮停妥，由两个嫂子扶着上车，新娘的兄弟跟车送出庄外，还要带着过河馍。过河馍由女方准备，去婆家的路上过几道河要拿几个馍，寓示着妖魔鬼怪光知道争抢着吃馍，新娘的车辆就可以平安过河过桥。

铺床（男方家）：

给新郎铺床的时候，用几个枣（枣是"早"的谐音），寄寓结婚以后快生小孩；用两棵葱，寄寓生个孩子聪聪明明；用个青砖，寄寓生个孩子当清官，用火棒寄寓生个举人（大学）；用一把豆秸代表豆角，夫妻二人脚脚相印，光要空角，不要豆子，寄寓夫妻二人在日常生活中不要斗嘴吵架。

在男方家的婚礼仪程，首先是拜天地。主和相片，代表新郎的祖先；秤代表星星，称心如意；黑布代表包头巾，避邪；镜子代表月亮，照妖镜；斗里面的粮食，代表二人结婚以后五谷丰登、粮食满仓，吃不完、用不尽。根据风俗习惯，搀引新郎、新娘入席就位，男站西女站东。结婚典礼开始第一项，鸣炮奏乐；第二项，新郎和新娘向天地先祖鞠躬叩头；第三项，新郎和新娘夫妻对拜；第四项，新郎和新娘互相握手，握罢手去屋里更衣，不更衣也可以往下进行；第五项，新郎和新娘向长辈和贺喜的来宾鞠躬叩头，按辈排列，在农村说也就是受头；第六项，新郎和新娘入洞房，撒喜糖、香烟。另外，新郎应把拜天地时用的盛粮食的斗，放到洞房床底下。当地还流行有闹洞房的习俗。闹洞房除逗乐之外，还有其他的意义，诸如把洞房闹得热闹红火，驱除冷清之感，增加新婚的欢乐气氛，因而有些地方又称"暖房"。旧时男女结合多是经人介绍，相互并不熟悉，闹洞房能够让他们丢掉生涩之感。

大搬亲是非物质文化遗产保护中心工作人员皇甫美荣在 2009 年 4 月下乡普查时，由黄岗乡大郭村支部书记郭昭乾介绍后挖掘的。大搬亲流传于宁陵一带，带有明显的地域特征，是当地民俗文化的一部分，能反映当地民众的价值取向、审美情趣。

2013 年 4 月，大搬亲列入商丘市第三批市级非物质文化遗产名录。

2015 年 9 月，中原婚礼习俗（宁陵大搬亲）列入河南省第四批省级非物质文化遗产名录。

参考文献：《宁陵县志》。

（记录、整理人：郭勇）

三 豫东婚礼习俗

婚姻是个人的终身大事，婚礼被称为"人道之大伦"。古人对此格外重视，为此制定了一套隆重的仪式。随着历史的发展、社会的变革，婚俗在流传过程中既有传承性又有变异性，总体上都是结合本地区的实际情况而有所改变。

豫东地处中原，是中华文明的发祥地之一。时至今日，豫东的婚俗中依然带有某些古代习俗的痕迹，不过大为简化而已。具体来说，大致有提亲、定亲、送好儿、迎亲四种仪式。迎亲有所谓"东来西走，不走重道"的习俗，即轿子去时走的路和回来的路不能一样。这或许是担心走重道会重婚的缘故吧，因为民间有所谓"走回头路，夫妻不能白头到老"的说法。另外还有一种说法是，担心一些恶鬼邪祟等在轿子来的路上伺机捣乱破坏，只有绕道走才能躲过那些恶鬼邪祟。很显然，这是一种忌避的习俗，是出于避邪的需要。豫东人在迎亲的路上，如遇到巨石、桥、大树、路口等，都要贴上红纸、放枪或燃放鞭炮来镇邪。但在迎亲时，路线是绕着太阳走，即男方迎亲时轿子出大门往东走，回来时则从西边进大门，即东走西回。轿子到女方家时，则要从西边进女家的门，走时向门东边走，这叫"进西门，出东门"，即西来东走，其中隐含有对太阳的崇拜。

豫东婚礼头一天傍晚，主家要挂"红子"（红布），在房院张贴"喜"字，新郎要备一桌果、牲、枪、响（唢呐班）到祖坟去祭祖。晚上，主家备酒菜招待前来祝贺的亲朋好友，猜拳行令，好不热闹，直至深夜。

迎亲当天，天还不亮，帮忙的人就来到主人家开始了一天的忙碌。

迎亲队伍要提前出发，俗称"起（娶）得早，过得好"。迎亲队伍一般由本村未婚少女四人或六人接新客，另外还要有"响"（由唢呐、笙、镲、梆子、三眼枪等组成）。由父母健在有儿有女的表嫂或同辈已婚妇女铺新床，铺床时还有顺口溜："一把麸撒满屋，生的小孩成嘟噜。撒罢麸来再撒枣，明年生俩白胖小。鸳鸯枕，红绫被，来年就是四口睡。"床铺好后，应该由新郎的父亲去看床，围观者借机对当公爹的进行调侃。新郎的家人准备迎亲的礼篮，礼品有细粉（粉条）、盐、麸子、蒜、葱、猪下水等。细粉代表情思相连，盐即是缘，麸子表达福禄，没有蒜不算，没有葱不中，猪下水表达有心有肺。

新郎的晚辈侄子随行"压轿"，并负责带回灯、盆等小件嫁妆，也称端灯盆。到新娘家，要收了红包才能上轿。迎亲时，压轿孩童到女方家要坐桌，桌上要摆上红枣、点心、花生、瓜子（两样）、糖果等六样东西，寓意是早点生子（枣点生子），且插花着生，有男有女，甜甜蜜蜜。

新娘要由女方兄长或弟弟背上轿（俗称不带娘家土），然后扶轿送一程。新娘到婆家时，新郎要去迎接（俗称踢轿门），新娘进门后首先举行拜天地仪式。拜天地的天地桌，上面有镜子、升、秤、红蜡烛、五谷杂粮等物，代表日月星辰、五谷丰登、缘分长久。仪式开始前要放三枪并燃放鞭炮，拜天地仪式为一拜天地、二拜高堂、夫妻对拜，送入洞房。

新娘在洞房歇息时要梳洗并换上一套婚装，准备行礼（拜叩典礼）。典礼要由新郎的堂兄弟或表兄弟主持，新郎新娘对亲戚长辈行跪拜礼，受礼的长辈至亲要送磕头礼。典礼结束后婚宴开始，上够八个菜后，新郎的父亲、兄长及本人要依次对亲朋好友逐桌敬酒。婚宴快要结束时，喜总要带着新郎鞠躬谢客。另外，还有"结婚头三天不论大小（闹新房）"的习俗。

新娘入洞房后要梳头，梳时也有顺口溜："一木梳，两木梳，梳得小孩成嘟噜。一篦儿，两篦儿，梳得小孩成双成对。床上睡不下，地上打个铺，铺上住不下，跟着他爷看红芋（红薯），红芋庵里住不下，红芋秧上成嘟噜。"新娘吃饺子时问生不生，要答生，等等。这都表达了豫东人对多子多福的强烈渴望。

2011年2月，豫东婚礼习俗列入商丘市第二批市级非物质文化遗产名录。

（口述人：李明义　记录人：赵凯　整理人：王贵生）

四　芒山庙会

芒山庙会起始于唐而成型于宋，是古代人民在固定时间集会朝山拜佛，以敬神上香、求子祈福为主要活动的自发行为。延续至今已有一千多年的历史。

庙会的会期是每年的农历三月二十至三十，会址位于芒砀山景区保安山南麓，以芒山寺为中心，占地面积约六平方公里。芒山庙会是豫、鲁、苏、皖四省结合部历史最悠久、规模最大的以物资交易、旅游观光、信息交流、文化传播为一体的综合性庙会。

庙会上有红缨枪、木制刀剑、泥狗、面人、泥小响等传统民间特色手工艺品展示；有刺绣、老虎鞋、石雕艺术品、玉器和汉代文物复制品等各种旅游商品；有牛肉煎包、卤羊头、酸辣凉皮汤等颇具地方特色的风味小吃；有永城大铙、梆子戏、柳琴戏、坠子等传统戏曲表演；有马戏、武术、杂技等民间艺术表演；有汉礼仪展示、走迷宫、投壶等各种文化娱乐活动。

芒山庙会是传统文化传承的展台，是推进群众文化活动，延绵民族文化的一个重要载体。同时也是对外展示永城传统民俗文化的一个窗口，庙会上展示的各种传统技艺以及传统佛教经韵、音乐也都是优秀的民间文化，值得发掘、抢救、保护和研究。

2013年4月，芒山庙会列入商丘市第三批市级非物质文化遗产名录。

（记录、整理人：马勇）

后 记

  商丘市地处河南省东部，位于豫、鲁、苏、皖四省结合部。作为中国历史文化名城，有着几千年的文明发展史，历代文化在此都有丰厚的积淀。这里曾经生活着一个发明了牛车，使劳动生产效率大为提高，并最终出现了交易物品的商部落。商部落的人最早开始劳动产品的交换并逐渐精于交换，当时其他部落的人们就将这种从事劳动产品交换的人称作"商人"，将用于交换的劳动产品称作"商品"——这样的称谓一直沿用至今。所以，商丘是华夏"商人""商品"和"商文化"的发祥地。

  商丘自古名人迭出，是孔子祖居地，是墨子、庄子和巾帼英雄花木兰的故里。汉代的枚乘、司马相如、邹阳、贾谊和唐代诗人李白都在此留下了许多瑰丽篇章。商丘名胜众多，星罗棋布，有商丘古城、燧皇陵、葵丘会盟台、芒山汉墓群、木兰祠、张巡祠、八关斋、应天书院、壮悔堂等名胜古迹，由此衍生的传说故事数不胜数。

  2009年3月至11月，在市委、市政府的重视和支持下，文化部门克服重重困难，严格按照省和国家有关要求，认真贯彻"全面普查、摸清家底、健全机制、规范管理、整体保护、传承发展"的工作目标，坚持"全面性、代表性、真实性"指导原则，开展了一次规模空前的全市非物质文化遗产普查工作。他们积极组织，调查搜集整理相关资料，深入基层，走访非遗传承人73622人次，调查线索211299条，各县（市、区）

筛选项目 9174 项,市级筛选有价值的项目 7758 项。其中语言文字 52 项,民间文学 3019 项,民间美术 383 项,民间音乐 266 项,民间舞蹈 225 项,传统戏曲 126 项,曲艺 262 项,传统手工技艺 1139 项,传统体育、杂技与竞技 387 项,民间习俗 797 项,民间信仰 146 项,民间知识 202 项,传统医药 739 项,其他 15 项。搜集整理文字资料 498 万字,照片 5892 张,录音资料 53 小时,录像资料 62.9 小时,搜集实物 120 件,共涉及 14 个门类,印制市县两级汇编材料 300 余卷。编辑县级非物质文化遗产汇编材料 136 卷,商丘市非物质文化遗产汇编材料 55 卷,出版了四批《千年遗韵——商丘市非物质文化遗产名录》图典 8000 册,出版《商丘民间故事》1500 册。各县（市）区出版了非遗成果《四平调艺术研究》《豫东红脸王唱腔艺术》《睢州佳话》《中国民间故事——睢县篇》《中国民间故事——夏邑篇》《中国民间故事——宁陵篇》《柘城文史博览》《木兰文献大观》等。

根据文化部关于建立国家、省、市、县四级非物质文化遗产保护名录体系的要求,截至 2019 年 12 月 31 日,共建立县级名录 434 项,市级名录 164 项,其中 34 个项目列入省级名录,3 个项目列入国家级名录。公布县级非物质文化遗产项目传承人 507 人,市级项目代表性传承人 230 人,其中省级项目代表性传承人 32 人,国家级项目代表性传承人 3 人（已故 2 人）。